全国高等学校古籍整理委员会项目

"《四库著录河北先哲遗书辑》辑佚与整理"

GJ2017003

四库著录河北先哲遗书辑存

周小艳　张少花 ◎ 编著

人民出版社

策划编辑：孙兴民

责任编辑：邓文华　毕宇靓

封面设计：刘芷涵　杨　双

图书在版编目（CIP）数据

四库著录河北先哲遗书辑存/周小艳，张少花编著. —北京：人民出版社，
　2019.10

ISBN 978 – 7 – 01 – 021415 – 3

Ⅰ.①四…　Ⅱ.①周…②张…　Ⅲ.①古籍—汇编—河北　Ⅳ.① Z422

中国版本图书馆CIP数据核字（2019）第220632号

四库著录河北先哲遗书辑存
SIKU ZHULU HEBEI XIANZHE YISHU JICUN

周小艳　张少花　编著

人 民 出 版 社 出版发行

（100706　北京市东城区隆福寺街99号）

保定市北方胶印有限公司印刷　　新华书店经销

2019 年 10 月第 1 版　2019 年 10 月第 1 次印刷
开本：710 毫米 × 1000 毫米 1/16　印张：19.75
字数：300 千字

ISBN 978 – 7 – 01 – 021415 – 3　定价：68.00 元

邮购地址 100706　北京市东城区隆福寺街 99 号
人民东方图书销售中心　电话（010）65250042　65289539

凡 例

一、《四库全书》著录及存目著者籍贯遍及全国各省，然其数量分布，差距甚巨。清道光年间全国刻印丛书者蔚然成风，各地乡贤刻印本地郡县丛书更是盛极一时。好事者或从《四库全书总目》中析出本省地方乡贤著述目录及提要者，以作刊刻丛书选目标准，后来的研究者承之，不乏踵继之作。就河北地域而言，冷衷辑《四库著录河北先哲遗书辑目》（国立北平图书馆，1933）搜辑《四库全书》中河北人的著作目录，依四部排列，收录河北籍学者著作262种，其中《四库全书》中79种，《存目》中183种，为四库学的研究和河北区域文学的研究提供了书目索引，是非常重要的书目文献。但其只辑存《四库全书》和《四库存目》中的河北籍人士著作，《续修四库》《四库禁毁》未曾辑录，且辑存之时多有遗漏；并其只辑存目录未辑存摘要。故本人在冷衷辑《四库著录河北先哲遗书辑目》的基础上，补增《四库总目》《四库存目》中之所遗漏，增补总目提要，并补增《续修四库》《四库禁毁》等四库系列丛书中著录的河北学人的著作和总目提要，使其更为完备。但为不泯先人之功，谨将冷衷辑《四库著录河北先哲遗书辑目》正文及冷衷跋语附录于后，既不损其原貌亦便于学者审识。

二、遇《四库著录河北先哲遗书辑目》，讹误之处不擅改原文，加按语以说明。原书按语在"按"字前加"原"字以别之。

三、谨遵《四库全书》经、史、子、集四部分类法依次搜辑《四库全书》《四库存目》《续修四库》《四库禁毁》中的河北籍人士著述，有总目提要者悉录之于下，无者仅列书目和存卷。

四、据史书、地方志等增补个人小传于总目提要之后，以"按"字标之。凡一人多见者，以初次为识，后不缀。

目录

经部

史 部

子 部

集　部

经

部

《易酌》·十四卷（直隶总督采进本）

国朝刁包撰。包字蒙吉，祁州人。前明天启辛卯举人。是书用注疏本，以程《传》《本义》为主。虽亦偶言象数，然皆陈抟、李之才之学，非汉以来相传之法也。原《序》称陆陇其官灵寿时，欲为刊板，不果。雍正初，其孙显祖又以己意附益之。卷首《凡例》《杂卦》诸图及卷中细字称"谨案"者，皆显祖笔。原《序》又称此书为"经学之津梁，亦举业之准的"。考包在国初，与诸儒往来讲学，其著书一本于义理，惟以明道为主，绝不为程试之计。是书推阐《易》理，亦大抵明白正大，足以羽翼程、朱，于宋学之中实深有所得。以为科举之书，则失包之本意多矣。

按：刁包，字蒙吉，晚号用六居士，祁州人。明天启举人。再上春官，不第。遂弃举子业，有志圣贤之学。初闻孙奇逢讲良知，心向之。既读高攀龙书，大喜，曰："不读此书，几虚过一生。"为主奉之，或有过差，即跪主前自讼。流贼犯祁州，包毁家倡众誓固守，城得不破。时有二珰主兵事，探卒报贼势张甚，二珰怒其惑众，将斩之。包厉声曰："必杀彼，请先杀包。"乃止。二珰相谓曰："使若居官者，其不为杨、左乎？"贼既去，流民载道，设屋聚养之，病者给医药，全活尤多。有山左难妇七十余人，择老成家人护以归。临行，八拜以重托，家人皆感泣，竭力卫送。历六府，尽归其家。

甲申，国变，设庄烈愍皇帝主于所居之顺积楼，服斩衰，朝夕哭临如礼。伪命敦趣，包以死拒，几及于难。遂隐居不出，于城隅僻地为斋曰潜室，亭曰肥遁。日闭户读书其中，无间寒暑，学者宗焉，执经之履满户外。居父丧，哀毁，须发尽白。三年不饮酒食肉，不内寝。及母卒，号恸呕血，病数月，卒。

所著有《易酌》《四书翊注》《潜室劄记》《用六集》，皆本义理，明白正大。又选《斯文正统》九十六卷，专以品行为主，若言是人非，虽绝技无取。

包初与新城王余佑为石交。

——《清史稿》

《读易大旨》·五卷（浙江巡抚采进本）

国朝孙奇逢撰。奇逢字启泰，号钟元，又号夏峰，容城人。前明万历庚子举人。是书乃其入国朝后流寓河南时所作。前有《自序》云，至苏门始学《易》，年老才尽，偶据见之所及，撮其体要，以示门人子弟，原非逐句逐字作解，故曰《大旨》。其门人耿极为之校订。末附《兼山堂问答》及与三无道人李崶论《易》之语，别为一卷。崶，雄县人，奇逢所从学《易》者也。后奇逢曾孙用正复取其论《易》之语散见他著述者五条，汇冠卷首，题曰《义例》。《跋》称原本序文、凡例皆阙，故以是补亡。案奇逢说《易》，不显攻图书，亦无一字及图书。大意发明义理，切近人事，以《象传》通一卦之旨，由一卦通六十四卦之义。凡所训释，皆先列己说，后附旧训。其平生之学，主于实用，故所言皆关法戒，有足取焉。

按：孙奇逢，字启泰，又字钟元，容城人。少倜傥，好奇节，而内行笃修。负经世之学，欲以功业自著。年十七，举明万历二十八年顺天乡试。连丁父母忧，庐墓六年，旌表孝行。与定兴鹿善继讲学，一室默对，以圣贤相期。天启时，逆阉魏忠贤窃朝柄，左光斗、魏大中、周顺昌以党祸被逮。奇逢、善继故与三人友善。是时善继以主事赞大学士孙承宗军事。奇逢上书承宗，责以大义，请急疏救。承宗欲假入觐面陈，谋未就而光斗等已死厂狱。逆阉诬坐光斗等赃钜万，严追家属。奇逢与善继之父鹿正、新城张果中集士民醵金代输。光斗等卒赖以归骨，世所传范阳三烈士也。台垣及巡抚交章论荐，不起。孙承宗欲疏请以职方起赞军事，其后尚书范景文聘为赞画，俱辞不就。时畿内贼盗纵横，奇逢携家入易州五峰山，门生亲故从而相保者数百家。奇逢为部署守御，弦歌不辍。顺治二年，祭酒薛所蕴以奇逢学行可比元许衡、吴澄，荐长成均，奇逢以病辞。七年，南徙辉县之苏门。九年，工部郎马光裕奉以夏峰田庐，遂率子弟躬耕，四方来学者亦授田使耕，所居成聚。居夏峰二十有五年，屡征不起。

奇逢之学，原本象山、阳明，以慎独为宗，以体认天理为要，以日用伦常为实际。其治身务自刻厉。人无贤愚，苟问学，必开以性之所近，使自力于庸行。其与人无町畦，虽武夫捍卒、野夫牧竖，必以诚意接之。用此名在天下而人无忌嫉。著《读易大旨》五卷。奇逢学《易》于雄县李崶，至年老，乃撮其体要以示门人。发明义理，切近人事。以《象》《传》通一卦之旨，由一卦通六十四卦之义。其生平之学，主于实用，故所言皆关法戒。又著《理学传心纂要》八卷，录周子、二程子、张子、邵子、朱子、陆九渊、薛瑄、王守仁、罗洪先、顾宪成十一人，以为直接道统之传。

康熙十四年，卒，年九十二。河南北学者祀之百泉书院。道光八年，从祀文庙。奇逢弟子甚众，而新安魏一鳌、清苑高镐、范阳耿极等从游最早。及门问答，一鳌为多。睢州汤斌、登封耿介皆仕至监司后往受业，斌自有传。

又，与黄宗羲、李颙并称三大儒。其学初宗陆（九渊）王（守仁），晚慕朱熹理学，立说调和两派观点。所著有《理学宗传》《夏峰先生集》《四书近旨》《道一录》《北学编》等。

——《清史稿》

《读易日钞》·六卷（山东巡抚采进本）

国朝张烈撰。烈字武承，大兴人。康熙庚戌进士。授内阁中书。己未召试博学鸿词，改翰林院编修。历官左春坊左赞善。是书一以朱子《本义》为宗。谓《易》者象也，言有尽，象无穷。伏羲画为奇偶，再倍而三，因重而六，文、周逐卦系《象》，逐画系爻，全是假物取象，不言理，不指事，而万事万理毕具。大旨在因象设事，就事陈理，犹说《易》家之不支蔓者。前有其子益孙、升孙《纪实》，云"此稿已删润四十余过，至易箦前数日，尚合

《蒙引》《通典》《存疑》诸书，考订'知来'、'藏往'二义，旋加改补"云云，则其用力亦可谓勤矣。烈之没也，门人私谥曰志道先生。杨允长作《私谥议》一篇，冠于此书之首。昔宋儒张载之没，门人欲为作私谥，司马光力言其非。当时手帖，犹载《张子全书》之首。古人以礼处人，不欲妄相尊重，于国家易名之典，其谨严如是。允长等未之闻乎？今录是书而削除是议，用杜标榜之渐焉。

按：张先生烈，字武承，顺天大兴人。性至孝，事继母，委曲承顺，无间言。康熙九年进士，授中书。十八年，召试鸿词科，授编修。与修《明史》，迁赞善。

先生少聪颖，读书目数行下。及长，专心理学，笃守朱子之说，毅然以卫道为己任。著《王学质疑》，举阳明《传习录》条析而辨难之，凡为卷五。其一质心即理也，其二质格物致知也，其三质知行合一也，其四质与人问答也，其五总论阳明之流弊，至于敧淫邪遁也。后附《朱陆异同》《史法质疑》二则，《读史质疑》五则。其总论略曰："象山言本心，阳明言良知，其弊使人丧本心，丧良知。何也？天之道，非别有一物寄于声臭之表，时行物生，即所谓上天之载，无声无臭也。人之心，非别有一物在窈窈冥冥之中，视听言动，皆心所在也。善治心者，治视听言动，即治心也。治伦物政事，即治心也。视听言动、伦物政事之间，讲明一分，则心之本明者复一分矣。力行一分，则心之本善者复一分矣。积之久，而悟其皆心也。天命流行之妙，一以贯之而无余，即使不悟，而其持守讲求于视听言动、伦物政事问者，固各有规矩可循，而心之本明本善者自在也。此圣学所以平稳纯正，万万无流弊也。尧舜言人心道心而外，不复言心，但与其臣惇典庸礼，命德讨罪，教稼明伦，恤刑熙绩，即无非精一，不必人人与之言心也。成汤于若有恒性外，不复言性，但惟用人惟己，改过不吝，显忠遂良，取乱侮亡，即无非建中，不必人人与之言性也。夫子立教，惟是文行忠信，诗书执礼，闻见择识，知人爱人，不必人人与之言一贯也。惟朱子善学孔子，循循畏谨，一字必期其安，一事必审其极，俯焉日有孳孳，毙而后已。此圣门家法也。学者循是而谨守之，即使不皆进于高妙，要其恪遵往训，宁慎勿疏，宁拘勿肆，其敢于逞聪明，恣议论，略行检者，无有矣。今诋学朱子者，曰支离也，玩物也，义外也，以此垂教，其谁不曰吾自有良知，六经任我驱使，读书训诂不足为，制度仪节不必谨，公议皆世俗之论，名教特形迹之粗，但求一念自信，不妨肆行无忌，而流弊不可言矣。故专提本心良知者，予人以假借掩饰之题，高可以陵蔑君子，下亦开不肖者以方便之路。而及其既为不肖也，并掩饰假借，亦可不佣，此必至之势也。总之，阳明天资雄放，其于循循讲习，谨守规矩，实所不耐。及一旦有得于佛老，与象山旨合，喜其与己便也，遂独辟宗旨，举圣贤经书，皆欲以此强贯之，直谓六经注我，随意驱驾，何所不可，此诐淫之始也。及人多不服，则借《孟子》'良知'二字，复窜入《大学》'致知'中，遂尽翻朱子之案。又以朱攻朱，著为晚年定论，实则以中为晚，以晚为中，与当日情事，迥不相涉，则又曰年岁原未深考，乃委曲调停不得已之心。岂非遁之又遁乎！"先生是书，陆清献公尝序而行之。凡宗洛闽之学者，皆奉为圭臬。而《四库书目》称集中朱、陆异同论不及贾、董异同论为持平，《王学质疑》则未免锻炼云。所著尚有《读易日钞》六卷。

卒年六十有四，祀乡贤。

—— 《国朝先正事略》

《易原就正》·十二卷（直隶总督采进本）

国朝包仪撰。仪字羽修，邢台人。拔贡生。其始末无考。观其《自序》，称早年闻有《皇极经世》而无由求得其书。自顺治辛卯至康熙己酉，七经下第，贫不自存，薄游麻城，乃得其书于王可南家。至江宁寄食僧寺，玩求其旨者一年，始有所得。盖亦孤寒之士，刻志自立者也。仪之学既从邵子入，故于陈抟《先天图》信之甚笃。其《凡例》并谓行世《易》说，种不胜数，要皆未尝读《皇极经世》，无怪乎各逞私智，而总非立象尽意、观象系辞之本旨。其持论尤胶于一偏。然其书发挥明简，词意了然，乃非抛荒《经》义，排比黑白，徒类算经者可比。其谓《洛书》无与于《易》，则差胜他家之缴绕。每爻皆注所变之卦，亦尚用《左氏》筮法，颇为近古。盖其学虽兼讲先天，而实则发明《易》理者为多。其盛推图学，特假以为重焉耳。

按：包仪字羽修，拔贡生，屡试不第，贫不自存，薄游麻城，获《皇极经世》书。至江宁寄食僧寺，玩求其旨，著《易原就正》十二卷。

仪之学既从邵子，于陈抟《先天图》信之甚笃，其书发挥明简，词意了然，谓《洛书》无与于《易》，每爻皆注所变之卦，用《左氏》筮法，其学虽兼讲先天，而实则发明《易》理者为多。其盛推图学，特假以为重焉耳。

——《邢台县志》

《大易通解》·十五卷、《附录》·一卷（直隶总督采进本）

国朝魏荔彤撰。荔彤字念庭，柏乡人。大学士裔介之子。官至江常镇道。是编乃其罢官后所作，其论画卦，谓与《河图》《洛书》，只可谓其理相通，不必穿凿附会。又以《乾》一《兑》二《离》三《震》四《巽》五《坎》六《艮》七《坤》八，非生卦之次序。其论爻则兼变爻言之，谓占法二爻变者以上爻为主，五爻变者占不变爻，四爻变者占二不变爻，仍以下爻为主，余占本爻与象辞。至论《上经》首《乾》《坤》，中间变之以《泰》《否》，《下经》首《咸》《恒》，中间交之以《损》《益》，尤得二篇之枢纽，皆颇有所见。惟不信先儒扶阳抑阴之说，反覆辩论。大意谓"阴阳之中，皆有过不及，皆有中正和平。德皆有美凶，品皆有邪正，非阳定为君子，阴定为小人，阴阳中皆有君子、小人。阳之美德刚健，其凶德则暴戾。阴之美德柔顺，其凶德则奸佞。阴阳之君子俱当扶，小人俱当抑。阴阳二者，一理一气，调济刚柔、损益、过不及，务期如天地运化均平之时。此四圣人前民之用，赞化之心，而《易》所以作也"云云。其说甚辨。然观于《乾》《坤》《姤》《复》之初爻，圣人情见乎辞矣，荔彤究好为异论也。

按：魏荔彤（1670—1726），生于清康熙九年即公元1670年，雍正初期仍在世，然不知卒于何年。字赓虞，号念庭，又字淡庵，号怀舫，直隶柏乡（今河北省柏乡县）人。其父魏裔介，康熙初官至吏部尚书、保和殿大学士、太子太傅，清初著名宰相。其子亦多有为官者。荔彤十二岁补诸生，以资入为内阁中书舍人，历任凤阳府同知、漳州府知府、江苏常镇道、江苏按察使等职。

任凤阳府同知时，出家资赈饥山左，活民数万口。以优叙，授漳州府知府，采米谷储之仓以裕民食，建书院延师教士，人文蔚兴。膺卓荐，擢江苏常镇道，署江苏按察使。居官能守家法，有惠爱之声。尝于官斋署省事草堂，欲与民休息。尝兼摄崇明兵备道，给饷以时，兵感其德。以忤大吏去官，寓苏州，负累不得归。闻母讣，辟踊号呼，丧逾常节，遂婴委痹疾。罢官后，雍正四年返里，杜门点校四库、七略，上自经史，旁及天文、地理诸书，丹铅不去手。

荔彤博学，嗜古，勤著述，著述甚多。尝作自述云：手注古九经，望道窥一贯。其自负如此。尤善《易》，通易理，有《大易通解》十五卷、附录一卷。又因医易一家，故兼通医理，有《伤寒论本义》《金匮要略方论本义》。荔彤亦工诗词曲，据《四库全书总目》记载，有《怀舫集》三十六卷，其中诗十二卷，续集诗九卷，别集诗六卷，偶遂草两卷，纪恩诗一卷，外杂著三卷，怀舫词一卷，杂曲一卷，弹词一卷，末附自述一篇。

对回文诗的贡献有《雁字回文三十首》，虽然没有张玉德《香雪斋雁字回文诗》那么多（296首），但时代比张早多了。张是嘉庆道光时人，魏是康熙时人。二是魏的写法特殊，用韵采取顺逆邻韵，比如一东二冬为一首，顺用一东，逆用二冬。他依次用韵，三十首便用了30个韵部。这样把平声韵全部用了一遍。由于许多邻韵可通用，因此有半数的诗属于顺逆通韵。我们知道顺逆同（通）韵的诗用顺回离合读法读，一首可以读出26首诗，因此他的诗作为多读诗，数量是可观的。

——《清代回文集》

《周易传注》·七卷、附《周易筮考》·一卷（直隶总督采进本）

　　国朝李塨撰。塨字刚主，号恕谷，蠡县人。康熙庚午举人。官通州学正。是编大旨，谓圣教罕言性天，《乾》《坤》四德，必归人事。以下《屯》"建侯"、《蒙》"初筮"，每卦亦皆以人事立言。陈抟龙图、刘牧钩隐以及探无极、推先天者，皆使《易》道入于无用。《参同契》《三易洞玑》诸书，皆异端方技之传，其说适足以乱《易》。即五行胜负，分卦直日，一世二世三世四世诸说，说皆于三圣所言之外再出枝节。故其说颇为淳实，不涉支离恍惚之谈。其驳卦变之说，发例于《讼卦象词》。驳《河图》《洛书》之说，发例于《系辞传》。驳先天八卦之说，发例于《说卦传》。其余则但明《经》义，不复驳正旧文。其《凡例》论先儒辨难，卷不胜载，惟甚有关者，始不得已而辨之也。大抵以观象为主，而亦兼用互体。于古人多采李鼎祚《集解》，于近人多取毛奇龄《仲氏易》《图书原舛编》、胡渭《易图明辨》。其《自序》排击诸儒虽未免过激，然明自隆、万以后，言理者以心学窜入《易》学，率持禅偈以诂《经》，言数者奇偶与黑白递相推衍，图日积而日多，反置象占辞变，吉凶悔吝于不问。其蠹蚀经术，实弊不胜穷。塨引而归之人事，深得圣人垂教之旨。其矫枉过直，惩羹吹齑者分别观之，不以辞害意可矣。

　　按：李塨，字刚主，蠡县人。弱冠与王源同师颜元。躬耕善稼穑，虽俭岁必有收，而食必粢粝，妻妾子妇执苦身之役。举康熙二十九年举人。晚岁授通州学正，浃月，以母老告归。塨博学工文辞，与慈溪姜宸英齐名。又尝为其友治剧邑，逾年，政教大行，用此名动公卿间。明珠、索额图当国，皆尝延教其子，不就。安溪李光地抚直隶，荐其学行于朝，固辞而不谢。诸王交聘，辄避而之他。既而从毛奇龄学。著《周易传注》七卷，《筮考》一卷，《郊社考辨》一卷，《论语传注》二卷，《大学传注》一卷，《中庸传注》一卷，《传注问》一卷，《李氏学乐录》二卷，《大学辨业》四卷，《圣经学规》二卷，《论学》二卷，《小学稽业》五卷，《恕谷后集》十三卷。

——《清史稿》

《易象解》·四卷（浙江郑大节家藏本）

明刘濂撰。濂字潘伯，南宫人。正德辛巳进士。由杞县知县擢监察御史。是书惟解《上、下经》文，而无《十翼》。《自序》谓"《十翼》之辞不尽出于圣门，故其言多无谓，且叛于三圣之教"云云，盖袭欧阳修之说，而益加甚焉。所解象占亦多悖谬。濂尝著《乐经元义》八卷，驳《乐记》与《周礼·大司乐》。此书复驳《十翼》，亦可谓勇于自用者矣。

按：刘濂，字浚（按：应为潘）伯，锡长子，少慷慨，有大节，未尝学问。其父自沁罢官，归，贫甚，无以供朝夕。濂时年二十六，始折节读书，文思骤进。正德己卯遂中乡试，庚辰中进士，出知杞县。公明爱人声动遐迩，杞人恃如父母，嘉靖乙酉入为御史。摧权折奸，风纪震肃，凡所指劾，后多良验，人咸服。其明时武定侯骄恣不法，于武举宴上与尚书争坐，大言诮让，濂劾之曰："如勋本以市井无赖谬袭高爵礼法之地，敢于上凌凶暴之渐，何所不至？后日必以欺罔被戮，宜早黜之。"上夺其职掌，岁余复用，以有罪诛。失侯上时有怀，所生锐意，上祀大臣，互执所是，引为党论。至率百官伏哭关下，或问濂将何附？濂曰："国家大礼，天下古今，所由共议之可也。何至党同伐异，莫为之古，安用曲证？吾独求之，吾心心安，礼自合耳。夫孝，至德也，天子躬行，至德臣下，正当将顺，不遑此而哭谏，万有一分至大失德。"群臣谓何时分二党？濂一无与。先是陕西有谋逆者，用事大臣，发其事诬逮，朝臣大遭谪戮，一时喧腾，谓之大狱，岁余不决，人人重足而立。丙戌，濂巡按陕西，有旨令御史讯鞫前狱，嗛濂者欲中伤之，人或吊曰："嘻嘻！御史自爱，进退皆为戮矣。"濂曰："吾以理胜，死人自生，吾不为也。苟得其情，何惧戮为？"至则大会职官有司证佐，明审公书五服，无辨，拟疑罪上之，上遂罢狱。用事者意沮，亦大称善。庚寅，巡按湖广承天，陵寝摧坏，上怒杀诸尝执事者，濂奏曰："湖湘地卑木易蠹朽，曩当事臣工敢不唯谨，上漏下湿，何以用岁乞？如京师宫殿，一岁两次拯漏，其费易辨陵寝。"永安上嘉从之，上励精初政，罢各省各重地镇守中官，政归文官诸近侍，进日文官暂握职权，人无固志。终不若内阁与主同心，承天、兴龙重地幸无罢镇守。濂曰："留一人是复镇之根也。"因发其窝盗事，劾之曰："大伙强盗劫取民财以赂镇守镇，守持此以赂内监，犹言不可罢乎？"上大怒，核实系镇守中官潘某与常言不当革者，即击杀之。又有中官赍敕取太和山香钱，濂奏曰："泰山，空山也。香钱可取，太和八宫有名官道，及云游之，徒食其中者不下二十余万，一旦取，此将何所赖？山且深险，万一有事，将何以支郧阳之役？可为明鉴天子，以四海为富，何爱于此？"上批答曰："一时之事，本乏三思。"御史言："良是。"遂止濂为人慎重，事不轻发，发即不顾利害，言论必归大体。故言上多所施行一时，台臣望风敬惮。或说之曰："曩者讼礼议狱功名之会，得者升青云，失者坠重渊，公两不入其党，彼富贵者一旦失主上意，今当审，逐其人不无有过，有能摘其瑕而并劾之，其力甚易，而功不訾，公得无意乎？"濂谢曰："客言为公乎，以己不与而并劾之，亦私也。毁人以为功君子不有也。"因择其善者，疏名荐之，多所起用。后有至公辅者，濂终不以为德。壬辰复命居京师时，分宜尚为宗伯宠眷，日隆，将有入阁之命。濂曰："是人可为相哉？"草疏劾之，或曰："公居台中，资俸最久，指日京堂矣，奈何言帝幸？巨恐不免矣。"濂曰："为国尽职，职之不尽，谓崇阶，何卒？"上疏曰："如嵩，人本卑污，词皆谀佞，贪婪无匹，巧诈百端，昔逆瑾浊，乱朝政，仅足自杀，不能坏人心术，若此人者为相，则将尽化后进为奸贪罪恶，日积必致诛戮，是假嵩以浊乱四海之权，而陛下自致有杀大臣之咎。"疏上，上答温旨，分宜竟相踰时，濂遂病，归，绝不与世务。结庐东郭之外，日以读书为事，时有所得，辄为论著，谓易原于象也。泥其辞者失之，作《易象解》八卷，乐起于声，古人之度，具在古今一和，而泥古者过之，作《乐经元义》十二卷、《九代乐章》十二卷。兵虽凶器，国不可忘也。不辨于古，其何以变？作《兵说》十二卷，多所杂著，有《四述》四卷，学者称为微山先生，先生居官立朝，侃侃论列，不少假借其与人交雍容款曲，言必由衷，不修城府，延纳文学，接引后生，吐握抗礼，恒若不及士，以此多附善容，修髯翩翩，雅度即之，蔼然见者，饫德海内，时切公辅之望，及分宜之败，先生老且死矣。人甚惜之，年七十三。

——《南宫县志》

刘濂敢于直谏，不畏权贵。当时武定侯郭勋骄恣不羁，在武举宴上与尚书争座位，刘濂建议皇帝及早黜之。陕西发生谋逆案件后，许多朝臣涉嫌入狱，但终未定案，一时引起世人关注。嘉靖十一年起草弹劾严嵩，后严嵩升至宰相，遂告老还乡。回乡后，在南宫县城东郭外建书院闭门读书，偶有所得便撰写成篇，著《易象解》八卷、《乐经元义》十二卷、《九代乐章》十二卷、《兵说》十二卷、《杂著》四卷。学者称其为"微山先生"。隆庆元年病逝，享年七十三岁。

——高洪宪主编《杞县人物大典》

《周易铁笛子》·一卷（两江总督采进本）

明耿橘撰。橘字庭怀，献县人。万历甲午举人。官至监察御史。是书每卦画六爻而系爻辞于画下，又取反对之卦爻辞倒书之，自谓古《易》。盖据税与权之本。其于《十翼》则取《文言》"乾元者"以下六十六字，"坤至柔"以下三十四字，谓当入《象》。取《文言》"潜龙勿用，下也"以下一百七字，谓当入《象》。又分《系辞传》为上、中、下三段，则皆无据之说也。

按：耿橘字蓝阳，进士，教授邑东，阐明性道之学，为历代圣贤图赞，时麟产其乡，毙。橘以石匣瘗之碑于塚前，与邑令刘重庆共为铭，因以颜所居书院曰见麟。后令常熟，首复吴公书院，征江左耆硕，以顾叔时高存之为社长，士风翕然向之，邑为江海湖环错之区，北境高苦旱，男卑苦涝。橘审度地形，大修水利，工初作福山塘有效，于是三丈梅林、盐铁诸塘，以次修举浚河二百一十四，精究水土蓄泄之方，著为《水利全书》，其发自起夫给食引线，分工定岩，堆土轮竿，筑岸建闸，诸事无不纤悉精尽，顾宁人作诗咏之，以比宋劝农使陈靖，至今邑亨其利也。橘事母孝，归田后筑"悦亲台"以奉母，林母殁，置像其上，朝夕跽进饮食，乡人咸感焉，至今台址犹存。

——《献县志》

《易经增注》·十卷（直隶总督采进本）

明张镜心撰。镜心字用晦，磁州人。天启壬戌进士。官至兵部尚书。是编用注疏之本，随文阐发，多释义理。无吊诡之词，亦无深微之论，说《易》家之墨守宋儒者也。

按：张镜心，字孝仲，号湛虚，明末清初磁州南城人。明天启壬戌年进士。先后任萧县、泰兴县知县，礼科给事中、右给事中、左给事中、吏科都给事中，兵部右侍郎兼右副都御史总督两广军务，兵部左侍郎，官至兵部尚书。

任泰兴知县时，正值饥荒，百姓无力交纳赋税。镜心想方设法，替百姓交纳了一年的粮赋。由于政绩卓异，升任礼科给事中，礼部奏举谥典，尚书王永光擅权专断，不协公议。镜心对他不加谥同乡铁铉、罗绮、何景明等非常不满，舆论也纷纷指责王永光。当时发生雨雹之灾，镜心引《春秋专注》之言，向皇上呈文称"臣下事权太专所致"。皇上让他指明具体是谁，镜心便历数王永光恣意专断几综事实，但皇上对此未予追究。

镜心富有军事才能，在任吏科都给事中时，农民起义风起云涌，他上疏推荐范景文等，发兵援助左良玉，兵分四路，张犄角之势，《请大发兵将剿寇疏》即此时所作。后晋升兵部右侍郎兼右副都御史，总督两广军务。广东临海，当地少数民族不断勾结海外诸蕃，进行非法贸易；濒临虔楚的地方，时有山盗出入。镇臣陈谦不为治理，反以为利。镜心弹劾陈谦，罢免了他。并命参将黎延庆驻军于附近山峦，又在要害处设兵守卫，海上遂得安定。在楚地，山盗为害日甚。镜心与沅州、虔州抚臣协会会剿，深入贼巢，转战两昼夜，杀贼千余人。镜心说："贼在巢中，如池中鱼、阱中虎，围可困，攻可取。若一旦外溃，地广兵稀，如钓鳞于巨壑，逐兽于平原，怎能测其所至？"诸将不敢违，遂由主簿峒急力进攻，连破高、柴二源，铲平盗寇。于是楚地平定。

皇上又命镜心到惠州任职。惠州募兵多有盗窃之事，把总胡凤从中煽动谋反，镜心佯作不知，暗里约巡按御史赴惠州大阅兵，乘机包围叛兵，杀首恶四十九人，广东募兵惧而不敢为乱。盘古诸峒久为贼巢，镜心派兵平定，由是人民安居。镜心又安抚百姓一千三百余家，拓田一万五千多亩。朝廷嘉其功，赐金绮褒奖。广东山多田少，百姓时常流离。镜心压缩不必要的开支，得银四万两，积粮十万石，百姓有所依赖。

后镜心升兵部尚书，总督蓟辽军务。镜心以父母年纪大，请求归养尽孝，皇上批准。后镜心父母相继去世，又值改朝换代，他隐居不仕。朝廷屡次下诏起用，镜心婉辞终不归。

镜心与当时翰林院学士倪元璐、书画家黄道周、戏曲作家范景文、刘理顺等名人结为莫逆之交。黄道周任右中允时，因弹劾大臣扬嗣昌等下狱。亲友怕受连累，都躲到一边。只有镜心给他家送去三百两银子，帮助其渡过难关。道周得知后说："孝仲所赠，一定得收。"著有《云隐堂集》《大易解》《阴符经解》等。

——《磁县志》

《说易》·十二卷（直隶总督采进本）

明乔中和撰。中和字还一，内邱人。崇祯中由拔贡生官至太原府通判。是书前列《图说》，次《卦象》，次《象传》，次《爻象》，次《文言》，次《系辞》，次《说卦》，次《序卦》，次《杂卦》，次《附录》。其分卷前后与古今本皆不合，颇近臆断。第二卷先列卦象，以孔子之《易》移于文、周之前，尤乖次序。案朱彝尊《经义考》载中和《易林补》四卷，又名《大易通变》。今此书名《说易》，版心又标《跻新堂集》，疑即从文集中析出单行。而其卷数不止四卷，则《易林补》又当在此书之外也。

按：中和，字还一，内邱人，读书能参奥旨，官太原通判。崇祯十三年，给事中范士髦荐垣曲鲁世任、临城乔己百及中和于朝，称为德行醇儒，堪继薛瑄、陈献章之后，乞召试平台备顾问，不报。辟书塾二馆，处远近之来学者亘寒溽暑，编摩不辍。晚年学《易》，独出心解为《易说》一编。

——《畿辅通志》

《丽奇轩易经讲义》·无卷数（编修励守谦家藏本）

国朝纪克扬撰。克扬字武维，号六息，文安人。是编用注疏本，不录经文，但每卦约诂数条，皆略象数而谈义理。详其文义，盖标识于《经》《传》之上，而其后人录之成帙者也。

按：纪克扬，字令闻，号六息，文安人，嗜读书，善属文，碁登逸品，诸阴阳、象纬、卜筮、占风、岐黄之术无不谙究，以至释典道家之言，多所训诂。童年失恃，至孝性成，哀毁骨立，父敦谕稍进饘粥，事庶母殷恳，诚唯谨姊氏早孀，迎与同居，厚加恤养。家世赀财悉以给庶弟，田宅奴婢等物俱自取下分。唯携图书数十卷，昕夕讽吟，隐然有以，自命一时名流，无不以伟器目之。总角，补弟子员，才名甚盛，累试辄冠军，食廪饩，大为学使左光斗所赏识。六七试不售，怡然自处，益复肆力坟籍，与瓦桥马东航、新城王申之诗文往来，掇藻摛词，不作天宝以后语，时著回文体，六十四字纵横读之，可得诗三百六十首，人咸服其综密。又构别业，三楹陈列图书，与三子坐卧其中，将以终老。无何，贼氛日逼，铁骑连围，克扬毅然弗顾，辄云："丈夫有命，幸能壁间乞活，读书庐中，不异恒昔。"城陷不屈，遂遇害。克扬讲学多年，著

15

述甚富，兵燹散失，所存《丽轩文集论稿》《四书易经注解》。

——《（光绪）顺天府志》

《砚北易钞》·十二卷（编修励守谦家藏本）

国朝黄叔琳撰。叔琳字昆圃，大兴人。康熙辛未进士，官至詹事府詹事。乾隆辛未恩加吏部侍郎衔。是编用注疏本，以程《传》《本义》为主，杂采诸说附益之。中多朱墨校正商榷之处，盖犹未定之稿也。

按：黄叔琳，字昆圃，顺天大兴县人。康熙三十年一甲三名进士，授编修，累迁侍讲。丁父忧，服除，起原官，迁鸿胪寺少卿。五迁刑部侍郎。雍正元年，调吏部。命偕两淮盐政谢赐履赴湖广，与总督杨宗仁议盐价，革除陋规，从所请。疏言："各省支拨兵粮，布政使、粮道为政，先期请讬，方拨近营。否则拨远汛，加运费，民既重累输挽，兵亦苦待饷。请敕督抚察兵数，先拨本州县卫、所，不数，于附近州县拨运。"下部议行。旋授浙江巡抚。时御史钱廷献请濬浙江东西湖，蓄水灌田，命叔琳会总督满保勘议。叔琳等奏言："西湖居会城西，周三十余里，南北山泉入湖处，旧皆设闸以阻浮沙，水得畅流；又有东湖为之停蓄，湖水分出上下塘河，农田资以灌溉。自闸废土淤，民占为田，筑埂围荡，栽荷蓄鱼。请照旧址清釐，去埂建闸，濬城内河道，并疏治上塘河各支港，及自会城至江南吴江界运河港汊坝堰。"部议从之。

叔琳疏荐人才，有廷臣尝言于上者，上疑叔琳请讬先容，谕戒郑重。会有言叔琳赴湖广时，得盐商赇，俾充总商，及为巡抚，庇海宁陈氏仆；其弟御史叔璥巡视台湾，过杭州，仆哄于市，叔琳皆以罪商，有死者，商为罢市。上命解叔琳任，遣侍郎李周望与将军安泰分案按治。安泰等奏叔琳以陈氏仆与商争殴，逮商杖毙，事实，无与叔璥事，亦未尝罢市。周望等奏叔琳贷金盐商，非行贿，上命毋穷究。三年，命赴海塘效力。

乾隆元年，授山东按察使。疏言："旧例州县命案，印官公出，由邻封相验。嗣广西巡抚金鉷奏请改委佐杂，夤缘贿嘱，难成信谳。"又言："审案旧有定限，逾限议处。嗣河东总督田文镜题定分立解府、州、司、院限期，虽意在清釐，适启通融挪改之弊，请皆仍旧为便。"从之。二年，迁布政使。四年，丁母忧。服除，授詹事。以在山东误揭属吏讳盗，夺官。叔琳登第甫二十，十六年，重遇登第岁，命给侍郎衔。二十一年，卒，年八十三。

叔琳富藏书，与方苞友。苞治诸经，叔琳皆与商榷。

子登贤，字筠盟。乾隆元年进士，授户部主事。累迁左副都御史，督山东学政。康熙间，叔琳来督学，立三贤祠，祀胡瑗、孙复、石介，以式诸士。后六十年，登贤继之，训士遴才，皆循叔琳训。四十九年，卒。

——《清史稿》

《大易阐微录》·十二卷（直隶总督采进本）

国朝刘琯撰。琯字献白，枣强人。先天之图，于《周易》之上别尊羲《易》，其传出自陈抟。自《参同契》以外，别无授受之确证。故邵子之学，朱子以为《易》外别传。自元以来诸儒，互有衍说，亦递相攻击。至国朝黄宗炎、胡渭诸人，始抉摘根源，穷究依托，渭书考究尤详。琯未睹黄、胡二家之书，不知其伪之已破，故又因而推衍，加以穿凿。如谓人之生虱，人止一个，而所生之虱个个有对。又谓男女虽是二个，合来仍是一个，故男鳏女寡，俗称半个人。其辞皆不雅驯。于《月令》"天气上升""地气下降""闭塞成冬"及"周髀四游"之说，攻驳尤甚。大抵皆凭臆而谈。其《叙》《跋》皆自命甚高，以为圣贤所未发，过矣。

按：刘琯字献白，邑庠生，家贫，嗜学，研析经义，尤精于易理，著有《大易阐微录》，惜屡困棘，阐未遂其志云。

——《枣强县志》

《易观》·四卷（大理寺卿陆锡熊家藏本）

国朝胡淳撰。淳字厚庵，庆云人。乾隆丙辰进士，授蒙自县知县，未上而卒。是编惟解《上、下经》，大旨谓圣人作《易》，使学者研究卦爻，推吉凶悔吝之由，以知进退存亡之道。故孔子称假年学《易》，可无大过。至于求诸卜筮以决从违，乃为常人设，非为君子设也。故其说扫除图学，惟玩六爻。然皆随文生义，未能融会贯通。其谓《系辞传》"河出图，洛出书，圣人则之"。句为汉儒言谶纬者所窜入，更主持太过矣。

按：胡淳，字厚庵，一字葛民、清弟，雍正壬子举人，晚成进士及门，多登高第，谒选得蒙自县令未之任，卒，著有《易观》。

——《（光绪）重修天津府志》

胡淳，字厚庵，一字葛民、清弟，性疏旷，不稀边幅，读书才钝，键户十余年而成进士，举业。宗先生正力扫浮靡，邻邑争延致之，及门多登高第，谒选得蒙自县令未之任而卒，所著《易观》，存入《四库全书》。

——《庆云县志》

《尚书解意》·六卷（直隶总督采进本）

明李桢宸撰。桢宸字华麓，任邱人。是编不甚训诂名物，亦不甚阐发义理，惟寻绎语意，标举章旨、节旨，务使明白易晓而止。盖专为初学而设，故名以《解意》云。

按：李桢宸，号华麓，万历戊午举人。胸次磊阔，器识清远，平昔专攻古文，九入闱始售，与顾瑞屏为同门友，于书无不读，牙签数万卷，为邑第一。所著有《书经讲义》，祀乡贤。

——《任邱县志》

《尚书集解》·二十卷（直隶总督采进本）

国朝孙承泽撰。承泽号退谷，山东益都人。世隶上林苑籍，故自称曰北平。前明崇祯辛未进士，官兵科给事中。李自成僭位，受伪职为四川防御使。入国朝，官至吏部侍郎。平生以尊崇朱子得名，而是书笃信古文，与朱子独异。所解自蔡沈《集传》外，多采吕祖谦《书说》、金履祥《表注》、许谦《丛说》，而力斥马融、郑康成。盖欲尊宋学，故不得不抑汉儒。然宋儒解经惟《易》《诗》《春秋》掊击汉学，其《尚书》、三《礼》实不甚异同。承泽坚持门户，又并排斥之耳。然千古之是非，曷可掩也？

按：承泽号退谷，山东益都人。世隶上林苑籍，故自称曰北平。前明崇祯辛未进士，官兵科给事中，入国朝官至吏部侍郎。

承泽自序曰：《尚书》不独治统所属，道统寄焉。言心、言性、言教，实开万古理学之宗。视诸经为尤，要文有艰涩平易之不一。以事非一代，作非一手，如周易四圣，繁简不一；诗之正变，不同三颂简缛之相远也。朱子即不注书，而仲默所注或曾面授意旨，况同时有吕东莱书说，后百年有金仁山之表注，许白云之丛说，其精粹不逊于朱子。余旧着集解一编，今年届八旬，恐其散佚，重加裒益，刊之家塾，所解多从蔡传，参以东莱。其有不合者，正以仁山白云两先生要，归之明显畅达而止。

又山水考自序曰：古今山经水志，搜奇者，失之荒唐；纪游者，但狥其耳目，无足取也。禹贡一篇，不独纪载成功造化之功用，神圣之弥纶俱在焉。余反覆读之，仍着其总目于前，而分考之于后。夫山之所坟，水之所涌，水之所奔，山之所亘，动静相生，刚柔互错，先儒谓理一分殊。一理之妙，不于山水益见乎？

——《清文献通考》

《尚书近指》·六卷（江西巡抚采进本）

国朝孙奇逢撰。奇逢有《读易大旨》，已著录。是书前有《自序》，以主敬存心为《尚书》之纲领。其说多标举此义，不甚诠释《经》文。然蔡沈《书集传序》所谓"尧舜存此心，桀纣亡此心，太甲、成王困而存此心"者，已先揭大旨，不烦重演矣。

《尚书口义》·六卷（浙江巡抚采进本）

国朝刘怀志撰。怀志字贞儒，武强人。康熙中左都御史谦之父也。其孙自洁原《跋》称为大司空，盖其赠官，然未详何以赠工部尚书也。是书于《经》文之内注小字以贯串之，大旨悉遵蔡《传》，而衍以通俗之文以便童蒙。凡蔡《传》所谓错简者，俱移易《经》文以从之。凡蔡《传》所谓衍文者，则径从删薙。可谓信《传》而不信《经》矣。

按：刘怀志，武强人，性至孝，十岁父殁，执丧，如成人立身端严，人有不善常畏其知，争竞者每得一言而解有徭役，与邑民均之，虽亲丁未尝占免一人，人尤服其公正。所著有《尚书解》，康熙五十一年祀乡贤子谦丙辰进士，官左都御史，諴戊午举人，蔚县教谕孙自溥自洁俱壬午举人。

——《（雍正）畿辅通志》

《九州山水考》·三卷（安徽巡抚采进本）

国朝孙承泽撰。是书取《禹贡》所载山水，分类相从。山凡四十有三，正导者二十有七，杂见者十有六。水凡四十有二，正导者九，杂见者三十有三。附以泽九，原隰十。冠以水道会通源委，皆首标其名，而以所合诸水旁行斜贯，引以乌丝，略似族谱世系，与地图之式迥殊。中多附论时事，引明代诸人议论事实以相证佐，如水利、海运之类，与《经》义多不相关。盖借事抒议，不专为注《经》设也。书首标曰《格致录卷》，而卷字之上缺一字未镌。其子目乃题《九州山水考》上、中、下字。盖其《格致录》中之一种，刊而未竣者耳。

《诗经朱传翼》·三十卷（浙江吴玉墀家藏本）

国朝孙承泽撰。承泽有《尚书集解》，已著录。承泽初附东林，继降闯贼，终乃入于国朝。自知为当代所轻，故末年讲学，惟假借朱子以为重。独此编说《诗》，则以《小序》《集传》并列，而又杂引诸说之异同。窥其大意，似以《集传》为未惬，而又不肯讼言，故颠颃模棱，不置论断；纷纭糅乱，究莫名其指归。首鼠两端，斯之谓矣。

《诗说简正录》·十卷（直隶总督采进本）

国朝提桥撰。桥字景如，号澹如居士，河间人。前明天启壬戌进士，入国朝官至刑部侍郎。是编以《诗经大全》诸书卷帙浩博，难以披寻，因采择诸说，辑为一编，名曰《简正录》，言其说简而义正也。每篇首列《经》文，次摘采诸家之说，融会训释，又次附以己见。皆以通俗之语讲解文义，盖取便于初学而已。

　　按：提桥字景如，河间卫人，生有异征，性颖悟，弱冠试弟子员。冠军事亲奉志，居丧尽礼，先人殁，后有人负其债数百金，悉焚券，不债偿。明天启壬戌进士，仕郿城商丘，皆有惠政，擢吏部主事。公清大著，端宗有提桥"真吏部"之语。擢太常寺卿，国初召授刑部右侍郎。著有《诗说简正录》行世，平生甘恬退，戒子弟，绝竿牍，门望清白。称"瀛郡第一"。

——《河间府志》

《诗经传说取裁》·十二卷（两淮马裕家藏本）

　　国朝张能鳞撰。能鳞字西山，顺天人。顺治丁亥进士，官至四川按察司副使。其书以丰坊伪《诗传》为主，而旁采申培《诗说》及《诗六帖》以发明之。宗旨先谬，其余亦不足深诘矣。

　　按：张能鳞，字西山，顺天大兴人。顺治丁亥进士，除浙江仁和县知县，历官至四川按察司副使。著有《诗经传说取裁》十二卷，《羲酋志略》一卷，《理学宗要》二十九卷，《西山集》十卷。

——《乙未词科录》

《诗统说》·三十二卷（左副都御史黄登贤家藏本）

　　国朝黄叔琳撰。叔琳有《研北易钞》（按：应为《砚北易钞》），已著录。是编杂采诸家《诗》说，分类钞录，所摭颇为繁富，而朱墨纵横，涂乙未定。盖犹草创之本也。前后无序、跋，亦无目录。以其排纂之例推之，十四卷以前皆总论诗之纲领，十五卷以后乃依《经》文次第而论之。不列《经》文，惟集众说，故以《统说》为名云。

《毛诗广义》·无卷数（编修曹锡龄家藏本）

国朝纪昭撰。昭字懋园，献县人。乾隆丁丑进士，官内阁中书舍人。是编全载毛苌之《传》。其以《小序》冠各篇之首，亦从毛氏，故题曰《毛诗传》。及《小序》之下，杂引郑《笺》、孔《疏》及诸儒之说以发明之。大旨以毛《传》与朱子《集传》互相勘正，以己意断其短长。其间不尽用毛说，故名曰《广义》云。

按：纪昭字懋园，号悟轩，容舒从子，昀兄。中乾隆二十二年进士，官内阁中书八年，宗人府主事缺出，以俸深当迁，会闻父疾，立请假归，居十二年，卒。昭平生笃于事亲，敦睦亲旧，急人疾苦。少与弟昀同以学问相砥砺，昀喜词赋经学，攻汉唐训诂。昭为学以见诸实事为主，服膺宋五子书，能体验而躬行之。辑古今嘉言懿行为《养知录》：曰事父母、曰别夫妇、曰睦兄弟、曰教子孙、曰厚宗族、曰御奴仆、曰制财用、曰通论，凡八卷；又辑《毛诗广义》五卷，大旨以《毛传》及朱子《集传》互相勘正，以己意断其长短，其间不尽用《毛诗》说；著《验经章句》《文选赋注》诸书。昭于阴阳、舆地、医卜、算数之书靡不研究，家有寄庄在交河县界，其南有故河，为滹沱支流。庚辰秋，水暴涨将漫溢，急雇丁夫捍护之，手为规画，河赖以安。晚岁益力学不倦，以后三年，四库馆开，诏求遗书，所注《毛诗广义》《养知录》皆采入焉。

子汝伦，字虞惇，乾隆三十三年举人，官满城教谕。岁壬子四库馆开，从父昀为覆勘官，携汝伦校籍。嘉庆三年举行临雍盛典，又叨预观礼，礼成蒙赐金铸铜章，一方曰“戊午圆桥听讲人”。己未视仲弟浙西有诗二卷，壬戌游闽有闽游草，甲子游豫有《中州集》，又纂辑《周易荟要》五卷、《毛诗荟要》十二卷行世。

——《献县志》

《周礼节训》·六卷（编修励守谦家藏本）

国朝黄叔琳撰。叔琳有《砚北易钞》，已著录。是编名曰《节训》，盖节录而训释之也。《经》文既非完本，所辑注文又皆不著名氏。观其《自序》，盖家塾私课之本，故其《凡例》亦曰"聊备兔园之一册"云。

《夏小正注》·一卷（编修励守谦家藏本）

国朝黄叔琳撰。叔琳有《砚北易钞》，已著录。《夏小正》一书，原载《大戴礼》中，自《隋志》始别为一卷。宋傅崧卿始分别经传而为之注。朱子沿用其例，稍加考定，附于《仪礼经传通解》中，而未言所本。元金履祥亦未见傅氏之书，遂以为朱子旧本，采附《通鉴前编》夏禹元年下，而句为之注，与《传》颇有异同。国朝济阳张尔岐合辑《传》《注》为一编，附以己说。叔琳以《传》《注》多相重复，乃汰其繁芜，以成是注，亦以己说附之。其称"传"者，《大戴礼》之文。其称"注"者，履祥之说。注中称"张氏曰"者，尔岐说。称"案"者，叔琳说也。其中如改"种黍菽糜"作"菽糜而下"，"菽糜"作"菽藨"；"鹿人从"，引《易》"即鹿从禽"；"丹鸟、白鸟"不主萤火、蝙蝠及蚊蚋之说；以匽为蝉；以"纳卵蒜"为二物：皆与旧说不同。至"鸣蜮"《传》中"屈造"之属，引《淮南子》"鼓造"之文，谓为虾蟆，则牵合甚矣。

《郊社考辨》·一卷（直隶总督采进本）

国朝李塨撰。塨有《周易传注》，已著录。是编立论主南北郊分祀，大致皆本之毛奇龄。

《四礼辑》·一卷（两淮马裕家藏本）

明马从聘撰。从聘字起莘，灵寿人。万历己丑进士，官至右佥都御史，巡抚延绥。崇祯十一年灵寿城破，与三子同殉节。乾隆乙未，赐谥忠节。是书亦多以意为之。考《仪礼·士冠礼》贾《疏》，古者天子诸侯皆十二而冠，士、庶人二十而冠，故《曲礼》称二十曰弱冠。《后汉书·马防传》，年十六，仍自称未冠。此书《冠礼目录》，谓男子年十五至二十皆可冠。如此之类，皆于古义未协，未可据为确论也。

按：马从聘，字起莘，灵寿人。万历十七年进士。授青州推官，擢御史。勋卫李宗城册封平秀吉逃归，从聘言其父言恭不当复督戎政，不从。出理两淮盐课，言近日泰山崩离，坼者里余，由开矿断地脉所致，当速罢，不报。奸人田应璧请擎卖没官余盐助大工，帝遣中官鲁保督之。从聘极陈欺罔状，不从。还朝，改按浙江，又按苏、松，请免增苏、松、常镇税课，亦不报。以久次擢太仆少卿，拜右佥都御史，巡抚延绥，失事夺俸。既而有捣巢功，未叙，引疾归。加兵部右侍郎。家居凡二十余年，终熹宗世不出。

崇祯十一年冬，大清破灵寿。从聘年八十有二矣，谓其三子曰："吾得死所矣。"又曰："吾大臣，义不可生，汝曹生无害也。"三子不从。从聘缢，三子皆缢。赠兵部尚书，谥介敏，官其一子。

——《明史·马从聘传》

《春秋诸国统纪》·六卷、《目录》·一卷（浙江吴玉墀家藏本）

元齐履谦撰。履谦字伯恒，大名人。官至太史院使。事迹具《元史》本传。此书乃其延祐丁巳为国子司业时所作。前有《自序》，谓今之《春秋》，盖圣人合二十国史记为之。自三《传》专言褒贬，于诸国分合与《春秋》所以为《春秋》，概未之及。故叙类此书，以备诸家之阙。凡二十有二篇，首鲁、次周、次宋、次齐、次晋、次卫、次蔡、次陈、次郑、次曹、次秦、次薛、次杞、次滕、次莒、次邾、次许、次宿、次楚、次吴。自内鲁尊周外，各以五等之爵为次。其入春秋后降爵者，则随所降之爵列之，而楚、吴以僭王殿焉。《目录》谓此皆国史具在，圣人据以作《春秋》者。又以诸小国、诸亡国厘为二篇，附录于末。《目录》谓此无国史，因二十国事所及而载者。皆先于各国下列叙大势与其排比之意，题曰《某国春秋统纪》。盖据《墨子》有百国《春秋》、徐彦《公羊疏》有孔子求《周史记》得百二十国宝书之文，故不主因鲁史从赴告之义也。案《春秋》如不据鲁史，不应以十二公纪年。如不从赴告，不应僖公以后晋事最详，僖公以前晋乃不载一事。此盖掇拾杂说，不考正经。且鲁史不纪周年，内鲁可也。履谦分国编次而鲁第一、周第二，不曰王人虽微，加于诸侯之上乎？况天王也？至于隐公八年葬蔡宣公，宣公十七年葬蔡文公，并《经》有明文。履谦漏此二条，乃于桓公十七年葬蔡桓侯，谓诸国皆僭称公，惟蔡仍旧章。反引《左传》为证，殊为疏舛。又《经》书桓公三年夫人姜氏至自齐，六年九月丁卯子同生，其事更无疑义。《谷梁》"传疑故志之"之说，已为不核事实。履谦乃竟以庄公为齐侯之子，尤为乖谬。以其排比《经》文，颇易寻览，所论亦时有可采，故录存之。吴澄《序》称其缕数旁通，务合书法。间或求之太过，要之不苟为言。盖瑕瑜不掩，澄已有微辞矣。

按：齐履谦，字伯恒，父义，善算术。履谦生六岁，从父至京师；七岁读书，一过即能记忆；年十一，教以推步星历，尽晓其法；十三，从师，闻圣贤之学。自是以穷理为务，非洙、泗、伊、洛之书不读。至元十六年，初立太史局，改治新历，履谦补星历生。同辈皆司天台官子，太史王恂问以算数，莫能对，履谦独随问随答，恂大奇之。新历既成，复预修《历经》《历议》。二十九年，授星历教授。都城刻漏，旧以木为之，其形如碑，故名碑漏，内设曲筒，铸铜为丸，自碑首转行而下，鸣铙以为节，其漏经久废坏，晨昏失度。大德元年，中书俾履谦视之，因见刻漏旁有宋旧铜壶四，于是按图考定莲花、宝山等漏制，命工改作，又请重建鼓楼，增置更鼓并守漏卒，当时遵用之。二年，迁保章正，始专历官之政。三年八月朔，时加巳，依历，日蚀二分有奇，至其时，不蚀，众皆惧，履谦曰："当蚀不蚀，在古有之，矧时近午，阳盛阴微，宜当蚀不蚀。"遂考唐开元以来当蚀不蚀者凡十事以闻。六年六月朔，时加戌，依历，日蚀五十七秒。众以涉交既浅，且复近浊，欲匿不报。履谦曰："吾所掌者，常数也，其食与否，则系于天。"独以状闻。及其时，果食。众尝争没日不能决，履谦曰："气本十五日，而间有十六日者，余分之积也。故历法以所积之日，命为没日，不出本气者为是。"众服其议。

七年八月戊申夜，地大震，诏问致灾之由及弭灾之道，履谦按《春秋》言："地为阴而主静，妻道、臣道、子道也，三者失其道，则地为之弗宁。弭之之道，大臣当反躬责己，去专制之威，以答天变，不可徒为禳祷也。"时成宗寝疾，宰臣有专威福者，故履谦言及之。九年冬，始立南郊，礼昊天上帝，履谦摄司天台官。旧制，享祀，司天虽掌时刻，无钟鼓更漏，往往至旦始行事。履谦白宰执，请用钟鼓更漏，俾早晏有节，从之。至大二年，太常请修社稷坛，及浚太庙庭中井。或以岁君所直，欲止其役，履谦曰："国家以四海为家，岁君岂专在是！"三年，升授时郎秋官正，兼领冬官正事。四年，仁宗即位，嘉尚儒术。台臣言履谦有学行，可教国学子弟，擢国子监丞，改授奉直大夫、国子司业，与吴澄并命，时号得人。每五鼓入学，风雨寒暑，未尝少怠，其教养有法，诸生皆畏服。未几，复以履谦佥太史院事。皇庆二年春，彗星出东井。履谦奏宜增修善政以答天意，因陈时务八事。仁宗为之动容，顾宰臣命速行之。自履谦去国学，吴澄亦移病归，学制稍为之废。延祐元年，诏择善教者，于是复以履谦为国子司业。履谦律己益严，教道益张，每斋置伴读一人为长，虽助教阙员，而诸生讲授不绝。时初命国子生岁贡六人，以入学先后为次第，履谦曰："不考其业，何以兴善而得人！"乃酌旧制，立升斋、积分等法：每季考其学行，以次递升，既升上斋，又必逾再岁，始与私试；孟月仲月试经疑经义，季月试古赋诏诰章表策，蒙古、色目试明经策问；辞理俱优者一分，辞平理优者为半分，岁终积至八分者充高等，以四十人为额；然后集贤、礼部定其艺业及格者六人，以充岁贡；三年不通一经，及在学不满一岁者，并黜之。帝从其议，自是人人励志，多文学之士。五年，出为滨州知州，丁母忧，不果行。

至治元年，拜太史院使。泰定二年九月，以本官奉使宣抚江西、福建，黜罢官吏之贪污者四百余人，蠲免括地虚加粮数万石，州县以先贤子孙充房夫诸役者悉罢遣之。福建宪司职田，每亩岁输米三石，民不胜苦。履谦命准令输之，由是召怨，及还京，宪司果诬以他事。未几，诬履谦者皆坐事免，履谦始得直，复为太史院使。天历二年九月卒。

履谦笃学勤苦，家贫无书。及为星历生，在太史局，会秘书监辇亡宋故书，留置本院，因昼夜讽诵，深究自得，故其学博洽精通，自六经、诸史、天文、地理、礼乐、律历，下至阴阳五行、医药、卜筮，无不淹贯，尤精经籍。著《大学四传小注》一卷，《中庸章句续解》一卷，《论语言仁通旨》二卷，《书传详说》一卷，《易系辞旨略》二卷，《易本说》四卷，《春秋诸国统纪》六卷。以皇极之名见于《洪范》，皇极之数始于邵氏《经世书》，数非极也，特寓其数极耳，著《经世书入式》一卷；《经世书》有内、外篇，内篇则因极而明数，外篇则由数而会极，著《外篇微旨》一卷。《授时历》行五十年，未尝推考，履谦日测晷景，并晨昏五星宿度，自至治三年冬至至泰定二年夏至，天道加时真数，各减见行历书二刻，著《二至晷景考》二卷。《授时历》虽有经、串，而经以著定法，串以纪成数，然求其法之所以然、数之所从出，则略而不载，作《经串演撰八法》一卷。元立国百有余年，而郊庙之乐，沿袭宋、金，未有能正之者。履谦谓乐本于律，律本于气，而气候之法，具载前史，可择僻地为密室，取金门之竹及河内葭莩候之，上可以正雅乐、荐郊庙、和神人，下可以同度量、平物货、厚风俗。列其事上之。又得黑石古律管一，长尺有八寸，外方，内为圆空，中有隔，隔中有小窍，盖以通气；隔上九寸，其空均直，约径三分，以应黄钟之数；隔下九寸，其空自小窍迤？杀至管底，约径二寸余，盖以聚其气而上之。其制与律家所说不同，盖古所谓玉律者是也。适迁他官，事遂寝，有志者深惜之。至顺三年五月，赠翰林学士、资善大夫、上护军，追封汝南郡公，谥文懿。

——《元史》

《春秋程传补》·二十卷（浙江汪启淑家藏本）

国朝孙承泽撰。承泽有《尚书集解》，已著录。是编以程子《春秋传》非完书，集诸儒之说以补之。其词义高简者重为申明，阙略者详为补缀。书成于康熙九年。按伊川《春秋传》，《宋史·艺文志》作一卷。陈亮《龙川集》有《跋》云："伊川先生之序此书也，盖年七十有一矣，四年而先生殁。今其书之可见者才二十年。"陈振孙《书录解题》云："略举大义，不尽为说。襄、昭后尤略。"考程子《春秋传序》作于崇宁二年，书未定而党论兴，至《桓公九年》止。门人间取《经说》续其后，此陈亮所谓可见者二十年也。是书《桓公九年》以前全载程《传》，十年以后以《经说》补之，《经说》所无者采诸说补之，中取诸新安汪克宽《纂疏》者居多。《纂疏》即明代《春秋大全》所本。其书坚守胡安国《传》，则仍胡氏之门户而已，未必尽当程子意也。又所补诸《传》皆不出姓氏，于原文亦多所芟改，其《桓公九年》以前程子无《传》者亦为补之。则是自为一书，特托名于程子耳。考陈亮《跋》有云："先生于是二十年之间，其义甚精，其类例甚博。学者苟优柔厌饫，自得于意言之表，不必惜其阙也。"然则何藉承泽之补乎？

《春秋辑传辨疑》·无卷数（直隶总督采进本）

国朝李集凤撰。集凤字翙升，山海卫人。今其地为临榆县。集凤尝官洛阳县丞。《畿辅通志》称其淹贯群籍，尤善《春秋》。汇先儒注解，讨辨详核，历三十年，凡四易稿，然后成书六十五卷，名曰《春秋辨疑》。此本细字密行，凡五十二巨册，不分卷帙，盖犹其未编之稿。以纸数计之，当得一百余卷，《通志》所言似未确也。其书所载《经》文，皆从胡《传》，而三《传》之异同则附录之，未免信新本而轻古《经》。说经则事多主左，义多主胡，故并尊之曰"左子""胡子"，比拟亦为不类。其诸家所解，则胪列而参考之。征引浩博，辩论繁复，殆有《尧典》二字说十四万言之势焉。

按：李集凤，山海卫人，幼即端严，以圣贤自期。及长，淹通群籍，凡濂洛关闽之书无不究悉，尤善《春秋》。汇先儒注解，讨辨详核，历三十年，凡四易稿，然后成书六十五卷，名曰《春秋辨疑》，海内称之。后官河南洛阳丞，卒。邑人请从祀周公庙，直隶于康熙五十三年祀乡贤。

——《（雍正）畿辅通志》

《宋元春秋解提要》·无卷数（左副都御史黄登贤家藏本）

国朝黄叔琳编。叔琳有《研北易钞》（按：应为《砚北易钞》），已著录。是篇杂采宋元诸家之说，而不加论断。前有《总论》《凡例》，亦皆采集旧文。卷首有自注脱落未写者四十二条，书中亦多空白。盖与其《宋元易解提要》均未竟之稿也。

《或庵评春秋三传》·无卷数（江西巡抚采进本）

国朝王源撰。源字昆绳，号或庵，大兴人。康熙癸酉举人。是书本名《文章练要》，分六宗、百家。六宗以《左传》为首，百家以《公羊传》《谷梁传》为首。然六宗仅《左传》有评本，百家亦惟评《公羊》《谷梁》二传而已。经义、文章，虽非两事，三《传》要以《经》义传，不仅以文章传也。置《经》义而论文章，末矣。以文章之法点论而去取之，抑又末矣。真德秀《文章正宗》始录《左传》，古无是例，源乃复沿其波乎？据其全书之例，当归《总集》。以其仅成三《传》，难以集名，姑仍附之《春秋》类焉。

按：王源，大兴人，流寓江淮，从魏叔子治古文，游京师，公卿皆降爵齿而与之交，与四明万斯同订《明史稿》，兵志源所作也。年四十后，或劝应试举，康熙癸酉京兆第四，人所评文章六宗行于世。

——《（雍正）畿辅通志》

《孝经注义》·一卷（直隶总督采进本）

国朝魏裔介撰。裔介字石生，号贞庵，柏乡人。顺治丙戌进士，官至保和殿大学士。乾隆元年追谥文毅。是书以《孝经》分章诠释。其训诂字义者，标题曰"注"。其敷衍语意者，标题曰"义"。词旨浅近，盖课蒙之作也。

按：魏裔介，字石生，直隶柏乡人。顺治三年进士，选庶吉士。四年，授工科给事中。五年，疏请举经筵及时讲学，以隆治本。又言："燕、赵之民，椎牛裹粮，首先归命。此汉高之关中，光武之河内也。今天下初定，屡奉诏蠲赋，而畿辅未沾实惠，宜切责奉行之吏，彰信于民。"俱报闻。

转吏科，以母忧归。服阕，九年，起故官。应诏疏言："上下之情未通，满、汉之气中阏。大臣阘茸以保富贵，小臣钳结以习功名。纪纲日弛，法度日坏。请时御正殿，召对群臣，虚心谘访。令部院科道等官面奏政事，仍令史官记注，以求救时之实。"时世祖亲政，裔介疏言："督抚重臣宜慎选择，不宜专用辽左旧人。"又言："摄政王时，隐匿逃人，立法太严，天下嚣然，丧其乐生之心。后以言官陈说，始宽其禁，责成州县，法至善也。若舍此之外别有峻法，窃恐下拂人心，上干天和，非寻常政治小小得失而已。"上题之。

河南巡抚吴景道援恩诏荐举明兵部尚书张缙彦。裔介疏言："缙彦仕明，身任中枢，养寇误国，有卢杞、贾似道之奸，而庸劣过之。宜予摈弃，以协公论。"疏下部议，以事在赦前，予外用。又疏言："州县遇灾荒，既经报部，其例得蠲缓钱粮，即予停徵，以杜吏胥欺隐。并就州县积谷及存贮库银，先行赈贷。"下所司议行。时直隶、河南、山东诸省灾，别疏请赈。上命发帑金二十四万，分遣大臣赈之，全活甚众。

十一年，迁兵科都给事中。东南兵事未定，疏言："今日刘文秀复起于川南，孙可望窃据于贵筑，李定国伺隙于西粤，张名振流氛于海岛，连年征讨，尚稽天诛。为目前进取计，蜀为滇、黔门户，蜀既守而滇、黔之势蹙，故蜀不可不先取。此西南之情形也。粤西稍弱，昨岁桂林之役未大创，必图再犯，以牵制我湖南之师。宜令藩镇更番迭出，相机战守。此三方者，攻瑕宜先粤西。粤西溃则可望胆落，滇、黔亦当瓦解。"又疏劾湖南将军续顺公沈永忠拥兵观望，致总兵官徐勇、辰常道刘升祚力竭战死。永忠坐罢任夺爵。复劾福建提督杨名高玩寇，致漳州郡县为郑成功沦陷，名高坐罢任。

寻迁太常寺少卿，擢左副都御史。十三年，疏劾大学士陈之遴营私植党，之遴坐解官，发辽阳闲住。十四年，迁左都御史，上谕之曰："朕擢用汝，非縣人荐达。"裔介益感奋，尽所欲言。四月，因钦天监推算次月日月交食，疏请广言路，缓工作，宽州县考成，速颁恩赦，释滞狱，酌复五品以下官俸，减征调之兵，节供应之费。上嘉之，下部详议以行。尝侍经筵，讲汉文帝春和之诏，因举仁政所宜先者数事。正阳门外菜园为前朝嘉蔬圃地，久为民居，部议入官。裔介过其地，民走诉，即入告，仍以予民。十六年，加太子太保。十七年，京察自陈。以御史巡方屡坐贪败，责裔介未纠劾，削太子太保，供职如故。

时可望犹据贵州，郑成功乱未已。裔介疏言："可望恃峒蛮为助，宜命在事诸臣加意招徕，予以新敕印，旧者毋即收缴，则归我者必多。成功作乱海上，我水师无多，惟于沿海要地增兵筑堡，使不得泊岸劫掠，然后招其携贰，散其党与，海患可以渐平。"下部议行。未几，疏劾大学士刘正宗、成克巩欺罔附和诸罪，命正宗、克巩回奏，未得实，下法司勘讯，并解裔介官与质。谳定，正宗获罪籍没，克巩夺职视事，复裔介官。时以云南、福建用兵，加派钱粮。裔介疏请敕户部综计军需足用即停止，上命未派者并停止。康熙元年，云南既定，疏言："云南既有吴三桂藩兵数万，及督提两标兵，则满洲兵可撤。但滇、黔、川、楚边方辽远，不以满洲兵镇守要地，倘戎寇生心，恐鞭长莫及。荆、襄乃天下腹心，宜择大将领满兵数千驻防，无事则控制形势，可以销奸宄之萌；有事则提兵应援，可以据水陆之胜。"疏下部，格不行。复请以湖广总督移驻荆州，从之。

进吏部尚书。三年，拜保和殿大学士。时辅臣柄政，论事辄争执，裔介调和异同，时有所匡正。预修世祖实录，充总裁官。九年，典会试。是年内院承旨会吏、礼二部选新进士六十人，试以文字，拟上中下三等入奏，上亲定二十七人为庶吉士。御史李之芳劾裔介所拟上卷二十四人，先使人通信，招权纳贿；并谓与班布尔善相比，引用私人。班布尔善官大学士，党鳌拜，伏法。上命裔介复奏，裔介疏辨，并言："臣与班布尔善同官，论事辄龃龉。以鳌拜之势焰，足迹不至其门，岂肯附班布尔善？臣服官以来，弹劾无所避忌。前劾刘正宗，其党切齿于臣者十年于兹。之芳，正宗同乡，今为报复。"因自请罢斥，疏下吏部会质。之芳力争，裔介自引咎。部议以之芳劾奏有因，裔介应削秩罚俸，上宽之，命供职如故。

十年，以老病乞休，诏许解官回籍。世祖实录成，进太子太傅。二十五年，卒，赐祭葬如制。

裔介居言路最久，疏至百余上，敷陈剀切，多见施行。生平笃诚，信程、朱之学，以见知闻知述圣学之统。著述凡百余卷，大指原本儒先，并及经世之学。家居十六年，躬课稼穑，循行阡陌，人不知其为故相也。雍正间，祀贤良祠。乾隆元年，追谥文毅。

——《清史稿》

《经书音释》·二卷（浙江汪启淑家藏本）

明冯保撰。保字永亭，号双林，深州人。嘉靖中秉笔司礼太监。隆庆及万历之初最用事。事迹具《明史·宦官传》。是编摭拾《经典释文》《说文》《广韵》诸书，参以己意。如解《论语》"过则勿惮改"，"惮"字曰："难也，畏也。"则已详于朱注。解"宓不齐"，"宓"字曰："三国时秦宓，人名。"则更与音释无关。至其钞袭舛误，更不可枚举。末有隆庆辛未保《自跋》，其私印曰"内翰之章"，尤可怪矣。史称保善琴能书，是编当即所自撰。意当时士大夫惮其权势，必有从而誉之者，故竟至于灾梨。其人其书，本均不足存。以赵高《爰历》六篇，《汉志》著录，故存其目，亦以见明代貂珰之横，至俨然以词臣自居，而无一人议之，足为万世之炯戒也。

按：冯保，深州人。嘉靖中，为司礼秉笔太监。隆庆元年提督东厂兼掌御马监事。时司礼掌印缺，保以次当得之，适不悦于穆宗。大学士高拱荐御用监陈洪代，保由是疾拱。及洪罢，拱复荐用孟冲。冲故掌尚膳监者，例不当掌司礼。保疾拱弥甚，乃与张居正深相结，谋去之。会居正亦欲去拱专柄，两人交益固。穆宗得疾，保密属居正豫草遗诏，为拱所见，面责居正曰："我当国，奈何独与中人具遗诏。"居正面赤谢过。拱益恶保，思逐之。

穆宗甫崩，保言于后妃，斥孟冲而夺其位，又矫遗诏令与阁臣同受顾命。及帝登极，保升立宝座旁不下，举朝大骇。保既掌司礼，又督东厂，兼总内外，势益张。拱讽六科给事中程文、十三道御史刘良弼等，交章数其奸，而给事中雒遵、陆树德又特疏论列，拱意疏下即拟旨逐保。而保匿其疏，亟与居正定谋，遂逐拱去。

初，穆宗崩，拱于阁中大恸曰："十岁太子，如何治天下。"保谮于后妃曰："拱斥太子为十岁孩子，如何作人主。"后妃大惊，太子闻之亦色变。迨拱去，保憾犹未释。万历元年正月，有王大臣者，伪为内侍服，入乾清宫，被获下东厂。保欲缘此族拱，与居正谋，令家人辛儒饮食之，纳刃其袖中，俾言拱怨望，遣刺帝。大臣许之。逾日，锦衣都督朱希孝等会鞫。大臣疾呼曰："许我富贵，乃掠治我耶！且我何处识高阁老？"希孝惧，不敢鞫而罢。会廷臣杨博、葛守礼等保待之，居正亦迫众议微讽保。保意稍解，乃以生漆酒喑大臣，移送法司坐斩，拱获免。由是举朝皆恶保，而不肖者多因之以进。

慈圣太后遇帝严。保倚太后势，数挟持帝，帝甚畏之。时与小内竖戏，见保入，辄正襟危坐曰："大伴来矣。"所昵孙海、客用为乾清宫管事牌子，屡诱帝夜游别宫，小衣窄袖，走马持刀，又数进奇巧之物，帝深宠幸。保白太后，召帝切责。帝长跪受教，惶惧甚。保属居正草帝罪己手诏，令颁示阁臣。词过挹损，帝年已十八，览之内惭，然迫于太后，不得不下。居正乃上疏切谏。又缘保意劾去司礼秉笔孙德秀、温太及掌兵伏局周海，而令诸内侍俱自陈。由是保所不悦者，斥退殆尽，时八年十一月也。

保善琴能书。帝屡赐牙章曰"光明正大"，曰"尔惟盐梅"，曰"汝作舟楫"，曰"鱼水相逢"，曰"风云际会"，所以待之甚隆。后保益横肆，即帝有所赏罚，非出保口，无敢行者。帝积不能堪，而保内倚太后，外倚居正，帝不能去也。然保亦时引大体。内阁产白莲，翰林院有双白燕，居正以进。保使使谓居正曰："主上冲年，不可以异物启玩好。"又能约束其子弟，不敢肆恶，都人亦以是称之。

居正固有才，其所以得委任专国柄者，由保为之左右也。然保性贪，其私人锦衣指挥徐爵、内官张大受，为保、居正交关语言。且数用计使两人相疑，旋复相好，两人皆在爵术中。事与筹画，因怙势招权利，大臣亦多与通。爵夜至禁门，守卫者不敢诘，其横如此。居正之夺情及杖吴中行等，保有力焉。已而居正死，其党益结保自固。居正以遗疏荐其座主潘晟入阁，保即遣官召之。御史雷士桢、王国，给事中王继光相继言其不可用，晟中途疏辞。内阁张四维度申时行不肯为晟下，拟旨允之，帝即报可。保时病起，诟曰："我小恙，遽无我耶？"皇太子生，保欲封伯爵，四维以无故事难之，拟荫弟侄一人都督金事。保怒曰："尔由谁得今日，而负我！"御史郭惟贤请召用吴中行等，保责其党护，谪之。吏部尚书王国光罢，保辄用其乡人梁梦龙代。爵、大受等窃权如故。

然是时太后久归政，保失所倚，帝又积怒保。东宫旧阉张鲸、张诚间乘陈其过恶，请令闲住。帝犹畏之，曰："若大伴上殿来，朕奈何？"鲸曰："既有旨，安敢复入。"乃从之。会御史李植、江东之弹章入，遂谪保奉御，南京安置，久之乃死。其弟佑、从子邦宁并官都督，削职下狱，瘐死。大受其党周海、何忠等八人，贬小火者，司香孝陵。爵与大受子，烟瘴永戍。尽籍其家，保金银百余万，珠宝瑰异称是。

保之发南京也，太后问故。帝曰："老奴为张居正所惑，无他过，行且召还。"时潞王将婚，所需珠宝未备，太后间以为言。帝曰："年来无耻臣僚，尽货以献张、冯二家，其价骤贵。"太后曰："已籍矣，必可得。"帝曰："奴黠猾，先窃而逃，未能尽得也。"而其时，锦衣都督刘守有与僚属张昭、庞清、冯昕等，皆以籍罪人家，多所隐没，得罪。

——《明史》

《勉庵说经》·十卷（直隶总督采进本）

国朝齐祖望撰。祖望字望子，号勉庵，广平人。康熙庚戌进士，官至南安府知府。是书凡《读易辨疑》三卷、《尚书一得录》一卷、《诗序参朱》一卷、《说礼正误》三卷、《春秋四传偶笔》一卷、《续笔》一卷。大概《易》则辨程、朱之误，《书》则正蔡氏之讹，《诗》多遵《小序》而攻朱《注》，《礼》则正陈氏之失，《春秋》则纠驳胡《传》，而《左氏》《公》《谷》亦互有是非。然率以臆断，不能根据古义，元元本本，以正宋儒之失也。

按：齐祖望，字望子，号勉庵，鸡泽人。康熙九年进士，授湖广巴东知县。时贼魁王凤岐据巫山，李春儒据施州，祖望檄彝陵总兵由建始取施，而以计密授游击许嘉谋，遂平其难。以卓异除兵部督捕主事，迁武选司员外郎，擢刑部郎中，监督通惠河务，管理太仓。上尝亲试部曹，祖望以慎简督抚对，拔置第一。出守巩昌，临洮饥设粥厂全活万计。寻以事谪归，卒后，事始白，复职。祖望博雅工诗，尤喜研究经学，悟因文见道之旨。尝谓：文也者，道之寄也。伏羲启之，列圣绍之，仲尼集其成焉，于是天地古今之文皆在仲尼矣。《易》，三圣之文也，仲尼赞之，则为仲尼之《易》。《尚书》，四代之文，《诗》，西周及十五国之文也，仲尼删之，则为仲尼之《书》与《诗》。礼、乐，周公制作之文也，仲尼正之，则为仲尼之《礼》《乐》。《春秋》，鲁史之文也，仲尼修之，则为仲尼之《春秋》。故曰：文王既没，文不在兹乎？文在仲尼，则道在仲尼矣。窃谓六经得汉儒而始显，得宋儒而始明，然犹有不惬者，伊川之《易传》，耻言占筮，本义之卦变，竟废乾坤。《诗序》固有谬说，而朱子排斥过当；《春秋》所书，纵多失礼，而胡传以礼为常事，竟置不书。若蔡氏之《尚书》、陈氏之在《礼记》，考证尤疏，更非程、朱比也。说经者，初非炫其才智以与前人争胜，盖将出其意中之所安，以发明先圣之微言大义而已。晦庵言《易》，固与伊川异，其言诗又诋毛氏。康侯之于三传，亦互有从违，是亦各抒其所见云尔。于是撰为《经说》十卷，凡《读易辨疑》三卷，《尚书》一得录、《诗序》《参朱》各一卷，《说礼正误》三卷，《春秋四传偶笔》一卷，《续笔》一卷，《易》则辨程、朱之误，《书》则正蔡氏之伪，《礼》则正陈氏之失，《诗》多遵小序而攻朱注，《春秋》则纠驳胡传，而左氏、公、谷亦互有是非，然率以臆断，不能根据古义以正宋儒之失。当康熙时，士子束于功令，一时学者趋重宋学，祖望独于程、朱、胡、蔡诸书力持异议，不为同，斯亦读书有识者矣。所著又有《增补洗冤录》及《素心堂集》行世。

——《大清畿辅先哲传》

《四书集义精要》·二十八卷（两淮盐政采进本）

元刘因撰。因字梦吉，号静修，容城人。世祖至元十九年征授承德郎、右赞善大夫。未几辞归，再以集贤学士征，不起。事迹具《元史》本传。朱子为《四书集注》，凡诸人问答与《集注》有异同者，不及订归于一。而卒后卢孝孙取《语类》《文集》所说，辑为《四书集义》，凡一百卷，读者颇病其繁冗。因乃择其指要，删其复杂，勒成是书。张萱《内阁书目》作三十五卷，《一斋书目》则作三十卷。考苏天爵作因《墓志》，亦称是书三十卷，则萱所记误矣。此本仅存二十八卷，至《孟子·滕文公上篇》而止。其后并已阙佚，亦非完帙。然朱彝尊《经义考》注云"未见"，则流传颇罕，亦元人遗笈之仅存者，不以残阙病也。其书芟削浮词，标举要领，使朱子之说不惑于多岐。苏天爵以"简严粹精"称之，良非虚美。盖因潜心义理，所得颇深，故去取分明，如别白黑。较徒博尊朱之名，不问已定未定之说，片言只字无不奉若球图者，固不同矣。

按：刘因，字梦吉，保定容城人。世为儒家，五世祖琮生敦武校尉、临洮府录事判官昉，昉生奉议大夫、中山府录事侯，侯生秉善，金贞祐中南徙。其弟国宝，登兴定进士第，终奉直大夫、枢密院经历。秉善生述，述，因之父也。岁壬辰，述始北归，刻意问学，遽性理之说，好长啸。中统初，左三部尚书刘肃宣抚真定，辟武邑令，以疾辞归。年四十未有子，叹曰："天果使我无子则已，有子必令读书。"因生之夕，述梦神人马载一儿至其家，曰："善养之。"既觉而生，乃名曰骃，字梦骥，后改今名及字。

因天资绝人。三岁识书，日记千百言，过目即成诵，六岁能诗，七岁能属文，落笔惊人。甫弱冠，才器超迈，日阅方册，思得如古人者友之，作《希圣解》。国子司业砚弥坚教授真定，因从之游，同舍生皆莫能及。初为经学，究训诂疏释之说，辄叹曰："圣人精义，殆不止此。"及得周、程、张、邵、朱、吕之书，一见能发其微，曰："我固谓当有是也。"及评其学之所长，而曰："邵，至大也；周，至精也；程，至正也；朱子，极其大，尽其精，而贯之以正也。"其高见远识率类此。因早丧父，事继母孝，有父、祖丧未葬，投书先友翰林待制杨恕，怜而助之，始克襄事。因性不苟合，不妄交接，家虽甚贫，非其义，一介不取。家居教授，师道尊严。弟子造其门者，随材器教之，皆有成就。公卿过保定者众，闻因名，往往来谒，因多逊避，不与相见，不知者或以为傲，弗恤也。尝爱诸葛孔明静以修身之语，表所居曰"静修"。

不忽木以因学行荐于朝，至元十九年，有诏征因，擢承德郎、右赞善大夫。初，裕皇建学宫中，命赞善王恂教近侍子弟，恂卒，乃命因继之。未几，以母疾辞归。明年，丁内艰。二十八年，诏复遣使者，以集贤学士、嘉议大夫征因，以疾固辞，且上书宰相曰：

因自幼读书，接闻大人君子之余论，虽他无所得，至如君臣之义，自谓见之甚明。如以日用近事言之，凡吾人之所以得安居而暇食，以遂其生聚之乐者，是谁之力与？皆君上之赐也。是以凡我有生之民，或给力役，或出知能，亦必各有以自效焉。此理势之必然，亘万古而不可易，而庄周氏所谓无所逃于天地之间者也。因生四十三年，未尝效尺寸之力，以报国家养育生成之德，而恩命连至，因尚敢偃蹇不出，贪高尚之名以自媚，以负我国家知遇之恩，而得罪于圣门中庸之教也哉！且因之立心，自幼及长，未尝一日敢为崖岸卓绝、甚高难继之行，平昔交友，苟有一日之雅者，皆知因之此心也。但或者得之传闻，不求其实，止于纵迹之近似者观之，是以有高人隐士之目，惟阁下亦知因之未尝以此自居也。向者先储皇以赞善之命来召，即与使者俱行，再奉旨令教学，亦即时应命。后以老母中风，请还家省视，不幸弥留，竟遭忧制，遂不复出，初岂有意于不仕邪？今圣天子选用贤良，一新时政，虽前日隐晦之人，亦将出而仕矣，况因平昔非隐晦者邪！况加以不次之宠，处之以优崇之地邪！是以形留意往，命与心违，病卧空斋，惶恐待罪。

因素有羸疾，自去年丧子，忧患之余，继以痁疟，历夏及秋，后虽平复，然精神气血，已非旧矣。不意今岁五月二十八日，疟疾复作，至七月初二日，蒸发旧积，腹痛如刺，下血不已。至八月初，偶起一念，自叹旁无期功之亲，家无纪纲之仆，恐一旦身先朝露，必至累人，遂遣人于容城先人墓侧，修营一舍，傥病势不退，当居处其中以待尽。遣人之际，未免感伤，由是病势益增，饮食极减。至二十一日，使者持恩命至，因初闻之，惶怖无地，不知所措，徐而思之，窃谓供职虽未能扶病而行，而恩命则不敢不扶病而拜。因又虑，若稍涉迟疑，则不惟臣子之心有所不安，而踪迹高峻，已不近于人情矣。是以即日拜受，留使者，候病势稍退，与之俱行。迁延至今，服疗百至，略无一效，乃请使者先行，仍令学生李道恒，纳上铺马圣旨，待病退，自备气力以行。望阁下俯加矜悯，曲为保全。因实疏远微贱之臣，与帷幄诸公不同，其进与退，若非难处之事，惟阁下始终成就之。

书上，朝廷不强致，帝闻之，亦曰："古有所谓不召之臣，其斯人之徒欤！"三十年夏四月十有六日卒，年四十五。无子，闻者嗟悼。延祐中，赠翰林学士、资善大夫、上护军，追封容城郡公，谥文靖。欧阳玄尝赞因画像曰："微点之狂，而有沂上风雩之乐；资由之勇，而无北鄙鼓瑟之声。于裕皇之仁，而见不可留之四皓；以世祖之略，而遇不能致之两生。乌乎！麒麟凤凰，固宇内之不常有也，然而一鸣而《六典》作，一出而《春秋》成。则其志不欲遗世而独往也明矣，亦将从周公、孔子之后，为往圣继绝学，为来世开太平者邪！"论者以为知言。

因所著有《四书精要》三十卷，诗五卷，号《丁亥集》，因所自选。又有文集十余卷，及《小学四书语录》，皆门生故友所录，惟《易系辞说》，乃因病中亲笔云。

——《元史》

《学庸正说》·三卷（直隶总督采进本）

明赵南星撰。南星字梦白，号侪鹤，高邑人。万历甲戌进士，官至吏部尚书，以忤魏忠贤削籍谪戍。崇祯初追谥忠毅。事迹具《明史》本传。是编凡《大学》一卷、《中庸》二卷。每节衍为口义，逐句阐发，而又以不尽之意附载于后。虽体例近乎讲章，然词旨醇正，诠释详明。其说《大学》，不从姚江之"知本"，而仍从朱子之"格物"，并《补传》一章亦为训解。其说《中庸》，不以无声无臭虚论性天，而始终归本于慎独，皆确然守先儒之旧。盖南星为一代名臣，端方劲直，其立朝不以人情恩怨为趋避，故其说经亦不以流俗好尚为是非。虽平生不以讲学名，而所见笃实，过于讲学者多矣，未可以其平近而忽之也。

按：赵南星，字梦白，高邑人。万历二年进士。除汝宁推官。治行廉平，稍迁户部主事。张居正寝疾，朝士群祷，南星与顾宪成、姜士昌戒弗往。居正殁，调吏部考功。引疾归。

起历文选员外郎。疏陈天下四大害，言："杨巍乞休，左都御史吴时来谋代之，忌户部尚书宋纁声望，连疏排挤。副都御史詹仰庇力谋吏、兵二部侍郎。大臣如此，何以责小臣，是谓干进之害。礼部尚书沈鲤、侍郎张位、谕德吴中行、南京太仆卿沈思孝相继自免，独南京礼部侍郎赵用贤在，词臣黄洪宪辈每阴诋之，言官唐尧钦、孙愈贤、蔡系周复显为诋诬。众正不容，宵人得志，是谓倾危之害。州县长吏选授太轻，部寺之官计日而取郡守，不问才行。而抚按论人赃私有据，不曰未甚，则曰任浅，概止降调，其意以为惜才，不知此乃惜不才也。吏治日污，民生日瘁，是谓州县之害。乡官之权大于守令，横行无忌，莫敢谁何。如渭南知县张栋，治行无双，裁抑乡官，被诬不获行取，是谓乡官之害。四害不除，天下不可得治。"疏出，朝论韪之。而中所抨击悉时相所庇，于是给事中李春开起而驳之。其疏先下，南星几获谴。给事中王继光、史孟麟、万自约，部曹姜士昌、吴正志并助南星诋春开，且发时来、仰庇、洪宪谄诳状。春开气沮，然南星卒以病归。再起，历考功郎中。

二十一年大计京官，与尚书孙鑨秉公澄汰。首黜所亲都给事中王三余及鑨甥文选员外郎吕胤昌，他附丽政府及大学士赵志皋弟皆不免，政府大不堪。给事中刘道隆因劾吏部议留拾遗庶僚非法。得旨，南星等专权植党，贬三官。俄因李世达等疏救，斥南星为民。后论救者悉被谴，鑨亦去位，一时善类几空。事具鑨传。

南星里居，名益高，与邹元标、顾宪成，海内拟之"三君"。中外论荐者百十疏，卒不起。

光宗立，起太常少卿。俄改右通政，进太常卿，至则擢工部右侍郎。居数月，拜左都御史，慨然以整齐天下为任。天启三年大计京官，以故给事中亓诗教、赵兴邦、官应震、吴亮嗣先朝结党乱政，议黜之，吏科都给事中魏应嘉力持不可。南星著《四凶论》，卒与考功郎程正己置四人不谨。他所澄汰，一如为考功时。浙江巡按张素养荐部内人材，及姚宗文、邵辅忠、刘廷元，南星劾其谬，素养坐夺俸。先是，巡方者有提荐之例，南星已奏止之；而陕西高弘图、山西徐扬先、宣大李思启、河东刘大受，复踵行如故，南星并劾奏之，巡方者始知畏法。

寻代张问达为吏部尚书。当是时，人务奔竞，苞苴恣行，言路横尤甚。每文选郎出，辄邀之半道，为人求官，不得则加以恶声，或逐之去。选郎即公正无如何，尚书亦太息而已。南星素疾其弊，锐意澄清，独行己志，政府及中贵亦不得有所干请，诸人惮其刚严不敢犯。有给事为赀郎求盐运司，即注赀郎王府，而出给事于外。知县石三畏素贪，夤缘将行取，南星亦置之王府。时进士无为王官者，南星不恤也。

魏忠贤雅重之，尝于帝前称其任事。一日，遣婢子傅应星介一中书赘见，南星麾之去。尝并坐弘政门，选通政司参议，正色语忠贤曰："主上冲龄，我辈内外臣子宜各努力为善。"忠贤默然，怒形于色。大学士魏广微，南星友允贞子也，素以通家子畜之。广微入内阁，尝三至南星门，拒勿见。又尝叹曰："见泉无子。"见泉，允贞别号也。广微恨刺骨，与忠贤比而龁南星。

东林势盛，众正盈朝。南星益搜举遗佚，布之庶位。高攀龙、杨涟、左光斗秉宪；李腾芳、陈于廷佐铨；魏大中、袁化中长科道；郑三俊、李邦华、孙居相、饶伸、王之寀辈悉置卿贰。而四司之属，邹维琏、夏嘉遇、张光前、程国祥、刘廷谏亦皆民誉。中外忻忻望治，而小人侧目，滋欲去南星。给事中傅櫆以维琏改吏部己不与闻，首假汪文言发难，劾南星紊旧制，植私人。维琏引去，南星奏留之，小人愈恨。会涟劾忠贤疏上，宫府益水火。南星遂杜门乞休，不许。

攀龙之劾崔呈秀也，南星议戍之。呈秀窘，夜走忠贤邸，叩头乞哀，言："不去南星及攀龙、涟等，我两人未知死所。"忠贤大以为然，遂与定谋。会山西缺巡抚，河南布政使郭尚友求之。南星以太常卿谢应祥有清望，首列以请。既得旨，而御史陈九畴受广微指，言应祥尝知嘉善，大中出其门，大中以师故，谋于文选郎嘉遇而用之，徇私当斥。大中、嘉遇疏辩，语侵九畴，九畴再疏力诋，并下部议。南星、攀龙极言应祥以人望推举，大中、嘉遇无私，九畴妄言不可听。忠贤大怒，矫旨黜大中、嘉遇，并黜九畴，而责南星等朋谋结党。南星遽引罪求去，忠贤复矫旨切责，放归。明日，攀龙亦引去。给事中沈惟炳论救，亦出之外。俄以会推忤忠贤意，并斥于廷、涟、光斗、化中，引南星所摈徐兆魁、乔应甲、王绍徽等置要地。小人竞进，天下大柄尽归忠贤矣。

忠贤及其党恶南星甚，每矫敕谕，必目为元凶。于是御史张讷劾南星十大罪，并劾维垣、国祥、嘉遇及王允成。得旨，并削籍。令再奏南星私党，讷复列上邦华及孙鼎相等十四人，并贬黜。自是为南星摈弃者，无不拔擢，其素所推奖者，率遭奇祸。诸干进速化之徒，一击南星，辄遂所欲。而石三畏亦起为御史，疏攻南星及李三才、顾宪成、孙丕扬、王图等十五人。死者皆削夺，缙绅祸益烈。寻以汪文言狱词连及南星，下抚按提问。适郭尚友巡抚保定，而巡按马逢皋亦憾南星，乃相与庭辱之。笞其子清衡及外孙王钟庞，系之狱，坐南星赃万五千。南星家素贫，亲故捐助，始获竣。卒戍南星代州，清衡庄浪，钟庞永昌。嫡母冯氏、生母李氏，并哀恸而卒。子生七龄，惊怖死。南星抵戍所，处之怡然。

庄烈帝登极，有诏赦还。巡抚牟志夔，忠贤党也，故迟遣之，竟卒于戍所。崇祯初，赠太子太保，谥忠毅。榱、呈秀、广微、九畴、兆魁、应甲、绍徽、讷、三畏、尚友、志夔，俱名丽逆案，为世大僇焉。

——《明史》

《四书近指》·二十卷（直隶总督采进本）

国朝孙奇逢撰。奇逢有《周易大旨》，已著录。是编于四子之书挈其要领，统论大指，间引先儒之说以证异同，然旨意不无偶偏，如云"圣人之训，无非是学"，此论最确。乃两论逐章皆牵合学字，至谓"道千乘之国"章敬信、节爱、时使皆时习事；《大学》"圣经"章所论本末先后，以明德须在民上明，修身须在天下、国家上修；又云"格物无传，是《大学》最精微处。以物不可得而名，无往非物，即无往非格。朱子所谓穷至事物之理，乃通《大学》数章而言"云云：皆不免高明之病。盖奇逢之学，兼采朱、陆，而大本主于穷则励行，出则经世，故其说如此。虽不一一皆合于经义，而读其书者知反身以求实行实用，于学者亦不为无益也。

《大学管窥》·一卷（衍圣公孔昭焕家藏本）

明廖纪撰。纪字时陈，号龙湾，东光人。弘治乙丑进士，官至吏部尚书。谥靖僖。事迹具《明史》本传。是书首载琴川周木所集《大学》古本及二程、朱子改本。其后依《大学》古本次序，采辑众说，加以己意而疏解之。其书流传绝少，朱彝尊《经义考》仅列其目，亦未之见也。

按：廖纪，字时陈，东光人。弘治三年进士。授考功主事，屡迁文选郎中。正德中，历工部右侍郎。提督易州山厂，羡金无所私。迁吏部左、右侍郎。世宗立，拜南京吏部尚书。调兵部，参赞机务。被论解职。

嘉靖三年，"大礼"议既定，吏部尚书杨旦赴召，道劾张璁、桂萼。璁、萼之党陈洸遂劾旦而荐纪。帝罢旦，以纪代之。纪疏辞，言："臣年已七十，精力不如乔宇，聪明不如杨旦。"时宇、旦方为帝所恶，不许。光禄署丞何渊请建世室，祀兴献帝，下廷议。纪等执不可，帝弗从。纪力争曰："渊所言，干君臣之分，乱昭穆之伦，蔑祖宗之制，臣谨昧死请罢勿议。"不纳。会廷臣多诤者，议竟寝。已，条奏三事。其末言人材当惜，谓："正德之季，宗社几危。议者但知平定逆藩之功，而不知保护京师之力。自陛下继统，老成接踵去，新进连茹登，以出位喜事为贤，以凌分犯礼为贵。伏望陛下于昔年致仕大臣，念其保护之勋，量行召用。其他降职、除名、遣戍者，使得以才自效。"帝但纳其正士风、重守令二事而已。三边总督杨一清召还内阁，璁等欲起王琼，纪推彭泽、王守仁，帝不允。复以邓廷璋、王宪名上，竟用宪。

五年正月，御史张衮、喻茂坚、朱实昌以世庙礼成，请宥议礼得罪诸臣，璁、萼亦以为请，章俱下吏部。纪等列上四十七人，卒报罢。御史魏有本以劾郭勋、救马永谪官，给事中沈汉等论救，帝不听。纪从容为言，且荐永及杨锐。帝纳之，有本得无谪。纪在南都，持议与璁合，坐是劾罢。璁辈欲引助己，遂首六卿。而纪顾数与抵牾，璁辈亦不喜。年老称病乞归，许之去。初，《献皇实录》成，加太子太保。至是进少保，赐敕乘传，夫廪视故事有加。卒，赠太保，谥僖靖。

——《明史》

《中庸管窥》·一卷（衍圣公孔昭焕家藏本）

明廖纪撰。是书不用朱子《章句》，亦不从郑玄旧《注》。分《中庸》为二十五段，与《章句》同者十四段。其异者以《中庸》"其至矣乎"以下二章为第三段，"道其不行矣夫"二章为第四段，"人皆曰予知"二章为第五段，"天下国家可均也"三章为第六段，"道不远人"至"亦勿施于人"为第八段，"君子之道四"一节为第九段，"武王周公"至"孝之至也"为第十五段，"郊社之礼"一节为第十六段，"哀公问政"合"自诚明"二章为第十七段，"大哉圣人之道"至"王天下"三章为第二十三段，"仲尼祖述尧舜"至"唯天下至诚"三章为第二十四段。其中如以"道其不行"一节与"舜其大知"一节合为一段，殊为牵强。谓"君子之道"一节与上文不相蒙，以"郊社之礼"一节承上启下，亦未能深思文意，特自抒其一人之见而已。后附《性学》《心学》二篇，亦无甚精微之论。

《四书说约》·无卷数（直隶总督采进本）

明鹿善继撰。善继字伯顺，定兴人。万历癸丑进士，官至太常寺少卿。崇祯壬午，大兵攻定兴，善继率乡人拒守，城破死之。赠大理寺卿，谥忠节。事迹具《明史》本传。是书就《四书》以讲学，与明人讲义为时文而作者颇殊。卷首为《认理提纲》九条。如曰："此理不是涉元空的，子臣弟友是他著落。

不然则日新顾是，成汤且为枯禅矣。"其《自序》亦曰："夫读圣贤书而不反求之心，延平所谓玩物丧志者，可汗人背也。即云反求之心，而一切著落不以身实践之，徒以天倪之顿现，虚为承当，阳明所称将本体只作一番光景玩弄者，更可汗人背也。"其持论亦颇笃实。然学出姚江，大旨提唱良知，与洛闽之学究为少异。

按：鹿善继，字伯顺，定兴人。祖久征，万历中进士，授息县知县。时诏天下度田，各署上中下壤，息独以下田报，曰："度田以纾民，乃病民乎！"调襄垣，擢御史，以言事谪泽州判官，迁荥泽知县，未任而卒。父正，苦节自砺。县令某欲见之，方粪田，投锸而往。急人之难，倾其家不惜，远近称鹿太公。

善继端方谨恧。由万历四十一年进士，授户部主事。内艰除，起故官。辽左饷中绝，廷臣数请发帑，不报。会广东进金花银，善继稽旧制，金花贮库，备各边应用。乃奏记尚书李汝华曰："与其请不发之帑，何如留未进之金？"汝华然之。帝怒，夺善继俸一年，趣补进。善继持不可，以死争。乃夺汝华俸二月，降善继一级，调外。汝华惧，卒补银进。泰昌改元，复原官，典新饷。连疏请帑百万，不报。

天启元年，辽阳陷，以才改兵部职方主事。大学士孙承宗理兵部事，推心任之。及阅视关门，以善继从。出督师，复表为赞画。布衣羸马，出入亭障间，延见将卒相劳苦，拓地四百里，收复城堡数十，承宗倚之若左右手。在关四年，累进员外郎、郎中。承宗谢事，善继亦告归。

先是，杨、左之狱起，魏大中子学洢、左光斗弟光明，先后投鹿太公家。太公客之，与所善义士容城举人孙奇逢谋，持书走关门，告其难于承宗。承宗、善继谋借巡视蓟门，请入观。奄党大哗，谓阁部将提兵清君侧，严旨阻之。狱益急，五日一追赃，榜掠甚酷。太公急募得数百金输之，而两人者则皆已毙矣。至是，善继归，而周顺昌之狱又起。顺昌，善继同年生，善继又为募得数百金，金入而顺昌又毙。奄党居近善继家，难家子弟仆从相望于道。太公曰："吾不惧也。"崇祯元年，逆槛既诛，善继起尚宝卿，迁太常少卿，管光禄丞事，再请归。

九年七月，大清兵攻定兴。善继家在江村，白太公请入捍城，太公许之。与里居知州薛一鹗等共守。守六日而城破，善继死。家人奔告太公，太公曰："嗟乎，吾儿素以身许国，今果死，吾复何憾！"事闻，赠善继大理卿，谥忠节，敕有司建祠。子化麟，举天启元年乡试第一，伏阙讼父忠。逾年亦卒。

——《明史》

《四书集说》·二十八卷（直隶总督采进本）

明徐养元、赵渔同撰。养元字长善，渔字问源，俱唐山人。崇祯癸未同榜进士。是编采集朱子《或问》《存疑》《大全》诸书及诸家之说而成，不出流俗讲章之派。

按：徐养元，字长善，唐山人，崇祯进士，本朝顺治初授兵部主事，历官湖北提学。道公明廉洁，士论归之以忧归杜门，著书教学者，必以孔、孟为法，所成就甚众，卒，祀乡贤。

——《（雍正）畿辅通志》

赵渔，字问源，直隶唐山人，前癸未进士，顺治四年任。

——《清秘述闻》

《四书大全纂要》·无卷数（直隶总督采进本）

国朝魏裔介撰。裔介有《孝经注义》，已著录。是编以明永乐间所著《四书大全》泛滥广博，举业家鲜能穷其说，乃采其要领，俾简明易诵。然《大全》庞杂万状，沙中金屑，本自无多。裔介所摘，又未能尽除枝蔓，独得精华，则亦虚耗心力而已。

《四书钞》·十八卷（直隶总督采进本）

国朝秘丕笈撰。丕笈字仲负，故城人。康熙癸丑进士，官至陕西提学副使。是编以四子之书近世多为新说所惑，于是纂辑《或问》及《大全》《蒙引》《存疑》等说，汇成一编。以非自己出，故以"钞"为各。其旁注批阅之语，则丕笈自抒所见也。

按：秘丕笈，字德蔺，故城人，康熙癸丑进士，累官陕西金事，提督学政，杜绝请托，凡所奖拔，皆一时名隽，秦中绅士至今思之。丕笈潜心理学，所著有《四书日抄》（按：应为《四书钞》）行世，卒，祀乡贤。

——《（雍正）畿辅通志》

秘丕笈，故城人，康熙癸丑科进士，授内阁中书舍人，迁主客司，转都水郎中，以敏练称。榷芜湖时吏，有额外索商一钱者，必加重惩，宿弊顿革。人有秘青天之谣，已而视学秦中，誓绝请托。苞苴不行文卷，必亲阅。以勤劳，卒于官。

——《河间县志》

《论语传注》·二卷、《大学传注》·一卷、《中庸传注》·一卷、《传注问》·一卷（直隶总督采进本）

国朝李塨撰。塨有《周易传注》，已著录。是编解释经义，多与宋儒相反。盖塨之学出于颜元，务以实用为主。故于程、朱之讲习，陆、王之证悟，凡不切立身经世者，一概谓之空谈。而于心性之学，排击尤甚。其解《四书》，亦即此旨。中惟《孟子注》未成，今传者《论语》《大学》《中庸》耳。《论语》多用古义，亦兼取毛奇龄之说。如以"无所取材"从郑康成作"桴材"，"偏其反而"从何晏作"反经合道之譬"，则不免故相违迕，有意异同。《大学》用古本读"大"为"泰"及"亲民"之"亲"读本字，皆仍旧说。其以"格物"之"物"为《周礼·司徒》之"乡三物"，则墋自申其学也。《中庸》不取朱子天道、人道之说，一切归于实际，证以人事。在三书之中，较为完密。《传注问》则仿朱子《或问》之例，一一辨其去取之所以然。辞气多不和平，徒以气相胜而已。

《四书参注》·无卷数（直隶总督采进本）

国朝王植撰。植字槐三，深泽人。康熙辛丑进士，官至邠州知州。是书多掊击注疏，以自表尊崇朱子之意，而掊击郑玄、孔颖达尤甚于赵岐、何晏、孙奭、邢昺。然先有汉儒之训诂，乃能有宋儒之义理，相因而入，故愈密愈深。必欲尽扫经师，独标道学，未免门户之私。譬之天文、算数，皆今密而古疏，亦岂容排击羲氏，诋諆隶首哉？且所采多近时王廷诤、崔纪、傅泰诸人之说，在诸人研究《四书》，固各有所得，然遽跻诸郑、孔诸儒之上，恐诸人亦未必自安矣。

按：王植字怀三（按：一作槐三），幼恂恂自持，不轻以声色加人，既言思乎汲长儒之戆，因而自号"戆思"。乙酉颁乡荐，越十有七年始成进士，观政都门。自房师汪杜林、座师张遂宁、李穆堂诸公外，有欲其一往见者，卒不可得。雍正丙午，授广东和平令。朝考时依例得奏折，因条陈三事曰："足用于国，不如藏富于民也，无已请易银以谷为社仓合。小邑大乡各有数千百石之粟，而犹忧饥馑者，未之有也。"曰："淫祀，无福，读书有益。请乡邑之祀庙，凡例所应禁者，悉毁之。籍其田为师生修火资。僻乡下邑，弦诵相闻，而俗不长厚者，未之有也。"又曰："籍烟户，严保甲，政非不善也，应以故事则鲜实，请另设保甲一房，凡娼赌奸匪，例应连坐者，当堂呈册，按律必惩，人不敢昵其私。而奸究不息者，未之有也。"未上时，人皆以为不可，上亦无所遣也。益感激自励，莅任未五月，即檄署，平远海丰，复调繁阳江，逾年即擢罗定牧兼摄德庆牧。凡狱讼难决者，植片言即判。遇事有不可每力争，虽大吏前无所屈。时皆目为强项令。后因公被议，经大吏保荐起用，复署钦州新会香山诸篆，适王公安国来抚粤，剡荐，奉特旨召见，而植以忧归，迨丙寅赴召，已逾六年矣。拟《本政论》六篇备清问，曰："君心为出治之本，知人为任官之本，育才为得人之本，藏富为足民之本，务学为莅政之本，持盈为保泰之本。"不果。上抵山东署滋阳、授沽、化调郯城。计前后历三州九县，民之疾苦必达于上，狱之大小必协于中，毁淫祠、除积弊，和平罗定。士民皆立祠尸祝焉。钦州毗连交趾则请定土司相见之仪，以崇国体。复四峒改丁之误，以资捍卫澳门。侨寓夷商，则请革岁收羡金之陋，以服远人。皆尤关政体者。新会浚修内外河道以通海潮。郯城实力查灾，大兴水利，所赈救灾民三十九万余口，所筑土石堤一百八十余里，又兴利捍患之大者也。己巳冬，以老病请休，适有辛未南巡之信，上官即以规避劾，且令留东辨差。既竣，有欲为之奏请开复者，则婉谢曰："进退，士人之大节。既以老病乞身，病可瘥，老可返少乎？"遂归。植自少至老，未尝一日废披阅，尤留意性理诸书，身体力行，尝言："吾观宋六子之书，言治心克己处，如暗室一炬，幽隐毕照。每以此自检，虽不能无过，所可信者，大德不逾闲，读书有真解，试吏事亦颇有实政可指耳。"为诸生时，辑《濂关三书》三卷；乡举后辑《正蒙初义》五卷；游豫章，日与沈新周言音韵，写《韵学》，并《臆说》六卷。在粤中闲居时，辑《权衡一书》四十八卷，解组后辑《皇极经世全书解》八卷。俱入《三通志》，又著有《四书参注》二卷，《崇德堂稿》《道学渊源录》《尝试语》等书行世。又以志书关乎文献，在和平、罗定、新会稍久皆有志，郯城及本籍深泽也有志。论者谓所著《濂关三书》分经析纬，部署一新；其《正蒙》《经世》二书，则于艰深玄奥中抉出两贤。所以著书之意率皆前人所未有。其为当时所推重如此，先是王植与弟模、栻联科获隽，有三凤之目。比归，与两弟修敬宗收族之道，建宗祠，构承恩楼，楼之阳建万卷书楼，置义田三百六十亩，以赡族中之不克举丧者，不能谋衣食者，尤为乡邦所矜，持式云道光三十年入祀乡贤祠。

——《深泽县志》

《四书说注卮词》·十卷（直隶总督采进本）

国朝胡在角撰。在角，永年人。乾隆丙辰进士，官湖北松滋县知县。是编虽以"说注"为名，然颇因以讲学，尚不似乡塾讲章全为时文而作，然亦未全脱坊刻之窠臼。盖其用力之始，从讲章入也。

按：胡熙子在角，乾隆元年进士，著《学庸说注卮词》，采宋以来诸儒之说而折衷于朱子，今存。

——《永年县志》

《四书顺义解》·十九卷（御史戈岱家藏本）

国朝刘琴撰。琴字松雪，任邱人。乾隆丙辰举人，官顺义县教谕。是编皆先标章次，而后循文以衍其意。每节之末，又杂引旧说以析之。以成于官顺义时，因以为名。前有同邑边连宝《序》，称其自雍正丁未至乾隆壬午，三十年而后脱稿。临没，犹斟酌改窜。又称其一以紫阳为主，不敢稍背云。

按：刘琴字松雪，性廉介，不苟取，与教授生徒资修脯，以养亲为文，恪守先民程式，不务词采，困场屋三十余年，处之泊如。乾隆丙辰举于乡，所学务为专精，而尤覃心于四子书，字研句究，沈酣数十年，始成一书，命曰《四书顺义解》，邑人边连宝称其折衷诸儒，略无遗憾，以孙伯曛贵赠如其官。

——《任邱续志》

《李氏学乐录》·二卷（浙江巡抚采进本）

国朝李塨撰。塨有《周易传注》，已著录。塨尝学五音、七声、十二律以器色相配之说于毛奇龄。作《宫调图》《七调全图》及《十二律旋相为宫隔八相生合图》《器色七声还相为宫隔八相生图》《籥色下生上生图》《五音七声十二律器色七字为七调还相为宫隔八相生全图》《六律正五音图》，而皆为之论。其说主于四、上、尺、工、六五字，除一领调字，余字自领调一声递高，又自领调一声递低，圆转为用。虽于黄钟之宫所以为律本者无所发明，然亦可备一家之说。是书本塨所编，以皆述其闻于奇龄者，奇龄又手定之，故后人编入《西河合集》中，而题奇龄之名于首。然实非奇龄所自著。赵汸《春秋师说》未尝题黄泽之名，古之例也。故今改题塨名，以不没其真焉。

《乐经元义》·八卷（直隶总督采进本）

明刘濂撰。濂有《易象解》，已著录。是书第一卷曰《律吕篇》，二卷曰《八音篇》，三卷曰《万舞篇》，四卷至七卷曰《古诗音调篇》，八卷曰《微言篇》。其论律吕也，专驳《乐记》与《周礼·大司乐》。其论音调也，谓三百篇之中宫、商近雅，徵、羽近淫。每篇每章，分出某宫某律，又于其中分列，有和有乱。其论《颂》，又极驳圜钟、函钟。大都自任臆见，无所师承。前有嘉靖二十九年《自序》，称上下数千年，阅历圣哲不知凡几，皆见不及此。亦颠之甚矣。

《群经音辨》·七卷（通行本）

宋贾昌朝撰。昌朝字子明，获鹿人。天禧初赐同进士出身，庆历中同中书门下平章事。英宗初加左仆射，封魏国公。谥文元。事迹具《宋史》本传。此书其侍讲天章阁时所上。凡群经之中一字异训、音从而异者，汇集为四门。卷一至卷五曰《辨字同音异》，仿唐张守节《史记正义·发字例》，依许慎《说文解字》部目次之。卷六曰《辨字音清浊》，曰《辨彼此异音》，曰《辨字音疑混》，皆即《经典释文·序录》所举，分立名目。卷七附《辨字训得失》一门，所辨论者仅九字。书中沿袭旧文，不免谬误者，如卷一《言部》"谦，慊也"下云："郑康成说谦以慊。慊，厌也。厌谓闭藏貌。"据《礼记注》曰："谦读为慊。慊，厌也。"此解正文"自谦"。《注》又曰："厌读为黡。黡，闭藏貌也。"此解正文"厌然"，与上《注》"厌足"之"厌"绝不相蒙。昌朝混而一之，殊为失考。又卷二《刀部》："典，坚刃貌也。"据《考工记》"钝欲顿典"，《注》曰："顿典，坚刃貌。"以"顿典"为形容之辞，不得单举一"典"字。卷三《巾部》"幓头，括发也。""幓"木"帩"字之讹。据《仪礼注》，一以解妇人之鬐，以麻申之，曰："以麻者，如著幓头焉。"一以解"括发以麻免而以布申之"，曰："此用麻布为之，状如今著幓头矣。"是括发、免鬐皆如著幓头，幓头自是吉服。扬雄《方言》："帕头，自河以北，赵、魏之间曰帩头。"刘熙《释名》作"绡头"。又有鬐带，緌带等名，岂可以括发释之？是皆疏于考证之故。然《释文》散见各经，颇难检核。昌朝会集其音义，丝牵绳贯，同异粲然，俾学者易于寻省，不为无益。小学家至今不废，亦有以也。《自序》云："编成七卷，凡五门。"绍兴中王观国《后序》亦云："凡五门，七卷。"惟《宋史·艺文志》作三卷。此本为康熙中苏州张士俊从宋椠翻雕，实为七卷。则宋史所载为字画之误明矣。

按：贾昌朝，字子明，真定获鹿人。晋史官纬之曾孙也。天禧初，真宗尝祈谷南郊，昌朝献颂道左，召试，赐同进士出身，主晋陵簿。赐对便殿，除国子监说书。孙奭判监，独称昌朝讲说有师法。他日书路随、韦处厚传示昌朝曰："君当以经术进，如二公。"为颍川郡王院伴读。再迁殿中丞，历知宜兴、东明县。奭侍读禁中，以老辞，荐昌朝自代，召试中书，寻复国子监说书。上言："礼，母之讳不出于宫。今章献太后易月制除，犹讳父名，非尊宗庙也。"

53

诏从之。景祐中，置崇政殿说书，以授昌朝。诵说明白，帝多所质问，昌朝请记录以进，赐名《迩英延义记注》，加直集贤院。

太平兴国寺灾，是夕，大雨震雷。朝廷议修复，昌朝上言："《易·震》之象曰：'洊雷震，君子以恐惧修省。'近年寺观屡灾，此殆天示警告，可勿缮治，以示畏天爱人之意。"西域僧献佛骨、铜像，昌朝请加赐遣还，毋以所献示中外。悉行其言。天章阁置侍讲，亦首命昌朝。累迁尚书礼部郎中、史馆修撰。

刘平为元昊所执，边吏诬平降贼，议收其家。昌朝曰："汉族杀李陵，陵不得归，而汉悔之。先帝厚抚王继忠家，终得继忠用。平事未可知，使收其族，虽平在，亦不得还矣。"乃得不收。擢知制诰、权判吏部流内铨兼侍讲。初，铨法，县令奉钱满万二千，乃举令。昌朝曰："法如此，则小县终不得善令。"请概举令，而与之奉如大县。

进龙图阁直学士、权知开封府，迁右谏议大夫、权御史中丞兼判国子监。议者欲以金缯啖契丹使攻元昊，昌朝曰："契丹许我有功，则责报无穷矣。"力止之。乃上言曰："太祖初有天下，监唐末五代方镇武臣、土兵牙校之盛，尽收其威权，当时以为万世之利。及太宗时，将帅率多旧人，犹能仗威灵，禀成算，出师御寇，所向有功。近岁恩幸子弟，饰厨传，钓名誉，多非勋劳，坐取武爵，折冲攻守，彼何自而知哉？然边鄙无事，尚得自容。自西羌之叛，士不练习，将不得人，以屡易之将驭不练之士，故战则必败。此削方镇太过之弊也。况亲旧、恩幸，出即为将，素不知兵，一旦付以千万人之命，是驱之死地矣。此用亲旧、恩幸之弊也。今杨崇勋、李昭亮尚任边鄙，望速选士代之。方镇守臣无数更易，刺史以上，宜慎所授，以待有功。此救弊之一端也。"又上备边六事：

其一曰驭将帅。自古帝王，以恩威驭将帅，赏罚驭士卒，用命则军政行而战功集。太祖脱裘帽赐王全斌曰："今日居此幄，尚寒不可御，况伐蜀将士乎？"此驭之以恩也。曹彬、李汉琼讨江南，太祖召彬至前，立汉琼等于后，授以剑曰："副将以下，不用命者得专戮之。"汉琼等股栗而退，此驭之以威也。太祖虽削武臣之权，然一时赏罚及用财集事，皆听其专，有功则赏，有败则诛。今每命将帅，必先疑贰，非近幸不信，非姻旧不委。今陕西四路，总管而下，钤辖、都监、巡检之属，悉参军政，谋之未成，事已先漏，甲可乙否，上行下庞，主将不专号令，故动则必败。请自今命将，去疑贰，推恩惠，务责以大效，得一切便宜从事。偏裨有不听令者，以军法论，此驭将之道也。

其二曰复土兵。今河北河东强壮、陕西弓箭手之类，土兵遗法也。河北乡兵，其废已久，陕西土兵，数为贼破，存者无几。臣以谓河北、河东强壮，已召近臣详定法制，每乡为军。其材能绝类者，籍其姓名递补之。陕西蕃落弓箭手，贪召募钱物，利月入粮奉，多就黥涅为营兵。宜优复田畴，使力耕死战，世为边用，可以减屯戍、省供馈矣。内地州县，增置弓手，如乡军之法而阅试之。

其三曰训营卒。太祖朝，令诸军毋得食肉衣帛，营舍有粥酒肴则逐去，士卒有服缯彩者笞责之。异时被铠甲、冒霜露，战胜攻取，皆此曹也。今营卒骄惰，临敌无勇。旧例三年转员，谓之落权正授，虽未能易此制，即不必一例使为总管、钤辖，择有才勇可任将帅者授之。况今之兵仗制造，殊不适用。宜按八阵、五兵之法，以时教习。使启殿有次序、左右有形势，前却相附，上下相援，令之曰："失一队长，则斩一队。"何虑众不为用乎？

其四曰制远人。今四夷荡然与中国通，在北则臣契丹，其西则臣元昊，二国合从，有掎角中国之势。借使以岁币羁縻之，臣恐不可胜算。古之备边，西有金城、上郡，北则云中、雁门。今自沧之秦，绵亘数千里，无山河之阻，独恃州县镇戍尔。岁所供赡，又不下数千万，一谷不熟，或至狼狈。契丹近岁兼用燕人治国，建官一同中夏。元昊据河南列郡而行赏罚，此中国患也。宜度西方诸国如沙州、唃厮、明珠、灭臧之族，近北如黑水女真、高丽、新罗之属，旧通中国，募人往使，诱之使归我，则势分而衅生，体解而瓦裂矣。

其五曰绥蕃部。属户者，边垂之屏翰也。延有金明，府有丰州，皆戎人内附之地。朝廷恩威不立，强敌迫之，塞上诸州，藐焉孤垒，蕃部既坏，土兵亦衰，破敌之日，未可期也。臣请陕西缘边诸路，守臣皆带"安抚蕃部"之名，择其族大有劳者为酋帅，如河东折氏之比，庶可为吾藩篱之固也。

其六曰谨觇候。古者守封疆，出师旅，居则有行人之觇国，战则有前茅之虑无，其谨如此。太祖命李汉超镇关南，马仁瑀守瀛州，韩令坤镇常山，贺惟忠守易州，何继筠领棣州，郭进控山西，武守琪戍晋阳，李谦溥守隰州，董遵诲屯环州，王彦升守原州，冯继业镇灵武。筭榷之利，悉输之军中，听其贸易，而免其征税。边臣富于财，得以为间谍，羌夷情状，无不预知。二十年间，无外顾之忧。今日西鄙任边事者，敌之情状与山川、道路险易之势，绝不通晓。使蹈不测之渊，入万死之地，肝脑涂地，狼狈相藉，何以破敌制胜耶？愿监艺祖任将帅之制，边城财用悉以委之。募敢勇之士为爪牙，临阵自卫，无杀将之辱；募死力为觇候，而望敌知来，无陷兵之耻。

书奏，多施行之。

昌朝请度经费，罢不急。诏与三司合议，岁所省缗钱百万。又言："朝臣七十，筋力衰者，宜依典故致仕，有功状可留者勿拘。"因疏耄昏不任事者八人，令致仕。庆历三年，拜参知政事。上言："用兵以来，天下民力颇困。请诏诸路转运使，毋得承例折变科率，须科折者，悉听奏裁。虽奉旨及三司文移，于民不便者，亦以上闻。"

以工部侍郎充枢密使，寻拜同中书门下平章事、集贤殿大学士，仍兼枢密使。居两月，拜昭文馆大学士，监修国史。元昊归石元孙，议赐死。昌朝独曰："自古将帅被执，归者多不死。"元孙由是得免。诏有司议升祔奉慈庙三后，有司论不一。昌朝曰："章献母仪天下，章懿诞育圣躬，宜如详符升祔元德皇后故事。章惠于陛下有慈保之恩，当别享奉慈庙如故。"乃奉二后神主，升祔真宗庙。密诏迁中外官一等，优赐诸军，昌朝与同列力疏，乃止。又诏迁二府官，益固辞。元昊既款附，请宰相罢兼枢密使。

六年，日食。帝谓昌朝等曰："谪见于天，愿归罪朕躬。卿宜究民疾苦，思所以利安之。"昌朝对曰："陛下此言，足以弭天变，臣敢不夙夜孜孜以奉陛下。"帝又曰："人主惧天而修德，犹人臣畏法而自新也。"昌朝因顿首谢。明年春，旱，帝避正寝，减膳。昌朝引汉灾异册免三公故事，上表乞罢。

参知政事吴育数与昌朝争议上前，论者多不直昌朝。有向绶者知永静军，疑通判谮己，诬以事，迫令自杀。高若讷知审刑院，附昌朝议，欲从轻坐。吴育力争，绶卒减死一等。未几，若讷为御史中丞，言大臣廷争不肃，故雨不时若，遂罢育，而除昌朝武胜军节度使、检校太傅、同中书门下平章事、判大名府兼北京留守司、河北安抚使。帝赐银饰肩舆。寻以讨贝州贼有功，移山南东道节度使。杨偕言贼发昌朝部中，不当赏。弗从。

契丹聚亡卒勇伉者，号"投来南军"。边法，卒亡自归者死。昌朝除其法，归者辄迁补，于是来者稍众，因廉知契丹事。契丹遂拒亡卒，黜南军不用。边人以地外质，契丹故稍侵边界。昌朝为立法，质地而主不时赎，人得赎而有之，岁余，地悉复。

三司使叶清臣移用河北库钱，昌朝格诏不与，清臣论列不已，遂出清臣河阳，徙昌朝判郑州。过阙入觐，留为祥源观使，拜尚书右仆射、观文殿大学士、判尚书都省，朝会班中书门下，视其仪物。岁中求外，复除山南东道节度使、右仆射、检校太师兼侍中、判郑州。固辞仆射、侍中，改同中书门下平章事。赐中谢，自昌朝始也。

母丧去位，服除，判许州。召对迩英阁，帝问《乾卦》，昌朝上奏曰："《乾》之上九称：'亢龙有悔。'悔者，凶灾之萌，爻在亢极，必有凶灾。不言凶而言悔者，以悔有可凶可吉之义，修德则免悔而获吉矣。'用九，见群龙无首，吉。'圣人用刚健之德，乃可决万机。天下久盛，柔不可以济，然亢而过刚又不能久。独圣人外以刚健决事，内以谦恭应物，不敢自矜为天下首，乃吉也。"手诏优答。又言："汉、唐都雍，置三辅内翼京师，朝廷都汴，而近京诸郡皆属他道，制度不称王畿。请析京东之曹州，京西之陈、许、滑、郑，皆隶开封府，以四十二县为京畿。"帝纳之。将行，命讲读官饯于资善堂。复判大名府兼河北安抚使。时河决商胡，昌朝请复故道，不从。语在《河渠志》。六塔功败，滨、棣、德、博民多水死，昌朝振救之甚力。内侍刘恢往视，还，言河决赵征村，与帝名嫌为不祥，时皆谓昌朝使之以摇当国者。嘉祐元年，进封许国公，又兼侍中，寻以同中书门下平章事为枢密使。

三年，宰相文彦博请罢，谏官、御史恐昌朝代彦博，乃相与言昌朝建大第，别创客位以待宦官，宦官有矫制者，枢密院释不治。遂以镇安军节度使、右仆射、检校太师、侍中兼充景灵宫使，出判许州。又以保平军节度、陕州大都督府长史移大名府兼安抚使。英宗即位，徙凤翔节度使，加左仆射、凤翔尹，进封魏国公。治平元年，以侍中守许州，力辞弗许。明年，以疾留京师，乃以左仆射、观文殿大学士判尚书都省，卒，年六十八，谥曰文元。御书墓碑曰"大儒元老之碑"。所著《群经音辨》《通纪》《时令》《奏议》《文集》百二十二卷。

昌朝在侍从，多得名誉。及执政，乃不为正人所与，而数有攻其结宦官、宫人者。初，昌朝侍讲时，同王宗道编修资善堂书籍，其实教授内侍，谏官吴育奏罢之。及张方平留唐询，而询谮育，世以为昌朝指也。然言者谓昌朝释宦官矫制，后验问无事实云。

子章，馆阁校勘，蚤世。青，朝请大夫。弟昌衡。

昌衡字子平。举进士，为梓州路转运判官。贾人请富顺井盐，吏视贿多寡为先后，昌衡一随月日给之。泸州边夷蛮，故时守以武吏，昌衡请由东铨调选。蛮驱马来市，官第其良驽为二等，上者送秦州，下者辄轻估直而抑买，昌衡请严禁之。徙提点淮南刑狱、广东转运使，徙两浙路。

熙宁更法度，核吏治，昌衡数以利害闻，神宗奖其论奏忠益。召为户部副使、提举市易司，课美，增秩右谏议大夫，加集贤殿修撰、知河南府，历陈、郓、应天府、邓州。以正议大夫致仕，卒。从子炎。

炎字长卿，以昌朝荫，更历笾库，积迁至工部侍郎。政和中，以显谟阁待制知应天府，徙郓州、永兴。初，陕西行铁钱久，币益轻。蔡京设法尽敛之，更铸夹锡钱，币稍重。京去相，转运使李谭、陈敦复见所敛已多，遽请罢铸。铁钱既复行，其轻加初，自关以西皆罢市，民不聊生。炎独一切弛禁，听从其便。其后，宣徽使童贯又以两者重轻相形，遂尽废夹锡不得用，民益以为苦。炎徙知延安，因表言："钱法屡变，人心愈惑。今人以为利者，臣见其害；以为是者，臣见其非。中产之家，不过畜夹锡钱一二万，既弃不用，则惟有守钱而死耳。边氓生理萧条，官又一再变法，鄜延去敌迫近，民殊不安。民不安则边不可守，愿得内郡以养母。"乃命为颍州，未行，复留。又与贯制疆事不合，贯沮之，改河阳，又改邓州。加直学士、知永兴。入对，留为工部侍郎。贯签书枢密院河西、北两房，侍从邀炎俱往贺，炎曰："故事无签书两房者，彼非执政，何贺为？"会以疾卒，年五十八。赠银青光禄大夫。

昌朝伯祖父琰。琰字季华，晋中书舍人、给事中纬之子也。以荫授临淄、雍丘主簿，历通判澧州。太宗尹京，奏以为开封府推官，加左赞善大夫。及即位，超拜左正议大夫、枢密直学士。未几，擢三司副使。太平兴国二年，卒。

琰风神峻整，有吏干，佐太宗居幕府凡五年，勤于所职。昆弟五人，琰最幼，及琰历官而诸兄相继死。琰拊循孤幼，聚族凡百口，分给衣食，庭无间言，士大夫以此称之。

琰子湜、汾。湜至军器库使。交阯黎桓之篡丁璿也，朝廷以孙全兴将兵讨焉。湜与王僎同掌军事，黎桓伪降，全兴信之，军遂北，湜、僎并坐失律诛。汾至殿中丞。湜子昌符，赐同学究出身。汾子昌龄，第进士，为屯田员外郎。

——《宋史》

《五音集韵》·十五卷（内府藏本）

金韩道昭撰。道昭字伯晖，真定松水人。世称以等韵颠倒字纽始于元熊忠《韵会举要》，然是书以三十六母各分四等排比诸字之先后，已在其前。所收之字，大抵以《广韵》为蓝本，而增入之字则以《集韵》为蓝本。考《广韵》卷首云："凡二万六千一百九十四言。"《集韵·条例》云："凡五万三千五百二十五言，新增二万七千三百三十一言。"是书亦云"凡五万三千五百二十五言，新增二万七千三百三十言"。合计其数，较《集韵》仅少一字，殆传写偶脱。《广韵》注十九万一千六百九十二字，是书云"注三十三万五千八百四十言，新增十四万四千一百四十八言"。其增多之数，则适相符合。是其依据二书，足为明证。又《广韵》注独用、同用，实仍唐人之旧，封演《闻见记》言许敬宗奏定者是也。终唐之世，下迄宋景祐四年，功令之所遵用，未尝或改。及丁度编定《集韵》，始因贾昌朝请改并窄韵十有三处。合《广韵》各本，《俨》移《豏》《槛》之前，《酽》移《陷》《鉴》之前，独用、同用之注，如通《殷》于《文》，通《隐》于《吻》，皆因《集韵》颁行后窜改致舛。是书改二百六韵为百六十，而并《忝》于《琰》、并《槛》于《豏》、并《俨》于《范》、并《㮇》于《艳》、并《鉴》于《陷》、并《酽》于《梵》。足证《广韵》原本上、去声末六韵之通为二，与平声、入声不殊。其余如《废》不与《队》《代》通，《殷》《隐》《焮》《迄》不与《文》《吻》《问》《物》通，尚仍《唐韵》之旧，未尝与《集韵》错互。故十三处犁然可考，尤足订重刊《广韵》之讹。其等韵之学亦深究要渺。虽用以颠倒音纽，有乖古例，然较诸不知而妄作者，则尚有间矣。

　　按：韩道昭，金真定松水人，字伯晖。有《五音集韵》。

——《中国历代人名大辞典》

《唐韵考》·五卷（兵部侍郎纪昀家藏本）

　　国朝纪容舒撰。容舒字迟叟，号竹厓（按：应为崖），献县人。康熙癸巳举人，官至姚安府知府。初，隋陆法言作《切韵》，唐礼部用以试士。天宝中，孙愐增定其书，名曰《唐韵》。后宋陈彭年等重修《广韵》，丁度等又作《礼部韵略》，为一代场屋程式，而孙氏之书渐佚。唐代旧韵，遂无复完帙。惟雍熙三年徐铉校定许慎《说文》，在大中祥符重修《广韵》以前。所用翻切，一从《唐韵》，见于铉等《进书表》。容舒以为翻切之法，其上字必同母，其下字必同部，谓之音和。间有用类隔法者，亦仅假借其上字而不假借其下字。因其翻切下一字，参互钩稽，辗转相证，犹可以得其部分。乃取《说文》所载《唐韵》翻切，排比分析，各归其类，以成此书。始知《广韵》部分，仍如《唐韵》，但所收之字不同。有《唐韵》收而《广韵》不收者。如《东部》"詷"字、"覒"字、"愭"字之类是也。有《唐韵》在此部而《广韵》在彼部者。如"賨"字《广韵》作"藏宗切"，在《冬部》。《唐韵》作"徂红切"，则在《东部》。"泷"字《广韵》作"卢红切"，在《东部》。《唐韵》作"力钟切"，则在《钟部》之类是也。有《唐韵》两部兼收，而《广韵》止存其一者。如《虞部》"疽"字，《广韵》注又"子余切"，与《唐韵》合。而《鱼部》"子余切"乃不收"疽"字之类是也。有《广韵》移其部分而失于改其翻切。如《谆部》"麕、菌、困、稛"四字移入《真部》，而仍用《唐韵·谆部》翻切。《删部》"鳏"

字移入《山部》，仍用《删部》翻切之类是也。有《唐韵》本有重音而徐铉只取其一者。如"规"字作"居追切"，宜在《脂部》。而证以"隓"字作"许规切"，"窥"字作"去隓切"，知"规"字当有"居随"一切，兼入《支韵》之类是也。其推寻考校，具有条理。《唐韵》分合之例与宋韵改并之迹，均可由是得其大凡。亦小学家所当参证者矣。

按：纪容舒，字迟叟，号竹崖。康熙五十二年举人，官至姚安府知府，博闻强记，尤精于考订，其所撰述俱详《艺文》中，绩学教授不受修仪，从游者必端谨之士，教人先行谊，而后文词，成就甚众。乾隆二十九年，卒，年七十九。光绪十二年崇祀乡贤。子晫昀，昀自有传，晫字晴湖。绩学不售，以岁贡生。终性惇实淡静，不轻酬应。尝言："衣冠见客，如临一大敌，不知君辈营营，何以堪此？"其学近黄老，然笃伦常，谨言行，一以圣贤为归。抚弟昀友爱独至。晫自少至老无二色，昀颇蓄妾媵，弗禁曰："妾媵犹在礼法中，并此强禁，必激而荡于礼法外矣。"昀好为议论驰骋之文，晫弗善之，亦弗禁，曰："尔以功名娱亲者也。"享年七十二。

——《献县志》

《四声篇海》·十五卷（通行本）

金韩孝彦撰。孝彦字允中，真定松水人。是编以《玉篇》五百四十二部依三十六字母次之，更取《类篇》及《龙龛手镜》等书增杂部三十有七，共五百七十九部。凡同母之部，各辨其四声为先后。每部之内，又计其字画之多寡为先后，以便于检寻。其书成于明昌、承安间。迨泰和戊辰，孝彦之子道昭改并为四百四十四部，韩道昇为之序。殊体僻字，靡不悉载。然舛谬实多，徒增繁碎。道昇《序》称："泰和八年岁在强圉单阏。"考泰和八年乃戊辰，而曰强圉单阏则丁卯矣。刻是书者又记其后云："崇庆己丑，新集杂部，至今成化辛卯，删补重编。"考崇庆元年壬申，明年即改元至宁，曰己丑者亦误。道昭又因《广韵》改其编次为《五音集韵》十五卷。明成化丁亥僧文儒等校刊二书，合称《篇韵类聚》。"篇"谓孝彦所编，以《玉篇》为本。"韵"谓道昭所编，以《广韵》为本。二书共三十卷。较之他本，多《五音类聚径指目录》，余无所增损云。

　　按：韩孝彦者，乃滹阳（按：应为真定）松水人也。注《切韵指玄论》，撰《切韵澄鉴图》，作《切韵满庭芳》，述《切韵指迷颂》，将《玉篇篇》改作《五音篇》，皆行于世。故立昌黎氏焉。有三子：长曰道晤，次曰道昭，幼曰道昉，俱通韵算术也。又至泰和戊辰年间，昌黎氏次子韩道昭再行改并五音之篇，改并《五音集韵》，芟削重错，剪去繁芜，增添俗字。故引昌黎子者，乃韩道昭自称者。并篇部为四百四十有四，分布五音，立成一十五卷也；又并韵一百六十数也，亦分一十五卷也。故将《篇韵》全部。乃计三十册数也。有子韩德恩，亦通书史，精加注解，各同详校正名也。

——《五音集韵》

《元韵谱》·五十四卷（浙江巡抚采进本）

　　明乔中和撰。中和有《说易》，已著录。是书以上平为阳，下平为阴，上声为阴，去声为阳，入声则阴极而阳生。删三十六母为十有九，四重之为七十六。去蒙音四，得七十有二。而七十二母之中又析之为柔律、柔吕、刚律、刚吕。又据律法十二宫分十有二佸，以佸统母，以母统各韵之字。凡始《英》终《毂》五十有四韵，条分缕析，似乎穷极要眇，而实则纯用俗音。沈、陆以来之旧法，荡然俱尽。如以《东冬》并入《英韵》《岑林》并入《寅韵》之类，虽《洪武正韵》之乖谬，尚未至是也。

《韵学臆说》·一卷（直隶总督采进本）

国朝王植撰。植有《四书参注》，已著录。此书前列《唐韵》目、吴棫古韵目及所为《臆说》十条。次列光、官、公、昆、高、乖、钩、规、过、皆、孤、基、瓜等十三字首群字谱。大抵不知韵学因革源流，而惟恃唇吻之间，以等韵辨别。犹之以近日词曲之工尺而评定夔、旷之乐章。其辨愈精，其说愈密，而愈南辕北辙，毕世不得其所适。其所引据，不过宋吴棫、近时毛奇龄、马自援之说，而抗词以攻顾炎武，所见左矣。

《韵学》·五卷（直隶总督采进本）

国朝王植撰。音韵之学，自古迄今，变而不常，亦推而愈密。古音数变而为今韵，历代各殊，此变而不恒者也。今韵既定，又剖析而为等韵，此推而益密者也。古韵与今韵音读各异，部分亦殊。吴棫不知其故，而以音读之异名为叶，部分之殊注为通转，而古韵遂乱。今韵之定在前，等韵之分在后，实因韵字而分等，非因韵等而分字。韩道昭、熊忠不知其故，于是以字母颠倒韵字，而今韵又变。自明以来，惟陈第、顾炎武及近日江永识其源流。他若马自援之讲今韵，愈细而旧法愈失；毛奇龄之讲古韵，愈辨而端绪愈淆矣。植作是书，不能从源而分流，而乃执末以议本。攻所必不能攻，而遵所必不可遵，故用力弥勤，而弥于古法未合也。

《音韵清浊鉴》·三卷（江苏巡抚采进本）

国朝王祚祯撰。祚祯字楚珍，大兴人。是书以金韩道昭《五音集韵》、元刘鉴《切字玉钥匙》与周德清《中原音韵》合为一书，而以己意窜改之。夫道昭书配三十六母，鉴书配内、外十六摄，德清书则北曲之谱，以入声配入三声。祚祯既狃于方音，并四声为三，混淆古法，而乃屑屑然区分门目，辨别等次。非今非古，非曲谱，非等韵，莫喻其意将安取。其《序》自称博极诸家，如扬雄《训纂》、许慎《说文》《玉篇》《唐韵》《广韵》《韵会》《篇海》《集韵》《正韵》、吕氏《同文铎》《日月灯》，无不绎其论说，证其异同。《说文》《玉篇》以下，其书俱在，不知扬雄《训纂》、孙愐《唐韵》，祚祯何从见之？又称隐侯《四声》、宣城《字汇》《正字通》，户诵家吟，更不知祚祯何由见沈约书也。

按：祚祯字楚珍，大兴人。是书以金韩道昭《五音集韵》、元刘鉴《切字玉钥匙》与周德清《中原音韵》合为一书，而以己意窜改之。夫道昭书配三十六母，鉴书配内、外十六摄，德清书则北曲之谱，以入声配入三声。祚祯既狃于方音，并四声为三，混淆古法，而乃屑屑然区分门目，辨别等次。非今非古，非曲谱，非等韵，莫喻其意将安取。

——《（光绪）顺天府志》

《逸讲笺》·三卷（浙江巡抚采进本）

国朝毛奇龄所论，而其子及门人编录之。上卷为章世法所录，乃所讲《孟子》"不动心"章之稿。第二卷为其侄文辉所录，乃所讲《论语问答》。第三卷题曰《大学辨业》，为楼宅中所录。《大学辨业》者，奇龄门人蠡县李塨所著。塨初师博野颜元，既而舍之从奇龄，后撰是书，又兼用元说，故奇龄恶其叛己而攻之，大抵皆诟争之言也。以录其丛残之稿，故曰"逸讲"。中杂门人、子侄之附论，故曰"笺"焉。

按：毛奇龄，字大可，又名甡，萧山人。四岁，母口授大学即成诵。总角，陈子龙为推官，奇爱之，遂补诸生。明亡，哭于学宫三日。山贼起，窜身城南山，筑土室，读书其中。

顺治三年，明保定伯毛有伦以宁波兵至西陵，奇龄入其军中。是时马士英、方国安与有伦犄角，奇龄曰："方、马国贼也，明公为东南建义旗，何可与二贼共事？"国安闻之大恨，欲杀之，奇龄遂脱去。后怨家屡陷之，乃变姓名为王士方，亡命浪游。及事解，以原名入国学。康熙十八年，荐举博学鸿儒科，试列二等，授翰林院检讨，充《明史》纂修官。二十四年，充会试同考官，寻假归，得痹疾，遂不复出。

初著《毛诗续传》三十八卷，既以避仇流寓江、淮间，失其稿，乃就所记忆著国风省篇、诗札、毛诗写官记。复在江西参议道施闰章所与湖广杨洪才说诗，作《白鹭洲主客说诗》一卷。明嘉靖中，鄞人丰坊伪造《子贡诗传》《申培诗说》行世，奇龄作《诗传诗说驳议》五卷，引证诸书，多所纠正。洎通籍，进所著《古今通韵》十二卷，圣祖善之，诏付史馆。

归田后，僦居杭州，著《仲氏易》，一日著一卦，凡六十四日而书成，讬于其兄锡龄之绪言，故曰"仲氏"。又著《推易始末》四卷，《春秋占筮书》三卷，《易小帖》五卷，《易韵》四卷，《河图洛书原舛编》一卷，《太极图说遗议》一卷。其言《易》发明荀、虞、干、侯诸家，旁及卦变、卦综之法。奇龄分校会闱时，阅春秋房卷，心非胡传之偏，有意撰述，至是乃就经文起义，著《春秋毛氏传》三十六卷，《春秋简书刊误》二卷，《春秋属辞比事记》四卷，条例明晰，考据精核。又欲全著《礼经》，以衰病不能，乃次第著昏、丧、祭礼、宗法、庙制及郊、社、禘、祫、明堂、学校诸问答，多发先儒所未及。至于《论语》《大学》《中庸》《孟子》，各有考证，而《大学证文》及《孝经问》，援据古今，辨后儒改经之非，持论甚正。

奇龄淹贯群书，所自负者在经学，然好为驳辨，他人所已言者，必力反其词。古文《尚书》自宋吴棫后多疑其伪，及阎若璩作疏证，奇龄力辨为真，遂作《古文尚书冤词》。又删旧所作《尚书广听录》为五卷，以求胜于若璩，而周礼、仪礼，奇龄又以为战国之书。所作经问，指名攻驳者，惟顾炎武、阎若璩、胡渭三人。以三人博学重望，足以攻击，而余子以下不足齿录，其傲睨如此。

素晓音律，家有明代宗藩所传《唐乐笛色谱》，直史馆，据以作《竟山乐录》四卷。及在籍，闻圣祖论乐谕群臣以径一围三隔八相生之法，因推阐考证，撰《圣谕乐本解说》二卷，《皇言定声录》八卷。三十八年，圣祖南巡，奇龄迎驾于嘉兴，以《乐本解说》二卷进，温谕奖劳。圣祖三巡至浙，奇龄复谒行在，赐御书一幅。五十二年，卒于家，年九十一。门人蒋枢编辑遗集，分经集、文集二部，经集自《仲氏易》以下凡五十种，文集合诗、赋、序、记及他杂著凡二百三十四卷。《四库全书》收奇龄所著书目多至四十余部。奇龄辨正图、书，排击异学，尤有功于经义。弟子李塨、陆邦烈、盛唐、王锡、章大来、邵廷寀等，著录者甚众。李塨、廷寀自有传。

——《清史稿》

《字学正本》·五卷（江苏巡抚采进本）

国朝李京撰，京字元伯，高阳人。是书《凡例》谓以小篆为本，而正偏旁之不正者，故名"正本"。凡所根据，多得之周伯琦《六书正讹》、张有《复古编》。如《复古编》"崇"字下注云："别作嵩，俗。"不知《汉郊祀志》曰："封嵩山。"又曰："莽遂嵩淫鬼神祀。"又《汉隶字源》载《韩良碑》，亦有"嵩"字，未可云俗。是书能引《郊祀志》以证其误，颇为近古。又于周伯琦杜撰之说时为驳正，亦间有可采。然如《东韵》"载"字，《复古编》"隶作戴"，而此书乃谓"俗作戴"。不知《泰山都尉孔宙碑》"载"已作"戴"，与《复古编》所云"隶作戴"合。京谓之俗字，则考之不审矣。又于周氏书采撅颇备，而张氏书反多挂漏。即以《东》之一韵考之，《复古编》载䇶误作䇥、龓误作䡥、酨误作䣻、塝误作稷、濛误作㶁、襛误作禯、功误作功。此书均逸不载，亦殊疏略。且误依《中原音韵》分部，全乖唐宋之旧法，既有变古之嫌；而以《说文》篆体尽改隶字，或窒碍而不可行，又不免泥古之过：均不可以为训者也。

按：李京，清直隶高阳人，字元伯。有《字学正本》。

——《中国历代人名大辞典》

《广雅》·十卷（内府藏本）

魏张揖撰。揖字稚让，清河人。太和中官博士。其名或从木作楫。然证以稚让之字，则为揖让之揖审矣。后魏江式《论书表》曰："魏初博士清河张揖，著《埤仓》《广雅》《古今字诂》。究诸《埤》《广》，增长事类，抑亦于文为益者也。然其《字诂》，方之许篇，或得或失矣。"是式谓《埤仓》《广雅》胜于《字诂》。今《埤仓》《字诂》皆久佚，惟《广雅》存。其书因《尔雅》旧目，博采汉儒笺注及《三苍》《说文》诸书以增广之，于扬雄《方言》亦备载无遗。隋秘书学士曹宪为之音释，避炀帝讳，改名《博雅》。故至今二名并称，实一书也。前有揖《进表》，称凡万八千一百五十文，分为上、中、下。《隋书·经籍志》亦作三卷，与《表》所言合，然注曰："梁有四卷。"《唐志》亦作四卷。《馆阁书目》又云："今逸，但存《音》三卷。"宪所注本，《隋志》作四卷，《唐志》则作十卷，卷数各参错不同。盖揖书本三卷。《七录》作四卷者，由后来传写，析其篇目。宪《注》四卷，即因梁代之本。后以文句稍繁，析为十卷。又嫌十卷烦碎，复并为三卷。观诸家所引《广雅》之文皆具在，今本无所佚脱，知卷数异而书不异矣。然则《馆阁书目》所谓逸者，乃逸其无注之本。所谓存《音》三卷者，即宪所注之本。揖原文实附《注》以存，未尝逸，亦未尝阙。惟今本仍为十卷，则又后人析之以合《唐志》耳。考唐玄度《九经字样序》，称音字改反为切，实始于唐开成间。宪虽自隋入唐，至贞观时尚在，然远在开成以前。今本乃往往云某字某切，颇为疑窦。殆传刻臆改，又非宪本之旧欤？

按：张揖，字稚让，河北清河人（按：一云河间人），魏太和中为博士。

——《三国志注补》

魏初博士清河张揖著《埤苍》《广雅》《古今字诂》，究诸《埤》《广》，缀拾遗漏，增长事类，抑亦于文为益者。然其《字诂》，方之许慎篇，古今体用，或得或失矣。

——《魏书·列传术艺》

《丽奇轩四书讲义》·无卷数（编修励守谦家藏本）

国朝纪克扬撰。克扬有《易经讲义》，已著录。其书不录正文，每章约诂数语，大旨为科举而作。

《周礼注疏》·四十二卷（内府藏本）

汉郑玄注，唐贾公彦疏。玄有《易注》，已著录。公彦，洺州永年人。永徽中，官至太学博士。事迹具《旧唐书·儒学传》。《周礼》一书，上自河间献王。于诸经之中，其出最晚。其真伪亦纷如聚讼，不可缕举。惟《横渠语录》曰：《周礼》是的当之书，然其间必有末世增入者。"郑樵《通志》引孙处之言曰"周公居摄六年之后，书成归丰，而实未尝行。盖周公之为《周礼》，亦犹唐之显庆、开元礼，预为之以待他日之用，其实未尝行也。惟其未经行，故仅述大略，俟其临事而损益之。故建都之制，不与《召诰》《洛诰》合，封国之制，不与《武成》《孟子》合，设官之制，不与《周官》合，九畿之制，不与《禹贡》合"云云（案此条所云，惟《召诰》《洛诰》《孟子》显相舛异，至《禹贡》乃唐虞之制，《武成》《周官》乃梅赜古文《尚书》，《王制》乃汉文帝博士所追述，皆不足以为难，其说盖离合参半），其说差为近之，然亦未尽也。夫《周礼》作于周初，而周事之可考者，不过春秋以后。其东迁以前三百余年，官制之沿革，政典之损益，除旧布新，不知凡几。其初去成、康未远，不过因其旧章，稍为改易。而改易之人，不皆周公也。于是以后世之法窜入之，其书遂杂。其后去之愈远，时移势变，不可行者渐多，其书遂废。此亦如后世律令条格，率数十年而一脩，脩则必有所附益。特世近者可考，年远者无徵，其增删之迹，遂靡所稽，统以为周公之旧耳。迨乎法制既更，简编犹在，好古者留为文献，故其书阅久而仍存。此又如开元《六典》、政和《五礼》，在当代已不行用，而今日尚有传本，不足异也。使其作伪，何不全伪六官，而必阙其一，至以千金购之不得哉？且作伪者必剽取旧文，借真者以实其赝，古文《尚书》是也。刘歆宗《左传》，而《左传》所云《礼经》，皆不见于《周礼》。《仪礼》十七篇，皆在《七略》所载古经七十篇中；《礼记》四十九篇，亦在刘向所录二百十四篇中。而《仪礼·聘礼》宾行饔饩之物、禾米刍薪之数、笾豆簠簋之实、鉶壶鼎瓮之列，与《掌客》之文不同。又《大射礼》天子、诸侯侯数、侯制与《司射》之文不同。《礼记·杂记》载子、男执圭与《典瑞》之文不同。《礼器》天子、诸侯席数与《司几筵》之文不同。如斯之类，与二《礼》多相矛盾。歆果赝托周公为此书，又何难牵就其文，使与经传相合，以相证验，而必留此异同，以启后人之攻击？然则《周礼》一书不尽原文，而非出依托，可概睹矣。《考工记》称郑之刀，又称秦无庐，郑封于宣王时，秦封于孝王时，其非周公之旧典，已无疑义。《南齐书》称："文惠太子镇雍州，有盗发楚王冢，获竹简书，青丝编，简广数分，长二尺有奇，得十余简，以示王僧虔。僧虔曰：是科斗书《考工记》。"则其为秦以前书亦灼然可知。虽不足以当《冬官》，然百工为九经之一，其工为九官之一，先王原以制器为大事，存之尚稍见古制。俞庭椿以下，纷纷割裂五官，均无知妄作耳。郑《注》《隋志》作十二卷，贾《疏》文繁，乃析为五十卷，《新、旧唐志》并同。今本四十二卷，不知何人所并。玄于三《礼》之学，本为专门，故所释特精。惟好引纬书，是其一短。《欧阳修集》有《请校正五经札子》，欲删削其书。然纬书不尽可据，亦非尽不可据，在审别其是非而已，不必窜易古书也。又好改经字，亦其一失。然所注但曰"当作某"耳，尚不似北宋以后连篇累牍，动称错简，则亦不必苛责于玄矣。公彦之《疏》，亦极博核，足以发挥郑学。《朱子语录》称"《五经》疏中，《周礼疏》最好"。盖宋儒惟朱子深于《礼》，故能知郑、贾之善云。

按：郑玄字康成，北海高密人也。八世祖崇，哀帝时尚书仆射。玄少为乡啬夫，《前书》曰"乡有啬夫，掌听讼收赋税"也。得休归，常诣学官，不乐为吏，父数怒之，不能禁。《郑玄别传》曰"玄年十一二，随母还家，正腊会同列十数人，皆美服盛饰，语言闲通，玄独漠然如不及，母私督数之，乃曰'此非我志，不在所愿'"也。遂造太学受业，师事京兆第五元先，始通《京氏易》《公羊春秋》《三统历》《九章算术》。《三统历》，刘歆所撰也。《九章算术》，周公作也，凡有九篇，《方田》一，《粟米》二，《差分》三，《少广》四，《均输》五，《方程》六，《傍要》七，《盈不足》八，《钩股》九。又从东郡张恭祖受周官、《礼记》《左氏春秋》《韩诗》《古文尚书》。以山东无足问者，乃西入关，因涿郡卢植，事扶风马融。

融门徒四百余人，升堂进者五十余生。融素骄贵，玄在门下，三年不得见，乃使高业弟子传授于玄。玄日夜寻诵，未尝怠倦。会融集诸生考论图纬，闻玄善算，乃召见于楼上，玄因从质诸疑义，问毕辞归。融喟然谓门人曰："郑生今去，吾道东矣。"《前书》曰："田何授《易》于丁宽，学成，宽东归，何谓门人曰：'《易》东矣。'"

玄自游学，十余年乃归乡里。家贫，客耕东莱，学徒相随已数百千人。及党事起，乃与同郡孙嵩等四十余人俱被禁锢，嵩字宾石，见《赵岐传》。遂隐修经业，杜门不出。时任城何休好《公羊》学，遂著《公羊墨守》，言《公羊》义理深远，不可驳难，如墨翟之守城也。《左氏膏肓》《说文》曰："肓，隔也。"心下为膏，喻《左氏》之疾不可为也。《谷梁废疾》；玄乃发《墨守》，针《膏肓》，起《废疾》。休见而叹曰："康成入吾室，操吾矛，以伐我乎！"初，中兴之后，范升、陈元、李育、贾逵之徒争论古今学，后马融答北地太守刘《璎》及玄答何休，义据通深，由是古学遂明。

灵帝末，党禁解，大将军何进闻而辟之。州郡以进权戚，不敢违意，遂迫胁玄，不得已而诣之。进为设几杖，礼待甚优。玄不受朝服，而以幅巾见。一宿逃去。时年六十，弟子河内赵商等自远方至者数千。后将军袁隗表为侍中，以父丧不行。国相孔融深敬于玄，屡屡造门。屡谓纳履未正，曳之而行，言趋贤急也。告高密县为玄特立一乡，曰："昔齐置'士乡'，管仲相桓公，制国为二十一乡，工商乡六，士乡十五，以居工商士也。事见《国语》也。越有'君子军'，皆异贤之意也。吴越相攻，越王勾践乃中分其师为左右军，以其私卒君子六千人为中军。注云：'君子，王所亲近有志行者。'见《国语》。郑君好学，实怀明德。昔太史公、廷尉吴公、谒者仆射邓公，皆汉之名臣。又南山四皓有园公、夏黄公，潜光隐耀，世嘉其高，皆悉称公。吴公，文帝时为河南守。邓公，景帝时为谒者仆射。太史公司马谈，武帝时。四皓，高帝时也，有园公、夏黄公、用里先生、绮里季也。须眉皓白，故言皓。秦末隐于商雒南山，以待天下之定，汉兴，迎而致之也。然则公者仁德之正号，不必三事大夫也。今郑君乡宜曰'郑公乡'。昔东海于公仅有一节，犹或戒乡人修其门间，一节谓决狱也。昭帝时，东海于公为县狱吏，决狱平，郡为生立祠，号曰于公祠。先是于公间门坏，父老方共修之。于公曰'少高大其门，令容驷马车。我决狱多阴德，子孙必有兴者'也。矧乃郑公之德，而无驷牡之路！可广开门衢，令容高车，号为'通德门'。"

董卓迁都长安，公卿举玄为赵相，道断不至。赵王干之相也。会黄巾寇青部，乃避地徐州，徐州牧陶谦接以师友之礼。建安元年，自徐州还高密，道遇黄巾贼数万人，见玄皆拜，相约不敢入县境。玄后尝疾笃，自虑，以书戒子益恩曰："吾家旧贫，不为父母群弟所容，去厮役之吏，厮，贱也。游学周、秦之都，往来幽、并、兖、豫之域，获觐乎在位通人，处逸大儒，得意者咸从捧手，有所受焉。处逸谓处士隐逸之大儒。遂博稽《六艺》，粗览传记，时睹秘书纬术之奥。年过四十，乃归供养，假田播殖，以娱朝夕。遇阉尹擅执，坐党禁锢，十有四年，而蒙赦令，举贤良方正有道，辟大将军三司府。公车再召，比牒并名，早为宰相。比牒犹连牒也，并名谓齐名也，言连牒齐名被召者并为宰相也。并音步鼎反。惟彼数公，懿德大雅，克堪王臣，故宜式序。式，用也。序，列也。吾自忖度，无任于此，但念述先圣之元意，思整百家之不齐，亦庶几以竭吾才，故闻命罔从。而黄巾为害，萍浮南北，复归邦乡。入此岁来，已七十矣。宿素衰落，仍有失误，案之礼典，便合传家。传家谓家事任子孙也。《曲礼》曰：'七十老而传。'今我告尔以老，归尔以事，将闲居以安性，覃思以终业。自非拜国君之命，问族亲之忧，展敬坟墓，观省野物，胡尝扶杖出门乎！家事大小，汝一承之。咨尔茕茕一夫，曾无同生相依。其勖求君子之道，研钻勿替，敬慎威仪，以近有德。《诗·大雅·人劳篇》之言也。显誉成于僚友，德行立于己志。若致声称，亦有荣于所生，可不深念邪！可不深念邪！吾虽无绂冕之绪，颇有让爵之高。谓频被辟不就也。自乐以论赞之功，庶不遗后人之羞。末所愤愤者，徒以亡亲坟垄未成，所好群书率皆腐敝，不得于礼堂写定，传与其人。其人谓好学者也。《前书》司马迁曰'仆诚已著此书，传之其人'也。日西方暮，其可图乎！家今差多于昔，勤力务时，无恤饥寒。菲饮食，薄衣服，节夫二者，尚令吾寡恨。若忽忘不识，亦已焉哉！"

时大将军袁绍总兵冀州，遣使要玄，大会宾客，玄最后至，乃延升上坐。身长八尺，饮酒一斛，秀眉明目，容仪温伟。绍客多豪俊，并有才说，见玄儒者，未以通人许之，竞设异端，百家互起。玄依方辩对，咸出问表，皆得所未闻，莫不嗟服。时汝南应劭亦归于绍，因自赞曰："故太山太守应中远，北面称弟子何如？"玄笑曰："仲尼之门考以四科，四科谓德行、言语、政事、文学，颜渊、闵子骞及子游、子夏，并见《论语》也。回、赐之徒不称官阀。"劭有惭色。绍乃举玄茂才，表为左中郎将，皆不就。公车征为大司农，给安车一乘，所过长吏送迎。玄乃以病自乞还家。

五年春，梦孔子告之曰："起，起，今年岁在辰，来年岁在巳。"北齐刘昼《高才不遇传》论玄曰"辰为龙，巳为蛇，岁至龙蛇贤人嗟，玄以谶合之"，盖谓此也。既寤，以谶合之，知命当终，有顷寝疾。时袁绍与曹操相拒于官度，官度，津名也，在今郑州中牟县北。《前书者义》曰："于荥阳下引河东南为洪沟，以通宋、郑、淮、泗，即今官度。"令其子谭遣使逼玄随军。不得已，载病到元城县，疾笃不进，其年六月卒，年七十四。遗令薄葬。自郡守以下尝受业者，缞绖赴会千余人。

门人相与撰玄答诸弟子问《五经》，依《论语》作《郑志》八篇。凡玄所注《周易》《尚书》《毛诗》《仪礼》《礼记》《论语》《孝经》《尚书大传》《中候》《乾象历》，又著《天文七政论》《鲁礼禘祫义》《六艺论》《毛诗谱》《驳许慎五经异义》《答临孝存周礼难》，凡百余万言。案：《谢承书》载玄所注与此略同，不言注《孝经》，唯此书独有也。

玄质于辞训，通人颇讥其繁。至于经传洽熟，称为纯儒，齐鲁闲宗之。其门人山阳郗虑至御史大夫，东莱王基、清河崔琰著名于世。又乐安国渊、任嘏，虑字鸿豫。基字伯舆，魏镇南将军安乐乡侯。琰字季圭，魏东曹掾，迁中尉。渊字子尼，魏司空掾，迁太仆。嘏字昭光，魏黄门侍郎也。时并童幼，玄称渊为国器，嘏有道德，其余亦多所鉴拔，皆如其言。玄唯有一子益恩，孔融在北海，举为孝廉；及融为黄巾所围，益恩赴难陨身。有遗腹子，玄以其手文似己，名之曰小同。《魏氏春秋》曰："小同，高贵乡公时为侍中。尝诣司马文王，文王有密疏，未之屏也，如厕还，问之曰：'卿见吾疏乎？'答曰：'不。'文王曰：'宁我负卿，无卿负我。'遂酖之。"

————《后汉书》

按：贾公彦，洺州永年人。永徽中，官至太学博士。撰《周礼义疏》五十卷、《仪礼义疏》四十卷。

子大隐，官至礼部侍郎。

时有赵州李玄植，又受《三礼》于公彦，撰《三礼音义》行于代。玄植兼习《春秋左氏传》于王德韶，受《毛诗》于齐威，博涉汉史及老、庄诸子之说。贞观中，累迁太子文学、弘文馆直学士。高宗时，屡被召见。与道士、沙门在御前讲说经义，玄植辨论甚美，申规讽，帝深礼之。后坐事左迁汜水令，卒官。

————《旧唐书》

《仪礼注疏》·十七卷（内府藏本）

汉郑玄注，唐贾公彦疏。《仪礼》出残阙之余，汉代所传，凡有三本。一曰戴德本，以《冠礼》第一，《昏礼》第二，《相见》第三，《士丧》第四，《既夕》第五,《士虞》第六,《特牲》第七,《少牢》第八,《有司彻》第九,《乡饮酒》第十,《乡射》第十一,《燕礼》第十二,《大射》第十三,《聘礼》第十四,《公食》第十五,《觐礼》第十六,《丧服》第十七。一曰戴圣本,亦以《冠礼》第一,《昏礼》第二,《相见》第三,其下则《乡饮》第四,《乡射》第五,《燕礼》第六,《大射》第七,《士虞》第八,《丧服》第九,《特牲》第十,《少牢》第十一,《有司彻》第十二,《士丧》第十三,《既夕》第十四,《聘礼》第十五,《公食》第十六,《觐礼》第十七。一曰刘向《别录》本,即郑氏所注。贾公彦《疏》谓:"《别录》尊卑吉凶,次第伦序,故郑用之。二戴尊卑吉凶杂乱,故郑不从之也。"其《经》文亦有二本。高堂生所传者,谓之今文。鲁恭王坏孔子宅,得亡《仪礼》五十六篇,其字皆以篆书之,谓之古文。玄注参用二本。其从今文而不从古文者,则今文大书,古文附注,《士冠礼》"闑西阈外"句注"古文闑为槷,阈为蹙"是也。从古文而不从今文者,则古文大书,今文附注,《士冠礼》"醴辞""孝友时格"句注"今文格为嘏"是也。其书自玄以前,绝无注本。玄后有王肃《注》十七卷,见于《隋志》。然贾公彦《序》称"《周礼》注者则有多门,《仪礼》所注后郑而已"。则唐初肃书已佚也。为之义疏者有沈重,见于《北史》;又有无名氏二家,见于《隋志》:然皆不传。故贾公彦仅据齐黄庆、隋李孟悊二家之《疏》,定为今本。其书自明以来,刻本舛讹殊甚。顾炎武《日知录》曰"万历北监本《十三经》中,《仪礼》脱误尤多。《士昏礼》脱'婿授绥,姆辞曰:未教,不足与为礼也'一节十四字,赖有长安《石经》,据以补此一节,而其《注》《疏》遂亡。《乡射礼》脱'士鹿中翿旌以获'七字,《士虞礼》脱'哭止,告事毕,宾出'七字。《特牲馈食礼》脱'举觯者祭,卒觯,拜,长者答拜'十一字,《少牢馈食礼》脱'以授尸,坐。取箪,兴'七字。此则秦火之所未亡,而亡于监刻矣"云云,盖由《仪礼》文古义奥,传习者少,注释者亦代不数人,写刻有讹,猝不能校,故纰漏至于如是也。今参考诸本,一一厘正,著于录焉。

《四书翊注》·四十二卷（直隶总督采进本）（四库存目）

清朝刁包撰。包有《易酌》，已著录。是编凡《大学》五卷、《中庸》三卷、《论语》二十卷、《孟子》十四卷。于《大学》三纲八目，诠解特备。又以《中庸》《论》《孟》为格物之书，《五经》、诸史皆条贯于其中，故于格物条目尤为曲尽。其他阐发义理，于史传事迹、先儒议论，亦多所征引。然其去取是非，总以朱子之说为断，不必自有所见也。卷首有黄越所作《纲领》一篇，其孙显祖所作《缘起》一篇，叙述著书大旨及刊刻始末。

《经书近指》六卷（清）孙奇逢撰《四库存目》经部第 56 册

《孔易》七卷（清）孙承泽撰《四库未收》第 01 辑 01 册

《五经翼》二十卷（清）孙承泽撰《四库存目》经部第 151—152 册

《郊社考辨》一卷（清）李塨撰《四库存目》经部第 108 册

《学礼》五卷（清）李塨撰《四库存目》经部第 115 册

《春秋传注》四卷（清）李塨撰《续修四库》第 139 册

《中庸传注》一卷《中庸传（注）问》一卷（清）李塨撰《续修四库》第 159 册

《恕谷中庸讲语》一卷（清）李塨撰《续修四库》第 159 册

《图书衍》五卷（明）乔中和撰《四库存目》经部第 167 册

《左传评》十卷（清）王源评订《四库存目》经部第 139 册

《公羊传》（不分卷）《谷梁传》（不分卷）（清）王源评订《四库存目》经部第 139 册

《善乐堂音韵清浊鉴》三卷《玉钥匙门法》一卷《等韵图》一卷（清）王祚祯撰《四库存目》经部第 220 册

《无欲斋诗钞》一卷（明）鹿善继撰《四库存目》集部第 184 册

《白菊斋订四书本义集说》二十六卷（明）徐养元辑《四库存目》经部第166—167 册

《颜习斋先生四书正误》六卷（存卷一至卷四、卷六）（清）颜元撰《续修四库》第 166 册

《成化丁亥重刊改併五音类聚四声篇海》十五卷（金）韩孝彦、韩道昭撰（明）释文儒、思远、文通删补《续修四库》第 229 册

史

部

《明史纪事本末》·八十卷（通行本）

国朝谷应泰撰。应泰，字赓虞，丰润人，顺治丁亥进士，官至浙江提学金事。其书仿袁枢《通鉴纪事本末》之例，纂次明代典章事迹。凡八十卷，每卷为一目。当应泰成此书时，《明史》尚未刊定，无所折衷。故纪靖难时事，深信《从亡》《致身》诸录，以惠帝逊国为实；于滇黔游迹，载之极详，又不知懿安皇后死节，而称其青衣蒙头，步入成国公第；俱不免沿野史传闻之误。然其排比纂次，详略得中，首尾秩然。于一代事实，极为淹贯。每篇后各附论断，皆仿《晋书》之体，以骈偶行文，而遣词抑扬，隶事亲切，尤为曲折详尽。考邵廷采《思复堂集·明遗民传》，称山阴张岱尝辑明一代遗事为《石匮藏书》。应泰作《纪事本末》，以五百金购请，岱慨然予之。又称明季稗史虽多，体裁未备，罕见全书。惟谈迁《编年》、张岱《列传》两家具有本末，应泰并采之以成纪事。据此，则应泰是编，取材颇备，集众长以成完本。其用力亦可谓勤矣。

按：国朝谷应泰，字赓虞。别号霖苍，状貌奇伟，博闻强记。为诸生时，案设制举之文动以万计，皆能成诵，至今谈者以为仅事。顺治丙辰举于乡，丁亥成进士。授户部主事、升员外郎、两浙提学。教士一秉虚公，所拔前茅，皆一时知名士，联翩入彀，列朝籍位通显者指不胜屈。杭之西湖，佳山水也。应泰公务之暇，每寄情焉。创立书院于湖山之巅，自题曰"谷霖苍著书处"。浙人德之，修葺勿毁，所著有《筑益堂集》及《明纪事本末》行世。

——《丰润县志》

《明书》·一百七十一卷（浙江孙仰曾家藏本）

国朝傅维鳞撰。维鳞初名维桢，灵寿人，顺治丙戌进士，官至工部尚书。是书为其子汀州府知府燮詗所镂。冠以移取咨送诸案牍。盖康熙十八年诏修《明史》，征其书入史馆。凡《本纪》十九卷、《世家》三十三卷、《宫闱纪》二卷、《表》十二卷、《志》二十二卷、《记》五卷、《世家列传》七十六卷、《叙传》二卷。自谓搜求明代行藏印抄诸书，与家乘文集碑志，聚书三百余种、九千余卷。参互实录，考订异同，可谓博矣。然体例舛杂，不可缕数。《学士祭酒表》已病其繁矣，乃又有《制科取士年表》，上列考官，下列会试第一人、殿试一甲三人。此以志乘之例施之国史也。《司天》《历法》分二志，以一主占候、一主推步也。而象纬之变，既已载于《司天》，又别立一《禨祥志》，不治丝而棼乎。嘉靖时更定祀典，最为纷呶，仿《汉书》别志郊祀可也。《纶涣》一志，惟载诏令，此刘知几之创说，史家未有用之者。循是而往，不用其载文之例不止矣。《土田》《赋役》《食货》分三志，《服玺》《舆卫》分二志。此《通典》《文献通考》类书之体，非史法也。所谓《记》者，盖沿《东观汉记》载记之名，而皇子诸王与元末群雄合为一类，未免不伦。《世家》止列王公，其侯伯以下则别入《勋臣传》，不知《史记》《萧相国世家》《曹相国世家》皆侯爵也。岂王公世及，侯以下不世及欤？《列传》分《勋臣》《忠节》《儒林》《名臣》《孝义》《循良》《武臣》《隐逸》《杂传》《文学》《权臣》《艺术》《列女》《外戚》《残酷》《奸回》《宦官》《异教》《乱贼》《四国》《元臣》二十一门。无一专立之传，已与古体全乖。其分隶尤为不允。《忠节传》列逊国诸臣至盈四卷，而梁良玉、雪庵和尚、补锅匠乃别入《隐逸传》中。如曰以死不死为别，则《忠节传》中之程济、叶希贤、杨应能固未尝死，《隐逸传》中之东湖樵夫又未尝不死，是何例也？刘基不入《勋臣》，宋濂不入《文学》，以尝仕元，均与危素等入之《杂传》是也。纳哈出元色目人，何以又入《勋臣传》乎？张玉、谭渊以其为靖难佐命，入之《乱贼传》，与唐赛儿联名，已不伦矣。朱能、邱福，事同一例，何以又入《武臣传》中。姚广孝首倡逆谋，尤为乱首，何以又入《异教传》中乎。《儒林传》中列邱濬，《名臣传》中列严震直、胡广、徐有贞、李东阳、吕本、成基命，其于儒林名臣居何等也。严嵩入《权臣传》，与张居正并列。温体仁、周延儒、薛国观并泯其姓名。而刘吉、万安、尹旻、焦芳则入《奸回传》。嵩等罪乃减于四人耶。石亨、石彪，实有战功，但跋扈耳。仇鸾交结严嵩，冒功纵恶，亦未尝得幸世宗，与马昂、钱宁同入佞倖则非其罪。陆炳有保全善类之事，乃入之《残酷》，而许显纯、田尔耕竟不著名。此亦未足服炳也。盖一代之史，记载浩繁，非综括始终，不能得其条理。而维鳞节节叶叶，凑合成编，动辄矛盾，固亦势使之然矣。

按：傅维鳞，原名维帧，字掌雷，号歉斋，永昌长子也。少颖悟，郡守范志完最器识之，中崇祯壬午料举人，顺治丙戌成进士，选入翰林为庶吉士，寻授编修，分修《明史》，戊子典试江南，旋晋左中允。以直言忤执政，出为东昌兵备道驻临清。从来仕者重内轻外，人或唁之，鳞曰："内外皆王臣，此正可以别利器。"毅然之任。临清当水、路要冲，凡大师经临，设法供应，不令民间输半菽，齐民感之。甲午，山左大饥，施粥设赈，安集流亡，赖以活者凡数万人，又屯田为民，累穷年荟薙，卒，无成功。鳞著《屯田苦民书》，御史采以入告，尽除之，民赖以安居。二年，治行为天下最。特召为少廷尉，予子燮调胄监，迁太仆寺少卿，陞通政使。甫五日，左副都御史缺，铨部未及疏名。世祖谓鳞曰无以易若，即拜左副都御史。明日，上《劝学疏》，洒洒数百言，意极忠恳，给谏陈协见曰："此十四年来第一疏也。"又密策边海机务。上嘉纳之戊戌，迁户部右侍郎，寻加太子少保，己亥有海警。诏亲征简鳞，以从俾总理粮饷，会海寇，平遂不果，是年冬请假治母莹。归里灵邑，地瘠民苦赔粮，乃率士民具呈请蠲荒赋，得恩旨，蠲粮若干，详田赋志。辛丑假满补工部右侍郎，升左侍郎，旋晋工部尚书，赐冠服裘缎有差。壬寅冬十一月，天雨雪，冰凝丹，陞鳞早朝坠阶伤左臂。上遣内大臣存问者。再越数日，复遣医诊视，赐药饵、被褥。督工孝陵，以劳瘁成痼疾。丙午疏请养病，得旨回籍调理，抵家渐有起色，丁未春，丁外艰，哀毁骨立，自是病日甚。夏五月，卒于家。赐祭葬。所著有《明书》《四思堂集》。

——《碑传集》

《汝南遗事》·四卷（永乐大典本）

元王鹗撰。鹗字伯翼，东明人。金正大元年登进士第一。哀宗时为左右司员外郎。金亡降元，官至翰林学士承旨。事迹具《元史》本传。是编即随哀宗在蔡州围城所作，故以"汝南"命名。所记始天兴二年六月，迄三年正月。随日编载，有纲有目，共一百有七条。皆所身亲目击之事，故纪载最为详确。其称哀宗为"义宗"，则用息州行省所上谥也。《金史》《哀宗本纪》及《乌古论镐》《完颜仲德》《张天纲》等传皆全采用之，足徵其言皆实录矣。鹗身事两朝，不能抗西山之节。然本传载其祭哀宗一事，犹有惓惓故主之心。其作是书，于丧乱流离，亦但有痛悼而无怨谤，较作《南烬录》者犹未减焉。《自序》云四卷。《元史》本传作二卷，盖传刻之讹。今仍从《自序》所言，编为四卷。

按：王鹗，字百一（按：一作伯翼），曹州东明人。曾祖成，祖立，父琛。鹗始生，有大鸟止于庭，乡先生张斋曰："鹗也。是儿其有大名乎！"因名之。幼聪悟，日诵千余言，长工词赋。金正大元年，中进士第一甲第一人出身，授应奉翰林文字。六年，授归德府判官，行亳州城父令。七年，改同知申州事，行蔡州汝阳令，丁母忧。天兴二年，金主迁蔡，诏尚书省移书恒山公武仙进兵。金主览书，问谁为之，右丞完颜仲德曰："前翰林应奉王鹗也。"曰："朕即位时状元耶？"召见，惜擢用之晚，起复，授尚书省右司都事，升左右司郎中。三年，蔡陷，将被杀，万户张柔闻其名，救之，辇归，馆于保州。

甲辰冬，世祖在藩邸，访求遗逸之士，遣使聘鹗。及至，使者数辈迎劳，召对。进讲《孝经》《书》《易》，及齐家治国之道，古今事物之变，每夜分乃罢。世祖曰："我虽未能即行汝言，安知异日不能行之耶！"岁余，乞还，赐以马，仍命近侍阔阔、柴祯等五人从之学。继命徙居大都，赐宅一所。尝因见，请曰："天兵克蔡，金主自缢，其奉御绛山焚葬汝水之傍，礼为旧君有服，愿往葬祭。"世祖义而许之，至则为河水所没，设具牲酒，为位而哭。

庚申，世祖即位，建元中统，首授翰林学士承旨，制诰典章，皆所裁定。至元元年，加资善大夫。上奏："自古帝王得失兴废可考者，以有史在也。我国家以神武定四方，天戈所临，无不臣服者，皆出太祖皇帝庙谟雄断所致，若不乘时纪录，窃恐久而遗亡，宜置局纂就实录，附修辽、金二史。"又言："唐太宗始定天下，置弘文馆学士十八人，宋太宗承太祖开创之后，设内外学士院，史册烂然，号称文治。堂堂国朝，岂无英才如唐、宋者乎！"皆从之，始立翰林学士院，鹗遂荐李冶、李昶、王磐、徐世隆、高鸣为学士。复奏立十道提举学校官。

有言事者，谓宰执非其人，诏儒臣廷议可任宰相者。时阿合马巧佞，欲乘隙取相位，大臣复助之，众知其非，莫敢言。鹗奋然掷笔曰："吾以衰老之年，无以报国，即欲举任此人为相，吾不能插驴尾矣。"振袖而起，奸计为之中止。五年，乞致仕，诏有司岁给廪禄终其身，有大事则遣使就问之。十年，卒，年八十四，谥文康。

鹗性乐易，为文章不事雕饰，尝曰："学者当以穷理为先，分章析句，乃经生举子之业，非为己之学也。"著《论语集义》一卷，《汝南遗事》二卷，诗文四十卷，曰《应物集》。无子，以婿周铎子之纲承其祀。之纲官至翰林侍讲学士。

——《元史》

《七雄策纂》·八卷（安徽巡抚采进本）

明穆文熙编。文熙字敬止，东明人，嘉靖壬戌进士，官吏部员外郎。是编取《战国策》之文，加以评语，并集诸家议论附于上阑。大抵剿袭陈因，无所考证。

按：穆文熙，东明人，嘉靖进士，少颖悟，经籍无所不览，雅气节给事中石以直言被廷杖，文熙周旋医药，得不死。士论高之，累官按察副使，归筑逍遥园，坐起一编，文藻蔚然，所著有《逍遥集》，《左》《史》《战国纂评》诸书行世。

——《（雍正）畿辅通志》

《南城召对录》·一卷（浙江范懋柱家天一阁藏本）

明李时撰。时字宗易，号松溪，任邱人，弘治壬戌进士，官至华盖殿大学士，谥文康，事迹具《明史》本传。是编乃世宗亲祀祈嗣坛，时与大学士翟銮、尚书汪鋐、侍郎夏言等侍于南城御殿。召见论郊庙礼制，兼及用人赈灾之事。时因录诸臣问答之词。史称时恒召对便殿，接膝咨询，虽无大匡救，而议论多本于厚。于是编亦略见一斑云。

按：李时，字宗易，任丘人。父荣，进士，莱州知府。时举弘治十五年进士，改庶吉士，授编修。正德中，历侍读、右谕德。世宗嗣位，为讲官，寻迁侍读学士。

嘉靖三年，擢礼部右侍郎。俄以忧归。服除，为户部右侍郎。复改礼部，寻代方献夫为尚书。帝既定尊亲礼，慨然有狭小前人之志，欲裁定旧章，成一朝制作。张孚敬、夏言用事，咸好更张。所建诸典礼，咸他人发端，而时傅会成之。或廷议不合，率具两端，待帝自择，终未尝显争。以故帝爱其恭顺。四方上嘉瑞，辄拜疏请贺。帝谦让，时必再请。由是益以时为忠。赐银章曰"忠敏安慎"，俾密封言事。久而失之，请罪，帝再赐焉。十年七月，四郊成，加太子太保。雷震午门，彗星见东井，时请敕臣工修省，令言官指陈利害兴革。帝以建言乃科道专责，寝不行。光禄寺厨役王福、锦衣卫千户陈昇请迁显陵于天寿山，时等力陈不可。巡检徐震奏于安陆建京师，时等驳其非制，遂议改州

83

为承天府。

其秋，桂萼卒，命时兼文渊阁大学士入参机务。时张孚敬已罢，翟銮独相。时后入，以宫保官尊，反居銮上。两人皆谦逊，无龃龉。帝御无逸殿，召时坐讲《无逸篇》，銮讲《豳风·七月》诗，武定侯郭勋及九卿翰林俱入侍。讲毕，帝退御豳风亭赐宴。自是，数召见，谘谋政务。

明年春，孚敬还内阁，事取独裁，时不敢有所评议。未几，方献夫入，与时亦相得。彗星复出，帝召见时等，谕以引咎修省之意，从容语及乏才。时等退，条上务安静、惜人才、慎刑狱三事，颇及“大礼”大狱废斥诸臣。帝优诏褒答之，然卒不能用也。给事中魏良弼、御史冯恩先后劾吏部尚书汪鋐，触帝怒，时皆为论救。十二年，孚敬复入，銮以忧去，献夫致仕。时随孚敬后，拱手唯诺而已，以故孚敬安之。孚敬谢政，费宏再入，未几卒，时遂独相。时素宽平，至是益镇以安静。帝亦恒召对便殿，接膝咨询。时虽无大匡救，而议论恒本忠厚，廷论咸以时为贤。客星见天棓旁，帝问所主事应。对曰：“事应之说起汉京房，未必皆合。惟在人君修德以弭之。”帝称善。扈跸谒陵，道沙河，帝见居民萧索，怆然曰：“七陵在此，宜加守护。”时对曰：“昔邱濬建议，京师当设四辅，以临清为南，昌平为北，苏州、保定为东西，各屯兵一二万。今若于昌平增一总兵，可南卫京师，北护陵寝。”帝乃下廷臣勘议，于沙河筑巩华城，为置戍焉。屡加少傅、太子太师、吏部尚书、华盖殿大学士。会夏言入辅，时不与抗，每事推让言，言亦安之。帝待时不如孚敬、言，然少责辱，始终不替。孚敬、言亦不敢望也。十七年十二月卒官，赠太傅，谥文康。

——《明史》

《典故纪闻》·十八卷（浙江吴玉墀家藏本）

明余继登撰。继登字世用，号云衢，交河人，万历丁丑进士，官至礼部尚书，谥文恪，事迹具《明史》本传。是编杂记前明故事，自洪武迄于隆庆。然其帝曰云云之属，多属空谈。大抵皆记注实录润色之词。亦颇及琐屑杂事，不尽关乎政要。如太祖攻婺城时，见五色云，无论其事真伪，总不在法戒之列。又如成祖时灵邱民一产三男，有司议给廪至八岁，成祖命给至十岁。亦细故，不足毛举也。

按：余继登，字世用，交河人。万历五年进士。改庶吉士，授检讨。与修《会典》成，进修撰，直讲经筵。寻进右中允，充日讲官。时讲筵久辍，侍臣无所纳忠。继登与同官冯琦共进《通鉴》讲义，傅以时政缺失。历少詹事兼侍读学士，充正史副总裁。已，擢詹事，掌翰林院。两宫灾，偕诸讲官引《洪范五行传》切谏。不报。进礼部右侍郎。二十六年，以左侍郎摄部事。陕西、山西地震，南都雷火，西宁钟自鸣，绍兴地涌血。继登于岁终类奏，因请罢一切诛求开采之害民者。时不能用。雷击太庙树，复请帝躬郊祀、庙享、册立元子，停矿税，撤中使。帝优诏报闻而已。

旋擢本部尚书。时将讨播州杨应龙。继登请罢四川矿税，以佐兵食。复上言："顷者星躔失度，水旱为沴，太白昼见，天不和也。凿山开矿，裂地求砂，致狄道山崩地震，地不和也。闾阎穷困，更加诛求，帑藏空虚，复责珠宝，奸民蚁聚，中使鸱张，中外壅隔，上下不交，人不和也。戾气凝而不散，怨毒结而成形，陵谷变迁，高卑易位，是为阴乘阳、邪干正、下叛上之象。臣子不能感动君父，言愈数愈厌，故天以非常之变，警悟陛下，尚可恬然不为意乎？"帝不省。继登自署部事，请元子册立冠婚。疏累上，以不得请，郁郁成疾。每言及，辄流涕曰："大礼不举，吾礼官死不瞑目！"病满三月，连章乞休，不许。请停俸，亦不许。竟卒于官。赠太子少保，谥文恪。

继登朴直慎密，寡言笑。当大事，言议侃侃。居家廉约。学士曾朝节尝过其里，蓬蒿满径。及病革，视之，拥粗布衾，羊毳覆足而已。幼子应诸生试，夫人请为一言，终不可。

——《明史》

《唐大诏令集》·一百三十卷（编修朱筠家藏本）

宋宋敏求编。敏求字次道，赵州平棘人，参知政事绶之子，进士及第，官至史馆修撰、龙图阁直学士，事迹具《宋史》本传。敏求尝预修《唐书》，又私撰唐武宗以下实录一百四十八卷，于唐代史事，最为谙悉。此集乃本其父绶手辑之本，重加绪正，为三十类。熙宁三年自为之序，称缮写成编，会忤权解职。顾翰墨无所事，第取唐诏令目其集而弆藏之云云。盖其以封还李定词头，由知制诰罢奉朝请时也。其书世无刊本。辗转钞传，讹误颇甚。中阙卷，第十四至二十四、八十七至九十八，凡二十三卷。参校诸本皆同。其脱佚盖已久矣。唐有天下三百年，号令文章，粲然明备。敏求父子复为衰辑编类，使一代高文典册，眉列掌示，颇足以资考据。其中不尽可解者。如裴度门下侍郎彰义军节度使宣慰等使制。据《旧唐书》，其文乃令狐楚所草。制出后，度请改制内"翦其类"为"革其志"，改"更张琴瑟"为"近辍枢衡"，改"烦我台席"为"授以成算"，宪宗从之，楚亦因此罢内职，是当时宣布者即度奏改之辞。今此集所载，尚仍楚原文，不从改本，未详何故。又宝历元年册尊号赦书。据《敬宗本纪》，时李绅贬官，李逢吉等不欲绅量移，乃于赦书节文内但言左降官已经量移者量移近处，不言未量移者宜与量移。翰林学士上疏论列，帝命追赦书添改之。今此集所载，只及赦罪一条，而无左降官量移之文，疑亦有所佚脱。又《旧唐书》所载诏旨最多。今取以相较，其大半已入此集，而亦有遗落未载者。如纪号则改元天祐诏。除授则尹思贞御史大夫、李光弼兵马副元帅诸制。追赠则张说赠太师，杨绾、颜真卿、李绛赠司徒，郭暧赠太傅，郑朗赠司空，田布赠仆射诸诏。优礼则杜佑、萧俛致仕诸诏。奖劝则劳解琬、奖李朝隐、袖美令狐彰、奖伊西北庭二镇诸诏。谪降则王毛仲、韩皋、吕渭、张又新、李续之、熊望贬官诸诏。诛窜则决杀长孙昕，流裴景仙、裴茂诸敕。皆关朝廷举措之大者，而此集并阙而不登。以敏求博洽，不应疏于搜采。或即在散佚之中，亦未可定也。然唐朝实录，今既无存。其诏诰命令之得以考见者，实藉有是书，亦可称典故之渊海矣。

按：敏求字次道，赐进士及第，为馆阁校勘。预苏舜钦进奏院会，出签书集庆军判官。王尧臣修《唐书》，以敏求习唐事，奏为编修官。持祖母丧，诏令居家修书。卒丧，同知太常礼院。

石中立薨，子继死，无他子。其孙祖仁疑所服，下礼官议。敏求谓宜为服三年，当解官，斩衰。同僚援据不一，判寺宋祁是其议，遂定为令。加集贤校理。从宋庠辟，通判西京。为群牧度支判官。坠马伤足，出知亳州。治平中，召为《仁宗实录》检讨官，同修起居注、知制诰、判太常寺。

英宗在殡，有言宗室服疏者可嫁娶，敏求以为大行未发引，不可。逾年，又有言者。敏求言宗室义服，服降而练，可嫁娶矣。坐前后议异，贬秩知绛州。王珪、范镇乞留之，使成《实录》。神宗曰："典礼，国之所重，而误谬如是，安得无责。"然敏求议初不误，曾公亮恶礼院刘瑾附敏求为说，故因是去之。是岁，即诏还。

徐国公主以夫兄为侄奏官，敏求疏其乱天伦，执正之。王安石恶吕公著，诬其言韩琦欲因人心，如赵鞅兴晋阳之甲，以逐君侧之恶，出之颍州。敏求当草制，安石谕旨使明著罪状，敏求但言敷陈失实。安石怒白于帝，命陈升之改其语，敏求请解职，未听。

会李定自秀州判官除御史，敏求封还词头，遂以本官右谏议大夫奉朝请。策试贤良方正，孔文仲对语切直，擢置优等，安石愈怒，罢文仲。人为敏求惧，帝独全护之，除史馆修撰、集贤院学士。邓润甫为帝言："比群臣多尚告讦，非国家之美，宜登用敦厚之士，以变薄俗。"乃加敏求龙图阁直学士，命修《两朝正史》，掌均国公笺奏。元丰二年，卒，年六十一。特赠礼部侍郎。

敏求家藏书三万卷，皆略诵习，熟于朝廷典故，士大夫疑议，必就正焉。补唐武宗以下《六世实录》百四十八卷，它所著书甚多，学者多咨之。尝建言："河北、陕西、河东举子，性朴茂，而辞藻不工，故登第者少。请令转运使择荐有行艺材武者，特官之，使人材参用，而士有可进之路。又州郡有学舍而无学官，故士轻去乡里以求师，请置学官。"后颇施行之。族弟昌言。

—— 《宋史》

《尽言集》·十三卷（山东巡抚采进本）

宋刘安世撰。安世字器之，大名人。少师事司马光。哲宗初，以光荐，除秘书省正字。又以吕公著荐，除右正言，迁左谏议大夫。绍圣初，落职知南安军，又贬新州别驾，英州安置。徽宗立，移衡州。寻以濮州团练副使，鼎州居住。后复直龙图阁，卒。事迹具《宋史》本传。安世有集二十卷，今未见传本。此《集》皆其奏札，不知何人所编。前有隆庆辛未石星、张应福《序》，皆云得抄本于西亭王孙家。西亭者，朱睦㮮也。《星序》称是《集》凡三卷，而此本实十三卷，与《序》不合。然证以《永乐大典》所载，一一相符。殆校雠偶疏"三"字上脱"十"字也。史称安世忠孝正直似司马光，而刚劲则过之。故弹击权贵，尽言不讳，当时有"殿上虎"之称。《集》中所论诸事，史不具载，颇足以考见时政。其中稍有遗议者。如吴处厚之劾蔡确，本出罗织，而安世申处厚之说，章凡一十二上，务欲置确于死地，殊不免意见之偏。然由其嫉恶太严，至于已甚，故徒知确为奸邪，而不察处厚非善类。见无礼于君者，遂如鹰鹯之逐，实非故相排挤之比。观欧阳棐为苏轼所善，程子为苏轼所雠，而安世论棐差遣不当，章凡九上，并程子诋为五鬼，绝无所区别于其间。是亦其孤立无党之一证，不足以为疵瑕也。惟是气质用事，词或过激。故王偁《东都事略》论之曰：为君子不能深思远虑，优游浸渍以消小人之势。而痛心疾首，务以口舌争之。事激势变，遂成朋党。是为平允之论。至朱子作《名臣言行录》，于王安石、吕惠卿皆有所采录，独以安世尝劾程子之故，遂不载其一字，则似乎有意抑之矣。要其于朝廷得失，知无不言，言无不尽，严气正性，凛凛如生。其精神自足以千古，固非人力所能磨灭也。

按：刘安世，字器之，魏（按：大名）人。父航，第进士，历知虞城、犀浦县。虞城多奸猾，喜寇盗；犀浦民弱而驯。航为政，宽猛急缓不同，两县皆治。知宿州。押伴夏使，使者多所要请，执礼不逊，且欲服球文金带入见，航皆折正之。以群牧判官为河南监牧使。持节册夏主秉常，凡例所遗宝带、名马，却弗受。还，上《御戎书》，大略云："辩士好为可喜之说，武夫徼冀不赀之宠，或为所误，不可不戒。"为河北西路转运使。熙宁大旱求言，航论新政不便者五，又上书言："人主不可轻失天下心，宜乘时有所改为，则人心悦而天意得矣。"不报。乃请提举崇福宫，起知泾、相二州。王师西征，徙知陕府。时仓卒军兴，馈饷切急，县令佐至荷校督民，民多弃田庐，或至自尽。航独期会如平日，事更以办。终太仆卿。

安世少时持论已有识。航使监牧时，文彦博在枢府，有所闻，每呼安世告之。安世从容言："王介甫求去，外议谓公且代其任。"彦博曰："安石坏天下至此，后之人何可为？"安世拱手曰："安世虽晚进，窃以为未然。今日新政，果顺人所欲而为人利乎？若不然，公当去所害，兴所利，反掌间耳。彦博默不应，他日见航，叹奖其坚正。"

登进士第，不就选。从学于司马光，咨尽心行己之要，光教之以诚，且令自不妄语始。调洺州司法参军，司户以贪闻，转运使吴守礼将按之，问于安世，安世云："无之。"守礼为止。然安世心常不自安，曰："司户实贪而吾不以诚对，吾其违司马公教乎！"后读扬雄《法言》"君子避碍则通诸理"，意乃释。

光入相，荐为秘书省正字。光薨，宣仁太后问可为台谏于吕公著，公著以安世对。擢右正言。时执政颇与亲戚官，安世言："祖宗以来，大臣子弟不敢受内外华要之职。自王安石秉政，务快私意，累圣之制，扫地不存。今庙堂之上，犹习故态。"因历疏文彦博以下七人，皆耆德魁旧，不少假借。

章惇以强市昆山民田罚金，安世言："惇与蔡确、黄履、邢恕素相交结，自谓社稷之臣，贪天之功，侥幸异日，天下之人指为'四凶'。今惇父尚在，而别籍异财，绝灭义理，止从薄罚，何以示惩？"会吴处厚解释确《安州诗》以进，安世谓其指斥乘舆，犯大不敬，与梁焘等极论之，窜之新州。宰相范纯仁至于御史十人，皆缘是去。

迁起居舍人兼左司谏，进左谏议大夫。有旨暂罢讲筵，民间欢传宫中求乳婢，安世上疏谏曰："陛下富于春秋，未纳后而亲女色。愿太皇太后保佑圣躬，为宗庙社稷大计，清闲之燕，频御经帷，仍引近臣与论前古治乱之要，以益圣学，无溺于所爱而忘其可戒。"哲宗俯首不语。后曰："无此事，卿误听尔。"明日，后留吕大防告之故。大防退，召给事中范祖禹使达旨。祖禹固尝以谏，于是两人合辞申言之甚切。

邓温伯为翰林承旨，安世言其"出入王、吕党中，始终反覆。今之进用，实系君子小人消长之机。乞行免黜"。不报。遂请外，改中书舍人，辞不就。以集贤殿修撰提举崇福宫，才六月，召为宝文阁待制、枢密都承旨。

范纯仁复相，吕大防白后欲令安世少避。后曰："今既不居言职，自无所嫌。"又语韩忠彦曰："如此正人，宜且留朝廷。"乃止。吕惠卿复光禄卿，分司，安世争以为不可，不听。出知成德军。章惇用事，尤忌恶之。初黜知南安军，再贬少府少监，三贬新州别驾，安置英州。

同文馆狱起，蔡京乞诛灭安世等家，谋虽不行，犹徙梅州。惇与蔡卞将必置之死，因使者入海岛诛陈衍，讽使者过安世，胁使自裁。又擢一土豪为转运判官，使杀之。判官疾驰将至梅，梅守遣客来劝安世自为计。安世色不动，对客饮酒谈笑，徐书数纸付其仆曰："我即死，依此行之。"顾客曰："死不难矣。"客密从仆所视，皆经纪同贬当死者之家事甚悉。判官未至二十里，呕血而毙，危得免。

昭怀后正位中宫，惇、卞发前谏乳婢事，以为为后设。时邹浩既贬，诏应天少尹蒉孙以槛车收二人赴京师。行数驿而徽宗即位赦至，蒉乃还。凡投荒七年，甲令所载远恶地无不历之。移衡及鼎，然后以集贤殿修撰知郓州、真定府，曾布又忌之，不使入朝。蔡京既相，连七谪至峡州羁管。稍复承议郎，卜居宋都。宣和六年，复待制，中书舍人沈思封还之。明年卒，年七十八。

安世仪状魁硕，音吐如钟。初除谏官，未拜命，入白母曰："朝廷不以安世不肖，使在言路。倘居其官，须明目张胆，以身任责，脱有触忤，祸谴立至。主上方以孝治天下，若以老母辞，当可免。"母曰："不然，吾闻谏官为天子诤臣，汝父平生欲为之而弗得，汝幸居此地，当捐身以报国恩。正得罪流放，无问远近，吾当从汝所之。"于是受命。在职累岁，正色立朝，扶持公道。其面折廷争，或帝盛怒，则执简却立，伺怒稍解，复前抗辞。旁侍者远观，蓄缩悚汗，目之曰"殿上虎"，一时无不敬慑。

家居未尝有惰容，久坐身不倾倚，作字不草书，不好声色货利。其忠孝正直，皆则象司马光。年既老，群贤凋丧略尽，岿然独存，而名望益重。梁师成用事，能生死人，心服其贤，求得小吏吴默尝趋走前后者，使持书来，啖以即大用，默因劝为子孙计，安世笑谢曰："吾若为子孙计，不至是矣。吾欲为元祐全人，见司马光于地下。"还其书不答。死葬祥符县。后二年，金人发其冢，貌如生，相惊语曰："异人也！"为之盖棺乃去。

——《宋史》

《石峰奏疏》·四卷（直隶总督采进本）

明邵锡撰。锡字天佑，号石峰，安州人，正德戊辰进士，官至右副都御史，巡抚山东。是集前三卷为官御史给事中时所上奏疏，后一卷为官巡抚时所上奏疏。锡立朝颇著风节。武宗幸昌平，疏请回銮。议北征，陈不可者十。及驾出。又偕同官遮道泣谏。史不具载。今诸疏并在集中，尚可考见云。

按：邵锡，字天祐（按：应为"佑"），安州人，正德三年进士，嘉靖十六年进浙江右布政使，风节峻整，人皆畏其严正，奸宄屏息，仕终顺天府尹。

——《（民国）杭州府志》

《郝恭定集》·五卷（直隶总督采进本）

国朝郝维讷撰。维讷字敏公，霸州人，顺治丁亥进士，官至吏部尚书。此集凡《都察院奏疏》八篇，《刑部奏疏》四篇，《礼部奏疏》一篇，《户部奏疏》

九篇，《吏部奏疏》六篇。其《礼部请行释奠疏》《户部税银款目疏》，皆注"疏存部案"字。盖当时同官公议，而维讷具草，故仍刻之私集也。

按：郝维讷，字敏公，直隶霸州人。父杰，明崇祯进士。顺治初，授行人，迁户部给事中。迭疏请开经筵，祀阙里，废斥诸臣才堪录用者量予自新，朝贺大典内监不得入班行礼，俱下部议行。累迁户部侍郎。卒。

维讷，顺治四年进士，授刑部主事，再迁郎中。七年，出为福建督粮道佥事。师下漳南，粮运多阻，维讷督米二万石浮海达泉州以济军。巨盗张自盛犯延、邵，檄维讷权延建邵道，设方略，用间散其党，自盛就擒。寻署按察使，谢苞苴，绝羡耗。举卓异，复用孙承泽、成克巩荐，十一年，召授通政司右参议。累迁大理寺卿。十三年，擢户部侍郎，调吏部。十六年，丁父忧。服阕，起户部侍郎，复调吏部。

康熙三年，典会试，寻擢左都御史。维讷以开国二十余年，南徼初定，民困未苏，疏言："天下大弊在民穷财尽，连年川、湖、闽、广、云、贵无不增兵增饷，本省不支，他省协济。臣观川、湖等省尚多旷土，若选绿旗及降兵精锐者隶之营伍，给以牛种，所在屯田，则供应减而协济可以永除，闾里无追呼之困。"又疏言："巡按既裁，地方巡视责归督抚。督抚任重事繁，出巡动逾旬月，恐误公务，况骑从众多，经过滋扰。至属官贪廉，闾阎疾苦，咨访耳目，仍寄司道。请嗣后事关重大者，仍亲身巡察，余概停止。"又疏言："山西、山东等省偏旱，发帑赈济，圣恩至为优渥，特穷乡僻壤恐难遍及，惟蠲免钱粮，率土均沾实惠。但田有田赋，丁有丁差，前者被灾地方，例多免粮不免丁；其有丁无田者，反不得与有田之户同沾恩泽。请丁银均如田粮分数蠲免。"又疏言："贪吏罪至死者，遇赦免死，并免交吏部议处。此曹饕餮狼藉，未可令其复玷名器，贻害地方。虽新例赴部另补，贪残所至，播虐惟均。请敕部定议，凡赃款审实者，遇赦免罪，仍当夺官。庶官箴可肃，民害可除。"皆下部议行。

五年，迁工部尚书，调刑、礼二部。八年，调户部。疏请停督抚勘灾，申禁圈取民地，并得旨允行。十一年，调吏部。时兵兴开捐纳，正途日壅，维讷为斟酌资格，按缺分选，铨法称平。十八年，给事中姚缔虞请宽免科道风闻言事之禁，下廷臣议，维讷谓："言官奏事，原不禁其风闻。但风闻奏参审问全虚者，例有处分，否则虑有藉风闻挟私报怨者，请仍照定例行。"从之。

维讷领吏、户二部最久，法制多经裁定。凡事持大体，遇会议、会推、朝审，委曲斟酌，期于至当。敷奏条畅，所见与众偶有同异，开陈端绪，不留隐情，上深重之，往往从其言。十九年，遭母忧。服阕，诣京师，未补官，卒，谥恭定。

——《清史稿》

《元朝名臣事略》·十五卷（大学士于敏中家藏本）

元苏天爵撰。天爵字伯修，真定人，由国子学生试第一，释褐授从仕郎，苏州判官，终浙江行省参知政事，事迹具《元史》本传。此书记元代名臣事实，始木华黎，终刘因，凡四十七人。大抵据诸家文集所载墓碑、墓志、行状、家传为多。其杂书可徵信者，亦采掇焉。一一注其所出，以示有徵。盖仿朱子《名臣言行录》例，而始末较详。又兼仿杜大珪《名臣碑传琬琰集》例，但有所弃取，不尽录全篇耳。后苏霖作《有官龟鉴》，于当代事迹皆采是书。《元史》列传亦皆与是书相出入，足知其不失为信史矣。

按：苏天爵，字伯修，真定人也。父志道，历官岭北行中书省左右司郎中，和林大饥，救荒有惠政，时称能吏。天爵由国子学生公试，名在第一，释褐，授从仕郎、大都路蓟州判官。丁内外艰，服除，调功德使司照磨。泰定元年，改翰林国史院典籍官，升应奉翰林文字。至顺元年，预修《武宗实录》。二年，升修撰，擢江南行台监察御史。

明年，虑囚于湖北。湖北地僻远，民獠所杂居，天爵冒瘴毒，遍历其地。因有言冤状者，天爵曰："宪司岁两至，不言何也？"皆曰："前此虑囚者，应故事耳。今闻御史至，当受刑，故不得不言。"天爵为之太息。每事必究心，虽盛暑，犹夜篝灯，治文书无倦。沅陵民文甲无子，育其甥雷乙，后乃生两子，而出乙，乙俟两子行卖茶，即舟中取斧，并斫杀之，沈斧水中，而血渍其衣，迹故在。事觉，乙具服，部使者乃以三年之疑狱释之。天爵曰："此事二年半耳，且不杀人，何以衣污血？又何以知斧在水中？又其居去杀人处甚近，何谓疑狱？"遂复置于理。常德民卢甲、莫乙、汪丙同出佣，而甲误堕水死，甲弟之为僧者，欲私甲妻不得，诉甲妻与乙通，而杀其夫。乙不能明，诬服击之死，断其首弃草间，尸与仗弃谭氏家沟中。吏往索，果得髑髅，然尸与仗皆无有，而谭诬证曾见一尸，水漂去。天爵曰："尸与仗纵存，今已八年，未有不腐者。"召谭诘之，则甲未死时，目已瞽，其言曾见一尸水漂去，妄也。天爵语吏曰："此乃疑狱，况不止三年。"俱释之。其明于详谳，大抵此类。

入为监察御史，道改奎章阁授经郎。元统元年，复拜监察御史，在官四阅月，章疏凡四十五上，自人君至于朝廷政令、稽古礼文、闾阎幽隐，其关乎大体、系乎得失者，知无不言。所劾者五人，所荐举者百有九人。明年，预修《文宗实录》，迁翰林待制，寻除中书右司都事，兼经筵参赞官。后至元二年，由刑部郎中改御史台都事。三年，迁礼部侍郎。五年，出为淮东道肃政廉访使，宪纲大振，一道肃然。入为枢密院判官。明年，改吏部尚书，拜陕西行台治书侍御史，复为吏部尚书，升参议中书省事。是时，朝廷更立宰相，庶务多所弛张，而天子图治之意甚切，天爵知无不言，言无顾忌，夙夜谋画，须发尽白。

至正二年，拜湖广行省参知政事，迁陕西行台侍御史。四年，召为集贤侍讲学士，兼国子祭酒。天爵自以起自诸生，进为师长，端己悉心，以范学者。明年，出为山东道肃政廉访使，寻召还集贤，充京畿奉使宣抚。究民所疾苦，察吏之奸贪，其兴除者七百八十有三事，其纠劾者九百四十有九人，都人有包、韩之誉，然以忤时相意，竟坐不称职罢归。七年，天子察其诬，乃复起为湖北道宣慰使、浙东道廉访使，俱未行。拜江浙行省参知政事。江浙财赋，居天下十七，事务最烦剧，天爵条分目别，细巨不遗。九年，召为大都路都总管，以疾归。俄复起为两浙都转运使，时盐法弊甚，天爵拯治有方，所办课为钞八十万锭，及期而足。十二年，妖寇自淮右蔓延及江东，诏仍江浙行省参知政事，总兵于饶、信，所克复者，一路六县。其方略之密，节制之严，虽老帅宿将不能过之。然以忧深病积，遂卒于军中。年五十九。

天爵为学，博而知要，长于纪载，尝著《国朝名臣事略》十五卷、《文类》七十卷。其为文，长于序事，平易温厚，成一家言，而诗尤得古法，有诗稿七卷、文稿二十卷。于是中原前辈，凋谢殆尽，天爵独身任一代文献之寄，讨论讲辩，虽老不倦。晚岁，复以释经为己任。学者因其所居，称之为滋溪先生。其他所著文，有《松厅章疏》五卷、《春风亭笔记》二卷；《辽金纪年》《黄河原委》，未及脱稿云。

——《元史》

《中州人物考》·八卷（浙江鲍士恭家藏本）

国朝孙奇逢撰。奇逢有《读易大旨》，已著录。是编载河南人物，分为七科。一《理学》，二《经济》，三《忠节》，四《清直》，五《方正》，六《武功》，七《隐逸》，而文士不与焉。盖意在黜华藻，励实行也。所录皆明人，惟《忠节》之末附元蔡子英一人。人各为《传赞》，多者连数纸，少或仅一行，云无徵者则不详，不以详略为褒贬也。后一卷曰《补遗》、曰《续补》，不复以七科标目，盖不欲入之七科中，故托词于补续云尔。然犹与七科一例，虽布衣以公称。最后有名无传者三十四人，则直书其名矣。其《赞》恕于常人而责备于贤者，颇为不苟，惟《张玉传赞》最为纰缪。考玉以元枢密知院叛而归明，而奇逢以为善择主。是六臣奉玺归梁，皆善择主也。玉后辅佐燕王，称兵犯顺，殁于铁铉济南之战，而奇逢以为得死所。是李日月助李希烈陨身锋镝亦得死所也。且蔡子英义不忘元，间关出塞，卒归故主以终。奇逢既列之《忠节》矣，而又奖张玉之叛乱，不自相矛盾乎？至薛瑄本河津人，李梦阳本庆阳人，牵合而归之中州，又其末节矣。奇逢虽以布衣终，而当时实负重望，汤斌至北面称弟子。其所著作，非他郡邑传记无足轻重者比。故存其书而具论之，俾读是编者知其瑕瑜不相掩焉。

《西使记》·一卷（两淮盐政采进本）

元刘郁撰。郁，真定人。是书记常德西使皇弟锡里库，军中往返道途之所见。王恽尝载入《玉堂杂记》中。此盖别行之本也。《元史·宪宗纪》，二年壬子秋，遣锡喇征西域苏丹诸国，是岁锡喇薨。三年癸丑夏六月，命诸王锡里库及乌兰哈达帅师征西域法勒噶巴、哈台等国。八年戊午，锡里库讨回回、法勒噶巴，平之，擒其王，遣使来献捷。考《世系表》，睿宗十一子，次六曰锡里库，而诸王中别无锡喇。《郭侃传》，侃壬子从锡里库西行，与此《记》所云壬子岁皇弟锡喇统诸军奉诏西征凡六年，拓境几万里者相合，然则锡喇即锡里库。因《元史》为明代所修，故译音讹舛。一以为锡喇，一以为锡里库，误分二人。而《宪宗纪》二年书锡喇薨，三年重书锡里库西征，遂相承误载也。此《记》言常德西使在己未正月，盖锡里库献捷之明年所记。虽但据见闻，不能考证古迹，然亦时有异闻。《郭侃传》所载，与此略同，惟译语时有讹异耳。我皇上神武奋扬，戡定西域，昆仑月嵹，尽入版图。计常德所经，今皆在屯田列障之内。业已钦定西域图志，昭示亿龄。郁所记录，本不足道，然据其所述，亦足参稽道里，考证古今之异同，故仍录而存之也。

按：刘郁，字文季，御史从益次子，亦名士。中统元年肇建中省，辟左右司都事。出尹新河，召拜监察御史，能文，工书翰，别号归愚。卒年六十一。

——《宋元学案》

《孔子年谱》·五卷（直隶总督采进本）

国朝杨方晃撰。方晃字东阳，号鹤巢，磁州人。是书中三卷为年谱，以天、地、人分纪之。其前一卷曰《卷首》，末一卷曰《卷尾》。中间于《史记世家》历聘纪年、《阙里旧志》诸书颇有纠正。然注太冗琐，又参以评语，皆乖体例。至《卷首》本《祖庭广记》作《麟吐玉书图》，殊未能免俗。《卷尾》泛引杂史，为身后异迹。如鲁人泛海见先圣，七十子游于海上，及唐韩滉为子路转生诸事，连篇语怪，尤属不经矣。

按：方晃字东阳，一字晓村，晚号鹤巢，磁州人。贡生雍正元年举孝廉方正，有《鸡肋集》四卷。

——《国朝畿辅诗传》

《刘文靖公遗事》·一卷（浙江范懋柱家天一阁藏本）

元苏天爵撰。天爵有《名臣事略》，已著录。是编乃所述容城刘因行实也。考天爵《名臣事略》第十五卷，即纪因事。然此卷所述，皆《事略》所未言。天爵于《事略》既成之后，别采旧闻，补其所阙，故命曰《遗事》。《元史》刘因本传多采用此卷，亦以后来搜辑较为详备欤。

《守令懿范》·四卷（直隶总督采进本）

明蔡国熙撰。国熙，永年人，嘉靖己未进士，官至山西提学副使。是编乃其官苏州府知府时，辑古来守令事迹，自周至元，分《儒牧》《循牧》二类。《儒牧》自子游而下三十人。《循牧》自公孙侨而下一百一十人。前有《皇甫汸序》，称儒可以包乎循，而循未必皆合于儒。体用之间，盖有辨焉云云。夫儒者之学，明体达用。道德事业，本无二源。岐而两之，殊为偏见。且唐韩愈、宋欧阳修所学不甚相远，而列愈于《儒牧》，列修于《循牧》，亦不知其以何而分。杨简传陆氏之学，黄震传朱子之学，所著之书，厘然具在。乃升简于《儒牧》以继陆氏，而不升震于《儒牧》以继朱子，岂非未见《日钞》耶？循名失实，尊儒而不知所以尊，徒成其门户标榜而已。

　　按：蔡国熙，字春台，永年人，少书"超凡入圣"四字于坐侧，沉心性命之学。由进士为户部郎，与罗近溪、耿楚侗相劘切，出为苏州守，建中吴书院，聚徒讲学，以治最入觐，累迁山西提学副使，归。

　　　　　　　　　　　　　　　　　　——《（雍正）畿辅通志》

　　蔡国熙，字春台，父廷光，起家明经司训，于百泉澶渊间仕至沈王府教授。国熙生而凝重，神采内敛。少时即书"超凡入圣"四字，座侧时以自励，长益潜心性命之旨。尝从庠师福山郭近庵，宗伊学于濂洛关闽诸书，嗜之如饥渴，省父于苏门，慨然慕康节鲁斋之为人。嘉靖戊午举于乡，己未成进士，授户部主事，以干敏称。日与罗近溪、耿楚侗诸公相劘切，渐得理学肯綮。司庚临清完遗赋，清宿弊詹政修举。癸亥督饷延宁，建朔方书院，颜其堂曰"体仁"。筑"春台"于堂后，与诸生日讲习其中，边鄙士风一变。丙寅郎曹秩满出知苏州府，苏繁剧称难治。国熙务以实学为实政，锐意兴除，不遗余力，省耕劝课、浚渠溉田、减织造、毁淫词，凡民间冶游、淫巧、繁缛、虚诈之习，无不禁谕，唱切身先为教。建中吴书院，颜其堂曰"求仁"，聚绅士讲学不倦。吴人初犹凛凛奉约束，久之俯首帖服，政为天下第一。入觐赐宴，朝野称循，吏者必曰"蔡苏州"。云会父廷光以老谢政，贻书以明哲见几之义，力促之归。国熙性至孝，得书遂引疾。吴人如失慈母，泣送于江滨者数十万人。林居，养志承欢，为友朋讲学，户外之屦尝满。有司多式庐问字者。赵王书楼成，具礼币请名为颜之曰"静虚"，邢襄郡卒，归有光枉道造膝，以道难论就正之。父卒服阕，吴人思之不已，以荐擢苏松道宪副，过昆陵姚公禹门，邀讲学于城南书院，为颜其堂曰"识仁"，吴人闻国熙再至，比户相庆，如大旱之得甘霖。茹蘖饮冰，益自淬励，初国熙守苏时，华亭徐阶、方柄政、其子璠遣奴诣府白事，奴无礼，甚怒朴之，及国熙调盐使者，舟过松江，群奴率数十艇环舟而噪松江，守出解乃已。至是阶谢政里居，有劣生沈元亨者，讦璠诸不法事，以闻事下巡按御史属。国熙谳鞫，事多实致璠及群奴于狱，或曰："独不为相国地乎？"国熙曰："此为相国地也。"阶惭惧，出境避之，张居正走书为解国熙不应卒。按如法璠党遂扬言国熙怀噪舟之怨，且为新郑，报复新郑裔，故相高拱于徐有隙国熙其门人也。执政者迁国熙提学山西，国熙谢归。门庭阒然，饘粥不继，尝称贷以自给。大名兵备道王世贞，吴人也，素重其学行，为表其居曰"敦廉里"。其学以体仁为宗旨，以尽己为工夫，海内皆称为"春台先生"。卒后，门人管志道等自吴门走数千里哭奠之，诔云："人所难者在死生之际，公所难者在是非之间。"为力辩其诬谤，甚悉三吴绅士亦具公揭辩前事，且盛称治吴功德，卒得祀学宫。著有《文集语录》《易解》《盐法议》《守令懿范》等书。子允之，以举人知江浦，清贫有父风，无嗣。

——《永年县志》

《友于小传》· 二卷（兵部侍郎纪昀家藏本）

明纪廷相撰。廷相字柱石，献县诸生。是书成于万历甲申。前有《自序》，称孝友皆天性，而人情日薄，往往知爱其亲而不推其爱于兄弟。故摭拾旧迹以感发其彝良。不录帝王之事，分位殊也。不录圣贤之事，亦不录奇行异节舍生蹈义之事，不强以所不能也。分二卷。上曰《循常》，下曰《处变》，皆士庶人家庭细务。末有其子尧卿《跋》，称族有阋墙者，托词避暑，借其书室，日日挥汗录此编，竟愧而复睦云。

按：纪廷相，明河间献县人，字柱石。诸生，著有《友于小传》，内容皆士庶家庭细务。其子纪尧卿跋称族有兄弟争吵者，录此编竟愧而复和。

——《中国历代人名大辞典》

《大臣谱》·十六卷（内府藏本）

明范景文撰。景文字梦章，一字质公，号思仁，吴桥人，万历癸丑进士，官至东阁大学士，殉流寇之难，国朝赐谥文忠，事迹具《明史》本传。其书皆纪明代大臣。内阁、七卿各为二卷。起自洪武，迄于泰昌，皆用编年之体而不分列传。《凡例》称一凭《实录》，不置褒贬。其铨除去就，国史有佚者，则采传志补之。或人非大臣，而章奏事与大臣相关者，亦附见焉。此本世罕流传，前后无序跋，而有景文二私印。中多墨笔添改之处，盖即其家初印覆校之稿本也。

按：范景文，字梦章，吴桥人。父永年，南宁知府。景文幼负器识，登万历四十一年进士，授东昌推官。以名节自励，苞苴无敢及其门。岁大饥，尽心振救，阖郡赖之。用治行高等，擢吏部稽勋主事，历文选员外郎，署选事。泰昌时，群贤登进，景文力为多，寻乞假去。

天启五年二月，起文选郎中，魏忠贤暨魏广微中外用事，景文同乡，不一诣其门，亦不附东林，孤立行意而已。尝言："天地人才，当为天地惜之。朝廷名器，当为朝廷守之。天下万世是非公论，当与天下万世共之。"时以为名言。视事未弥月，谢病去。

崇祯初，用荐召为太常少卿。二年七月，擢右佥都御史，巡抚河南。京师戒严，率所部八千人勤王，饷皆自赍。抵涿州，四方援兵多剽掠，独河南军无所犯。移驻都门，再移昌平，远近恃以无恐。明年三月，擢兵部添注左侍郎，练兵通州。通镇初设，兵皆召募，景文综理有法，军特精。尝请有司实行一条鞭法，徭役归之官，民稍助其费，供应平买，不立官价名。帝令永著为例。居二年，以父丧去官。

七年冬，起南京右都御史。未几，就拜兵部尚书，参赞机务。屡遣兵戍池河、浦口，援庐州，扼滁阳，有警辄发，节制精明。尝与南京户部尚书钱春以军食相讦奏，坐镌秩视事。已，叙援剿功，复故秩。十一年冬，京师戒严，遣兵入卫。杨嗣昌夺情辅政，廷臣力争多被谪，景文倡同列合词论救。帝不悦，诘首谋，则自引罪，且以众论佥同为言。帝益怒，削籍为民。

十五年秋，用荐召拜刑部尚书，未上，改工部。入对，帝迎劳曰："不见卿久，何癯也！"景文谢。十七年二月，命以本官兼东阁大学士，入参机务。未几，李自成破宣府，烽火逼京师。有请帝南幸者，命集议阁中。景文曰："固结人心，坚守待援而已，此外非臣所知。"及都城陷，趋至宫门，宫人曰："驾出矣。"复趋朝房，贼已塞道。从者请易服还邸，景文曰："驾出安归？"就道旁庙草遗疏，复大书曰："身为大臣，不能灭贼雪耻，死有余恨。"遂至演象所拜辞阙墓，赴双塔寺旁古井死。景文死时，犹谓帝南幸也。赠太傅，谥文贞。本朝赐谥文忠。

——《明史》

《畿辅人物志》·二十卷（浙江吴玉墀家藏本）

国朝孙承泽撰。承泽有《尚书集解》，已著录。是编专志有明一代畿辅人物。然如李东阳之类，究涉假借，不出地志之积习。又如成基命无所瑕疵，亦实无所树立。承泽以其子克巩方官大学士，而盛相推重，则亦非尽信史矣。

《四朝人物略》·六卷（左副都御史黄登贤家藏本）

国朝孙承泽撰。自汉至唐宋为五卷，全袭《名臣录》之文。明一代总为一卷，皆用刘孟雷所为《翊运》《硕辅》《名卿》《正学》等传为之。盖承泽所长在于习掌故，精赏鉴。故所撰《春明梦余录》《庚子销夏记》诸书，皆考证详明。而史笔叙述，则非其专门也。

《益智录》·二十卷（左副都御史黄登贤家藏本）

国朝孙承泽撰。起周迄明，凡圣贤名人言行可录者，铨次为二十卷。而载明人事居三之一。间有叙事之后附以论断者。承泽崇祯庚午乡试，出姚希孟之门。辛未会试，出何如宠之门，故其附东林也甚力。是书为万历、天启间诸人传尤详。然承泽门户深固，大抵以异同为爱憎，以爱憎为是非，不必尽协于公道也。

《圣学知统录》·二卷（直隶总督采进本）

国朝魏裔介撰。裔介有《孝经注义》，已著录。是《录》凡载伏羲、神农、黄帝、尧、舜、禹、皋陶、汤、伊尹、莱朱、文王、太公望、散宜生、周公、孔子、颜子、曾子、子思、孟子、周子、二程子、张子、朱子、许衡、薛瑄二十六人。博征经史，各为纪传。复引诸儒之说附于各条之下，而衷以己说。其《自序》谓见知闻知之统，具载于此。然惟圣知圣，惟贤知贤，惟接道统之传者能知道统之所传。《孟子》末章，惟孟子能言之耳，奈何遽以自任乎？

《圣学知统翼录》·二卷（直隶总督采进本）

国朝魏裔介撰。裔介既作《知统录》，复作此《录》以翼之。《自序》谓以之羽翼圣道，鼓吹六经，亦犹淮、泗之归于江海，龟凫之侪于岱宗也。凡录伯夷、柳下惠、董仲舒、韩愈、胡瑗、邵雍、杨时、胡安国、罗从彦、李侗、吕祖谦、真德秀、赵复、金履祥、刘因、曹端、胡居仁、罗伦、蔡清、罗钦顺、顾宪成、高攀龙二十二人。其去取之故，亦莫得而详焉。

《道学渊源录》·一卷（直隶总督采进本）

国朝王植撰。植有《四书参注》，已著录。是书取从祀孔庙先贤先儒，条其事状官爵，并考其从祀世代。大约袭《阙里志》诸书为之。前有《自序》，于朱、陆流派争之甚力。

《太学典祀汇考》·十四卷（直隶总督采进本）

国朝张璇撰。璇字玉衡，宛平人，官国子监典簿。是书自孔子而下，四配十哲以及先贤先儒，凡祀于太学者，悉衷其言行，各为之传。然意在务博，多失详考。如《子夏易传》《子贡诗传》皆后人伪作，而引作事实，概无辨正。又历代祀典如《金石录》所载后魏太和元年立孔子庙，延兴四年《太上皇帝祭孔子文》之类，皆佚不录。元设管勾一官见《元文类·欧阳元序》，准此书附注《百石史卒碑》例，亦所当收。是亦不免于疏漏也。

《海岱日记》·一卷（直隶总督采进本）

国朝张榕端撰。榕端字朴园，磁州人，康熙丙辰进士，官至内阁学士，兼礼部侍郎。是编乃康熙丙子榕端奉命祭告所作。以是年正月出都，登泰山。历东镇沂山、东海，往返凡四阅月。逐日记其道路所见，附以诗歌。于山川古迹，无所考证。而工于点缀景物，叙致时有可观。其诗则已刊入《宝菑堂集》，此为复出矣。

按：张榕端，磁州人，少聪颖能文，康熙进士，授编修。视学江南，冲鉴精审，凡所识拔，皆一时能文之士。官至内阁学士，卒，入祀乡贤祠。

——《（嘉庆）大清一统志》

《南征纪程》·一卷（编修励守谦家藏本）

国朝黄叔璥撰。叔璥号玉圃，大兴人，康熙己丑进士，官至常镇扬通道。是编乃其为监察御史时巡视台湾，自京师至闽所记。始于康熙后壬寅正月，而迄于是年六月，分日纪载。

按：叔璥字玉圃，康熙三十四年进士，由太常博士迁户部云南司主事，调吏部文选司，迁稽勋司员外郎，再调文选，以荐擢湖广道御史，巡视东城。时王公贵人多以追私遗相属，且曰："务亲治叔璥。"正告同列曰："御史非王府官，属何项项为？下所司理之。"有衔邸命至公署者，昂然坐满御史上，叔璥诘以："何时奉差视事？"嗫不能对，则立使撤坐，将劾之。其人悚然谢去，自是无敢干以私者。时久停御史巡边海之制，上以台湾乱初定，命择台臣廉静有才识者往巡视。而叔璥实承命以行，方苞送黄玉圃巡抚台湾序。至则翦余孽、释胁从，反仄以安。雍正元年任满，特旨留一年，命以所行告代者为列《海疆十要》。既还京，怨家以蜚语中之，遂落职。乾隆初，起河南开归道，调驿盐粮道。豫省大水，叔璥抚灾民，勤卹周至，浚永城河口、开仪封引河、筑虞城隄岸，皆中款要。在豫四年，以母忧归。服除，补江南常镇扬道，遇疾，暂解任。疾己，复原官。又三年，致仕家居。七年，卒；年七十七。晚岁，所养益粹；尝语人曰："道学，即正学也。亲正人、闻正言、行正事，斯为实学。不然，空谈"性命"胡为哉？"著有《近思录集注》《慎终约编》《既倦录》《广字义》《南台旧闻》《中州金石考》诸书，藏于家。

——《（光绪）顺天府志》

《史要编》·十卷（浙江范懋柱家天一阁藏本）

明梁梦龙编。梦龙字乾吉，真定人，嘉靖癸丑进士，官至吏部尚书，谥贞敏，事迹具《明史》本传。其书杂采诸史之文为《正史》三卷、《编年》三卷、《杂史》三卷、《史评》一卷。《自序》谓学者罕睹全史，是编上下数千载，盛衰得失之迹，大凡具在，盖为乡塾无书者设也。

按：梁梦龙，字乾吉，真定人。嘉靖三十二年进士，改庶吉士。授兵科给事中，首劾吏部尚书李默。帝方顾默厚，不问。出核陕西军储。劾故延绥巡抚王轮、督粮郎中陈灿等，废斥有差。历史科都给事中。帝怒礼部尚书吴山，梦龙恶独劾山得罪清议，乃并吏部尚书吴鹏劾罢之。尝上疏，言："相臣贤否，关治道污隆。请毋拘资格，敕在廷公举名德宿望之臣，以光圣治。"帝疑诸臣私有所推引，责令陈状。梦龙惶恐谢罪，乃夺俸。擢顺天府丞。坐京察拾遗，出为河南副使。河决沛县，尚书朱衡议开徐、邳新河，梦龙董其役。三迁河南右布政使。

隆庆四年，擢右佥都御史，巡抚山东。是秋，河决宿迁，覆漕粮八百艘。朝议通海运，以属梦龙。梦龙言："海道南自淮安至胶州，北自天津至海仓，各有商艇往来其间。自胶州至海仓，岛人及商贾亦时出入。臣等因遣人自淮安转粟二千石，自胶州转麦千五百石，入海达天津，以试海道，无不利者。由淮安至天津，大要两旬可达。岁五月以前，风势柔顺，扬帆尤便。况舟由近洋，洋中岛屿联络，遇风可依。苟船非朽敝，按占候以行，自可无虞。较元人殷明略故道，安便尤甚。丘浚所称'傍海通运'，即此是也。请以河为正运，海为备运。万一河未易通，则海运可济，而河亦得悉心疏浚，以图经久。又海防綦重，沿海卫所玩愒岁久，不加缮饬，识者有未然之忧。今行海运兼治河防，非徒足裨国计，兼于军事有补。"章下户部，部议海运久废，猝难尽复，请令漕司量拨粮十二万石，自淮入海以达天津。工部给银，为海艘经费。报可。已而海运卒不行，事具《王宗沐传》。明年冬，迁右副都御史，移抚河南。

神宗初，张居正当国。梦龙其门下士，特爱之，召为户部右侍郎。寻改兵部，出赍辽东有功将士。五年，以兵部左侍郎进右都御史，总督蓟、辽、保定军务。李成梁大破土蛮于长定堡，帝为告庙宣捷，大行赏赉，官梦龙一子。已，给事中光懋言："此乃保塞内属之部，游击陶承尝假犒赉掩袭之，请坐以杀降罪。"兵部尚书方逢时曲为解，梦龙等亦辞免恩荫。及土蛮三万骑入东昌堡，成梁击败之。宁前复警，梦能亲率劲卒三千出山海关为成梁声援，分遣两参将遮击，复移继光驻一片石邀之，敌引去。前后奏永奠堡、丁字泊、马兰峪、养善木、红土城、宽奠、广宁右屯、锦、义、大宁堡诸捷，累赐敕奖励，就加兵部尚书。以修筑黄花镇、古北口边墙，加太子少保，再荫子至锦衣世千户。召入掌部务，疏陈军政四事。寻录防边功，加太子太保。

十年六月，居正殁，吏部尚书王国光劾罢，梦龙代其位。逾月，御史江东之劾梦龙浼徐爵贿保得吏部，以孙女聘保弟为子妇，御史邓练、赵楷复劾之，遂令致仕。家居十九年卒。天启中，赵南星讼其边功，赠少保。崇祯末，追谥贞敏。

——《明史》

《元和郡县志》·四十卷（浙江巡抚采进本）

唐李吉甫撰。吉甫字宏宪，赵州人。御史大夫栖筠之子，以荫补左司御率府仓曹参军。贞元初，为太常博士，官至中书侍郎，同中书门下平章事，卒谥忠懿。事迹具《唐书》本传。是书据宋洪迈跋，称为元和八年所上，然书中更置"宥州"一条，乃在元和九年，盖其事为吉甫所经画，故书成之后，又自续入之也。前有吉甫原序，称起京兆府，尽陇右道，凡四十七镇，成四十卷。每镇皆图在篇首，冠于叙事之前。并目录两卷，共成四十二卷，故名曰《元和郡县图志》。后有淳熙二年程大昌跋，称图至今已亡，独志存焉，故《书录解题》惟称《元和郡县志》四十卷。此本又阙第十九卷、二十卷、二十三卷、二十四卷、二十六卷、三十六卷，其第十八卷则阙其半，二十五卷亦阙二页，又非宋本之旧矣。篇目断续，颇难寻检。考《水经注》本四十卷，至宋代佚其五卷，故水名阙二十有一。南宋刊版，仍均配为四十卷，使相联属。今用其例，亦重编为四十卷，以便循览。仍注其所阙于卷中，以存旧第。其书《唐志》作五十四卷，证以吉甫之原序，盖志之误。又按《唐六典》及新旧《唐书·地理志》，贞观初，分天下为十道，一关内道，二河南道，三河东道，四河北道，五山南道，六陇右道，七淮南道，八江南道，九剑南道，十岭南道。此书移陇右为第十，殆以中叶后陷没吐蕃，故退以为殿。至淮南一道，在今本阙卷之中。以《唐志》淮南道所属诸州考之，今本河南道内有所属申、光二州列蔡州之后，江南道内有所属之蕲、黄、安三州列鄂、沔二州之后，似乎传写之错简。然考《唐书·方镇表》，大历十四年，淮西节度使复治蔡州，寻更号申光蔡节度使。又永泰元年，蕲、黄二州隶鄂岳节度，升鄂州都团练使为观察使，增领岳、蕲、黄三州。元和元年，升鄂州观察使为武昌军节度使，增领安、黄二州。则申州、光州尝由淮南道割隶河南道，蕲州、安州、黄州亦尝由淮南道割隶江南道。《唐志》偶失移并，非今本错乱也。《舆记图经》《隋唐志》所著录者，率散佚无存。其传于今者，惟此书为最古，其体例亦为最善。后来虽递相损益，无能出其范围。今录以冠地理总志之首，著诸家祖述之所自焉。

按：李吉甫，字弘宪，赵郡人。父栖筠，代宗朝为御史大夫，名重于时，国史有传。吉甫少好学，能属文。年二十七，为太常博士，该洽多闻，尤精国朝故实，沿革折衷，时多称之。迁屯田员外郎，博士如故，改驾部员外。宰臣李泌、窦参推重其才，接遇颇厚。及陆贽为相，出为明州员外长史；久之遇赦，起为忠州刺史。时贽已谪在忠州，议者谓吉甫必逞憾于贽，重构其罪；及吉甫到部，与贽甚欢，未尝以宿嫌介意。六年不徙官，以疾罢免。寻授柳州刺史，迁饶州。先是，州城以频丧四牧，废而不居，物怪变异，郡人信验；吉甫至，发城门管钥，剪荆榛而居之，后人乃安。

宪宗嗣位，征拜考功郎中、知制诰。既至阙下，旋召入翰林为学士，转中书舍人，赐紫。宪宗初即位，中书小吏滑涣与知枢密中使刘光琦昵善，颇窃朝权，吉甫请去之。刘辟反，帝命诛讨之；计未决，吉甫密赞其谋，兼请广征江淮之师，由三峡路入，以分蜀寇之力。事皆允从，由是甚见亲信。二年春，杜黄裳出镇，擢吉甫为中书侍郎、平章事。吉甫性聪敏，详练物务，自员外郎出官，留滞江淮十五余年，备详闾里疾苦。及是为相，患方镇贪恣，乃上言使属郡刺史得自为政。叙进群材，甚有美称。

三年秋，裴垍均为仆射、判度支，交结权幸，欲求宰相。先是，制策试直言极谏科，其中有讥刺时政，忤犯权幸者，因此垍党扬言皆执政教指，冀以摇动吉甫，赖谏官李约、独孤郁、李正辞、萧俛密疏陈奏，帝意乃解。吉甫早岁知奖羊士谔，擢为监察御史；又司封员外郎吕温有词艺，吉甫亦眷接之。窦群亦与羊、吕善。群初拜御史中丞，奏请士谔为侍御史，温为郎中、知杂事。吉甫怒其不先关白，而所请又有超资者，持之数日不行，因而有隙。群遂伺得日者陈克明出入吉甫家，密捕以闻；宪宗诘之，无奸状。吉甫以裴垍久在翰林，宪宗亲信，必当大用，遂密荐垍代己，因自图出镇。其年九月，拜检校兵部尚书，兼中书侍郎、平章事，充淮南节度使，上御通化门楼饯之。在扬州，每有朝廷得失，军国利害，皆密疏论列。又于高邮县筑堤为塘，溉田数千顷，人受其惠。

五年冬，裴垍病免。明年正月，授吉甫金紫光禄大夫、中书侍郎、平章事、集贤殿大学士、监修国史、上柱国、赵国公。及再入相，请减省职员并诸色出身胥吏等，及量定中外官俸料，时以为当。京城诸僧有以庄硙免税者，吉甫奏曰："钱米所征，素有定额，宽缁徒有余之力，配贫下无告之民，必不可许。"宪宗乃止。又请归普润军于泾原。

七年，京兆尹元义方奏："永昌公主准礼令起祠堂，请其制度。"初，贞元中，义阳、义章二公主咸于墓所造祠堂一百二十间，费钱数万；及永昌之制，上令义方减旧制之半。吉甫奏曰："伏以永昌公主，稚年夭枉，举代同悲，况于圣情，固所钟念。然陛下犹减制造之半，示折衷之规，昭俭训人，实越今古。臣以祠堂之设，礼典无文，德宗皇帝恩出一时，事因习俗，当时人间不无窃议。昔汉章帝时，欲为光武原陵、明帝显节陵，各起邑屋，东平王苍上疏言其不可。——东平王即光武之爱子，明帝之爱弟。贤王之心，岂惜费于父兄哉！诚以非礼之事，人君所当慎也。今者，依义阳公主起祠堂，臣恐不如量置墓户，以充守奉。"翌日，上谓吉甫曰："卿昨所奏罢祠堂事，深惬朕心。朕初疑其冗费，缘未知故实，是以量减。览卿所陈，方知无据。然朕不欲破二十户百姓，当拣官户委之。"吉甫拜贺。上曰："卿，此岂是难事！有关朕身，不便于时者，苟闻之则改，此岂足多耶！卿但勤匡正，无谓朕不能行也。"

七年七月，上御延英，顾谓吉甫曰："朕近日畋游悉废，唯喜读书。昨于《代宗实录》中，见其时纲纪未振，朝廷多事，亦有所鉴诫。向后见卿先人事迹，深可嘉叹。"吉甫降阶跪奏曰："臣先父伏事代宗，尽心尽节，迫于流运，不待圣时，臣之血诚，常所追恨。陛下耽悦文史，听览日新，见臣先父忠于前朝，著在实录，今日特赐褒扬，先父虽在九泉，如睹白日。"因俯伏流涕，上慰谕之。

八年十月，上御延英殿，问时政记记何事。时吉甫监修国史，先对曰："是宰相记天子事以授史官之实录也。古者，右史记言，今起居舍人是；左史记事，今起居郎是。永徽中，宰相姚璹监修国史，虑造膝之言，或不可闻，因请随奏对而记于仗下，以授于史官，今时政记是也。"上曰："间或不修，何也？"曰："面奉德音，未及施行，总谓机密，故不可书以送史官；其间有谋议出于臣下者，又不可自书以付史官；及已行者，制令昭然，天下皆得闻知，即史官之记，不待书以授也。且臣观时政记者，姚璹修之于长寿，及璹罢而事寝；贾耽、齐抗修之于贞元，及耽、抗罢而事废。然则关时政化者，不虚美，不隐恶，谓之良史也。"

是月，回纥部落南过碛，取西城柳谷路讨吐蕃。西城防御使周怀义表至，朝廷大恐，以为回纥声言讨吐蕃，意是入寇。吉甫奏曰："回纥入寇，且当渐绝和事，不应便来犯边，但须设备，不足为虑。"因请自夏州至天德，复置废馆一十一所，以通缓急。又请发夏州骑士五百人，营于经略故城，应援驿使，兼护党项。九年，请于经略故城置宥州。六胡州以在灵盐界，开元中废六州。曰："国家旧置宥州，以宽宥为名，领诸降户。天宝末，宥州寄理于经略军，盖以地居其中，可以总统蕃部，北以应接天德，南援夏州。今经略遥隶灵武，又不置军镇，非旧制也。"宪宗从其奏，复置宥州，诏曰："天宝中宥州寄理于经略军，宝应已来，因循遂废。由是昆夷屡扰，党项靡依，蕃部之人，抚怀莫及。朕方弘远略，思复旧规，宜于经略军置宥州，仍为上州，于郭下置延恩县，为上县，属夏绥银观察使。"

淮西节度使吴少阳卒，其子元济请袭父位。吉甫以为淮西内地，不同河朔，且四境无党援，国家常宿数十万兵以为守御，宜因时而取之。颇叶上旨，始为经度淮西之谋。

元和九年冬，暴病卒，年五十七。宪宗伤悼久之，遣中使临吊；常赠之外，内出绢五百匹以恤其家，再赠司空。吉甫初为相，颇洽时情，及淮南再征，中外延望风采。秉政之后，视听时有所蔽，人心疑惮之……时负公望者虑为吉甫所忌，多避畏。宪宗潜知其事，未周岁，遂擢用李绛，大与绛不协；而绛性刚评，讦于上前，互有争论，人多直绛。然性畏慎，虽其不悦者，亦无所伤。服物食味，必极珍美，而不殖财产，京师一宅之外，无他第墅，公论以此重之。有司谥曰敬宪；及会议，度支郎中张仲方驳之，以为太优。宪宗怒，贬仲方，赐吉甫谥曰忠懿。

吉甫尝讨论《易象》异义，附于一行集注之下；及缀录东汉、魏、晋、周、隋故事，讫其成败损益大端，目为《六代略》，凡三十卷。分天下诸镇，纪其山川险易故事，各写其图于篇首，为五十四卷，号为《元和郡国图》。又与史官等录当时户赋兵籍，号为《国计簿》，凡十卷。纂《六典》诸职为《百司举要》一卷。皆奏上之，行于代。子德修、德裕。

——《旧唐书》

《直隶河渠志》·一卷（直隶总督采进本）

国朝陈仪撰。仪字子翙，号一吾，文安人。康熙乙未进士，官至翰林院侍讲学士，充霸州等处营田观察使。是编即其经理营田时作，所列凡海河、卫河、白河、淀河、东淀、永定河、清河、会同河、中定河、西淀、赵北口、子牙河、千里长堤、滹沱河、滏阳河、宁晋泊、大陆泽、凤河、牤牛河、窝头河、鲍邱河、蓟河、还乡河、塌河淀、七里海二十五水，皆洪流巨浸也。虽叙述简质，但载当时形势，而不详古迹。又数十年来，屡经皇上轸念民依，经营疏浚，久庆安澜。较仪作书之日，水道之通塞分合，又已小殊。然仪本土人，又身预水利诸事，于一切水性地形，知之较悉。故敷陈利病之议多，而考证沿革之文少。录而存之，亦足以参考梗概也。

按：陈仪，字子翙，顺天文安人。康熙五十四年进士，改庶吉士，散馆授编修。为古文辞，治经世学，大学士朱轼器之。雍正三年，直隶大水，诸河泛滥，坏田庐。世宗命怡亲王允祥偕轼相度潴治。王求谙习畿辅水利者，轼以仪对。延见，谘治河所宜先，仪曰："朱子言治河先低处。天津为古渤海逆河之会，百川之尾闾。今南北二运河、东西两淀盛涨，争趋三岔口，而强潮复来拒之，牴牾洄漩而不时下，下隘则上溢，其势宜然。故欲治河，莫如先扩达海之口。欲扩海口，莫如先减入口之水。入口之水减，则达海之口宽。北永定，南子牙，中七十二沽，皆得沛然入三岔口而东注矣。"四年春，从王行视水利，教令章奏皆出仪手。轼以忧归，王荐于朝，命以侍讲署天津同知。转侍读，擢庶子，仍署同知如故。

五年，王奏设水利营田四局，仪领天津局，兼督文安、大城堤工。二县地卑下，积潦不消。是秋复大水，堤内外皆巨浸。仪购秫稭十余万束，立表下楗以御水。堤本民工，仪言于王，请发帑兴修，招民就工代赈，堤得完固。南运河长屯堤地隶静海，吏舞法，岁调发霸州、文安、大城民协修，百里裹粮，咸以为苦，仪为除其籍。畿辅大小诸河七十余，疏故潴新，仪所勘定殆十六七云。

八年，擢侍讲学士。时议设营田观察使二员，分辖京东西，以督率州县。命仪以佥都御史充京东营田观察使，营田于天津。仿明汪应蛟遗制，筑十字围，三面开渠，与海河通。潮来渠满，闭渠蓄水以供灌溉，白塘、葛沽间斥卤尽变膏腴。丰润、玉田地多沮洳，仪教之开渠筑圩，皆成良田。十一年，大雨，山水暴发，没田庐。仪疏闻，谕筹赈，即命仪董其事，凡赈三十四万余口。十二年，转侍读学士。寻罢观察使，还京师。

仪笃于内行，先世遗田数百亩，悉推以让兄。既仕，分禄畀昆弟，周诸故旧。有故人子贫甚，嘱门生为谋生业，事为人所讦，吏议当降调。乾隆二年，授鸿胪寺少卿。仪以老乞归。七年，卒，年七十三。子玉友，雍正八年进士，官台湾知府。勤其官，有惠政。

——《清史稿》

《台海使槎录》·八卷（原任编修励守谦家藏本）

国朝黄叔璥撰。叔璥有《南征记程》，已著录。兹编乃康熙壬寅叔璥为御史时巡视台湾所作，故以"使槎"为名。凡分三子目，卷一至卷四为《赤嵌笔谈》，卷五至卷七为《番俗六考》，卷八为《番俗杂记》。台湾自康熙癸亥始入版图，诸书纪载，或疏略不备，或传闻失真。叔璥裒辑诸书，参以目见，以成此书。于山川、风土、民俗、物产，言之颇详。而于攻守险隘、控制机宜及海道风信，亦皆一一究悉。于诸番情势，尤为赅备。虽所记止于一隅，而亘古以来，舆记之所不详者，搜罗编缀，源委灿然。固非无资于考证者矣。

《嘉靖河间府志》·二十八卷（两淮盐政采进本）

明樊深撰。深号西田，河间人。嘉靖壬辰进士，官至通政司通政使。事迹附见《明史·杨思忠传》。其以深为大同人，则因深以军籍登第也。是编成于嘉靖庚子。凡十六门，分子目六十有一。是时天津卫未分为府，兴济县亦尚未废。河间所属凡州二县十六，故今天津沧州、静海、青县、盐山、庆云、南皮皆并载志中。深自序称："一方之山川坟土，习俗往迹，咸搜辑罔遗。若夫述怪诞以表奇特，著事应以实祥异，增仙释以备观览，名教之所禁者，皆得而略焉。"其体例颇谨严。而采掇古事，不免贪多；假借附会，均所不免。仍不出明人地志之积习也。

按：樊深，大同中卫籍，河间人。深好学有雅才，中嘉靖壬辰进士。自户科给事，历官刑部侍郎，时河间守部相，以郡无志乘，慨然欲修之，举以属深，深成书二十八卷。郡之有志，自此始也。今深书不传，《明史·艺文志》列其目。

——《河间府志》

《北地纪》·四卷（安徽巡抚采进本）

明汪来撰。来字君复，天津卫人。嘉靖辛丑进士，官庆阳府知府。庆阳为汉北地郡，故以名书。不分门日，惟以时代先后为序。采事迹诗文之有关庆阳者，得八十一人。以后稷居首，次以淳维，而自附其名于末。故实、艺文，错杂互编；人物、名宦，混淆并列。为从来志乘所未有。其前三卷题来名，而四卷独标北地举人孙佶撰。盖末卷皆来之文章，嫌于自炫，故托之佶云。

按：汪来，天津人，嘉靖甲午举人，辛丑进士，授刑部主事，升山西兵备副使，居官严毅，不避权贵，豪姓闻风敛迹。罢官，日不妄通竿牍，冠盖到门，键户不纳，日以诗文自娱前志，案祀乡贤。

——《（光绪）重修天津府志》

《西宁志》·七卷（内府藏本）

国朝苏铣撰。铣，交河人。顺治丙戌进士。由卫辉府推官行取监察御史，巡按山西。裁缺改补西宁道，又调岭东道。是编即其顺治十二年官西宁道时所作。西宁在国初为军民指挥使司，本临边之地，文献罕征。故其书亦潦草冗杂，绝无体例。盖创始者难工也。

按：苏铣，直隶交河人，顺治丙戌进士。由卫辉府推官行取山东道御史，巡按山西。裁缺改西宁道，调岭东道。

——《国朝御史提名》

《河纪》·二卷（山东巡抚采进本）

国朝孙承泽撰。承泽有《尚书集解》，已著录。是书纪黄河迁徙始末，兼及畿辅水利。大旨为筹画漕运而作也。

《龙虎山志》·三卷（两淮马裕家藏本）

元元明善撰，明张国祥续修。明善字复初，清河人。以浙东使者荐，为学正。擢太子文学，历翰林学士，谥文敏，事迹具《元史》本传。国祥则嗣封真人也。是书乃皇庆三年明善官翰林学士时奉敕所修。然原本体例，不可复考，惟存延祐元年程钜夫序及吴全节进表。此本载山川、建置、人物、道侣并累朝制敕、艺文，颇为庞杂。殆已多所窜乱，非其旧矣。

按：元明善，字复初，大名清河人。其先盖拓跋魏之裔，居清河者，至明善四世矣。明善资颖悟绝，出读书，过目辄记，诸经皆有师法，而尤深于《春秋》。弱冠游吴中，已名能文章。浙东使者荐为安丰、建康两学正。辟掾，行枢密院。时董士选金院事，待之若宾友，不敢以曹属御之。及士选升江西左丞，又辟为省掾。会赣州贼刘贵反，明善从士选将兵讨之，擒贼三百人。明善议缓诖误，得全活者百三十人。一日，将佐白："宜多戮俘获，及尸一切死者，以张军声。"明善固争，以为王者之师，恭行天罚，小丑跳梁，戮其渠魁可尔，民何辜焉。既又得贼所书赣、吉民丁十万于籍者，有司喜，欲滋蔓为利，明善请火其籍以灭迹，二郡遂安。升掾南行台。未几，授枢密院照磨。转中书左曹掾，掾曹无留事。始，明善在江西时，张瑄为其省参政，明善有马，骏而瘠，瑄假为从骑，久益壮，瑄爱之，致米三十斛酬其直。后瑄败，江浙行省籍其家，得金谷之簿，书"米三十斛送元复初"，不言以酬马直，明善坐免。久之，有为辨白其事者，乃复掾省曹。

仁宗居东宫，首擢为太子文学。及即位，改翰林待制。与修成宗、顺宗《实录》，升翰林直学士。诏节《尚书》经文，译其关政要者以进。明善举宋忠臣子集贤直学士文升同译润，许之。书成，每奏一篇，帝必称善，曰："二帝三王之道，非卿莫闻也。"兴圣太后既受尊号，廷臣请因肆赦，明善曰："数赦，非善人之福，宥过可也。"奉旨出赈山东、河南饥，时彭城、下邳诸州连数十驿，民饿马毙，而官无文书赈贷，明善以钞万二千锭分给之，曰："擅命获罪，所不辞也。"还，修《武宗实录》，又升翰林侍讲学士，预议科举、服色等事。延祐二年，始会试天下进士，明善首充考试官，及廷试，又为读卷官，所取士后多为名臣。改礼部尚书，正孔氏宗法，以宣圣五十四世孙思晦袭封衍圣公，事上，制可之。擢参议中书省事，旋复入翰林为侍读，岁中拜湖广行省参知政事。又召入集贤为侍读，议广庙制。升翰林学士，修《仁宗实录》。英宗亲课太室，礼官进祝册，请署御名，命明善代署者三，眷遇之隆，当时莫并焉。至治二年，卒于位。泰定间，赠资善大夫、河南行省左丞，追封清河郡公，谥曰文敏。

明善早以文章自豪，出入秦、汉间，晚益精诣，有文集行世。

初在江西、金陵，每与虞集剧论，以相切劘。明善言："集治诸经，惟朱子所定者耳，自汉以来先儒所尝尽心者，考之殊未博。"集亦言："凡为文辞，得所欲言而止，必如明善云'若雷霆之震惊，鬼神之灵变'然后可，非性情之正也。"二人初相得甚欢，至京师，乃复不能相下。董士选之自中台行省江浙也，二人者俱送出都门外，士选曰："伯生以教导为职，当早还，复初宜更送我。"集还，明善送至二十里外，士选下马入邸舍中，为席，出橐中肴，酌酒同饮，乃举酒属明善曰："士选以功臣子，出入台省，无补国家，惟求得佳士数人，为朝廷用之，如复初与伯生，他日必皆光显，然恐不免为人构间。复初中原人也，仕必当道；伯生南人，将为复初摧折。今为我饮此酒，慎勿如是。"

明善受厄酒，跪而醉之。起立，言曰："诚如公言，无论他日，今隙已开矣。请公再赐一厄，明善终身不敢忘公言！"乃再饮而别。真人吴全节，与明善交尤密，尝求明善作文。既成，明善谓全节曰："伯生见吾文，必有讥弹，吾所欲知。成季为我治具，招伯生来观之，若已入石，则无及矣。"明日，集至，明善出其文，问何如，集曰："公能从集言，去百有余字，则可传矣。"明善即泚笔属集，凡删百二十字，而文益精当。明善大喜，乃欢好如初。集每见明经之士，亦以明善之言告之。

明善一子，晦，荫受峡州路同知，早卒。

——《元史》

《嵩书》·二十二卷（两江总督采进本）

明傅梅撰。梅字元鼎，邢台人。万历辛卯举人，由登封县知县擢刑部主事。与员外郎陆梦龙力争梃击一案，郑氏之党中以察典，罢官。后起为台州府知府。崇祯中，解职家居。大兵下顺德，抗节死，赠太常寺少卿。事迹附见《明史·张问达传》。乾隆乙未，赐谥忠节。是编乃其官登封知县时所作。分《星政》《峙胜》《卜营》《宸望》《岳生》《官履》《岩栖》《黄裔》《竺业》《物华》《灵绪》《颜始》《章成》为十三篇，立名颇嫌涂饰。全书意在广搜，亦殊多驳杂。

按：傅梅，邢台人，万历举人，由登封知县入为刑部主事。张差梃击之狱，司官胡士相等受贿将饰以疯癫，梅力争之，狱乃成。及差弃市，犹虑其潜易，请自监刑，自是群小疾之，以京察夺官。崇祯中，由台州知府里居，十五年，大兵至，与知府吉孔嘉在籍，中书舍人孟鲁钵皆殉节。赠梅太常卿，鲁钵工部主事，本朝乾隆四十一年，并赐谥"节愍"。

——《（嘉庆）大清一统志》

《麻姑山丹霞洞天志》·十七卷（内府藏本）

国朝罗森撰。森字约斋，大兴人。顺治丁亥进士，官至陕西督粮道。是编因明万历中左宗郢志而修。第一卷为《图》者八，第二卷为《考》者四，第三卷为《表》者二，第四卷为《志》者四，第五卷为《纪》者五。其余《艺文》分七卷，末则《麻源附录》一卷，《从姑附录》一卷，《育英堂附录》一卷，《姑山杂记》一卷，《诗文补遗》一卷。

按：罗森，字约斋，大兴人（《香祖笔记十》），顺治四年进士（《逆臣曹申吉传》），舌短语音不正自县令（《香祖笔记十》），累官江西湖东道，陕西督粮道，浙江按察使（《逆臣曹申吉传》），所至以贿闻为四川巡抚，黩货不已，诸子从容谏曰："大人位中丞，齿高矣，家已粗给，何必孳孳于此！"罗谛听之久，答曰："汝曹何知，多多益善。"（《香祖笔记十》）康熙十五年五月，以招民开垦，议加工部侍郎衔，十一月吴三桂反，十三年正月犯四川，森遂降。先是森有能吏声，至是降贼闻者切齿，三桂性急忌，降者多以事被杀。及三桂死，其党自相屠杀，森遂不知所终（《逆臣曹申吉传》）。所着有《麻姑山丹霞洞天志》十七卷（《四库全书总目》七十六）。

——《（光绪）顺天府志》

《石鼓书院志》·二卷（两淮马裕家藏本）

明李安仁撰。安仁字裕居，迁安人。万历中官衡州府知府。是编因周诏旧志重修，分上下部。上部纪《地理》《室宇》《人物》《名宦》，下部载《艺文》。采据较诏志为详。

《天府广记》·四十四卷（编修励守谦家藏本）

国朝孙承泽撰。承泽有《尚书集解》，已著录。是书以京畿事实分类编辑，凡《建置》《府治》《学宫》《城池》《宫殿》各一卷；《坛庙》四卷，《官署》二十三卷，其中仓场漕务附户部，选举贡院附礼部之类，又各以所属系录；《人物》二卷；《名胜》《川渠》《名迹》《寺庙》《石刻》《陵园》各一卷；《赋》一卷；《诗》三卷。全用志乘之体。承泽所作《春明梦余录》，多记明事。是编则上该历代，下迄于明，为例稍殊。其中如因工部而及修筑，遂并淮、黄形势而详述之，则是南河而非北都；因礼部而及仪注，因并贵贱章服而缕载之，则是会典而非地志。且既以天府为名，自应以地为限，乃明建都在永乐时，而内阁题名上溯洪武之初。移石鼓入大都在元时，而《石鼓歌》兼收韩愈、韦应物、苏轼凤翔所作。如斯之类，皆务博贪多，未免失之泛滥。至于"六科"条目自载其奏疏，《名迹类》中自载其别业，如斯之类，亦未免明人自炫之习。他如《人物门·成德传》末，附载德殉难时与马世奇书，有"在都缙绅尽如光含万、孙北海，天下事尚可为"之语。含万即光时亨字，以给事中从贼，后为福王所诛者也。以德之刚直明决，与时亨、承泽，决非气类，未必肯作是语。如斯之类，或不免有所依托。李国祯降贼拷死，具载诸书，而以为弃城遁去，贼追杀之。如斯之类，或不免传闻失实。前卷以翰林院为元光禄寺，后卷又以翰林院为元鸿胪寺。如斯之类，或不免小有牴牾。核其全书，大抵瑕多而瑜少也。

《蜀都碎事》·六卷（两淮马裕家藏本）

国朝陈祥裔撰。祥裔本姓乔氏，号藕渔，顺天人。康熙中官成都府督捕通判。采蜀中故实为《碎事》四卷。杂引诸书，或注或否，间附以考证案语，及前代题咏诗文。复以所采未尽，别为艺文二卷，谓之《补遗》。祥裔所自作诗，亦并列于唐、宋名作之间。

按：陈祥裔本姓乔氏，号藕渔，顺天人。康熙中官成都府通判。

——《清文献通考》

《同人传》·四卷（两淮盐政采进本）

国朝陈祥裔撰。祥裔有《蜀都碎事》，已著录。是书自秦、汉以迄元、明，凡同姓名者，采集成册，末附父子同名字者数人，采摭颇详，去取亦颇矜慎。如《太平广记》中再生之毛翰，与唐诗人王翰相同，《通幽记》神婚之李伯禽，与李白子伯禽相类，事既不经，人无可考，今概不录，知非漫无别择，爱奇嗜琐者也。惟皆不著所出，是其一短耳。

《续宋宰辅编年录》·二十六卷（安徽巡抚采进本）

明吕邦耀撰。邦耀字元韬，锦衣卫籍，顺天人。万历辛丑进士，官至通政司右参议。邦既刊行宋徐自明《宰辅编年录》，复作是编以续之。起宁宗嘉定九年，终卫王昺祥兴二年。其体例皆仿原书，而详略失宜，远不及自明之精核。盖此书大旨在纪拜罢岁月，以备考证。至其人行事本末，则史家自有专传，原无庸复引繁称。自明于每人略述梗概，最为得体。邦乃并朝廷之事广为摭录，正史以外，并据诸说以附益之，泛滥殊甚。又自明每人具载命官及罢免制词，足徵一朝典故。嘉定以后，虽无专书可考，而见于南宋文集者，尚有流传。邦不能搜辑增补，而反斥其有无不足重轻，尤为寡识。至如元顺帝为瀛国公子，不独说本荒唐，亦与宰辅编年全无关涉。乃亦累牍连篇，词繁不杀，真可谓漫无体要者矣。

按：吕邦耀，顺天人，万历三十五年任兵科给事中，适西朝房失火，上疏言："朝房臣子退居之地、听钥之所，一旦煨烬，盖因用人重事，所用不必贤贤者，不必用内外睽隔。"人情蕴崇所致，语极切直，后督学河南，所收皆一时名士，请告归。留连诗酒赋米氏灯律诗一百首，俄顷而就长安传诵。

——《天府广记》

《南台旧闻》·十六卷（浙江巡抚采进本）

国朝黄叔璥撰。叔璥有《南征记程》，已著录。是书详述御史典故，凡十三门。每事各注所出之书，颇为详备。其曰"南台"者，据王士禛《分甘余话》"今都察院可称南台，不可称西台"语也。

《政学录》·五卷（直隶总督采进本）

国朝郑端撰。端字司直，枣强人。顺治己亥进士，官至江南巡抚。是编原本吕坤、余自强两家之书，而参酌之。内而阁、部、科、道，外而督、抚、司、道、守、令，应行事宜，咸载利弊。

按：郑端，枣强人，由庶吉士散馆改工部主事，升户部郎中，康熙九年，除贵州提学道，旋丁外艰，服阕，赴陕西军营效用，寻补神木道洊，升江苏巡抚。端素履醇谨，历任有声，卒，赐祭葬。

——《（嘉庆）大清一统志》

《元朝典故编年考》·十卷（内府藏本）

国朝孙承泽撰。承泽有《尚书集解》，已著录。原本不著名氏，今知为承泽作者，《大兴志》载承泽所著有《元朝典故编年考》，与此本合也。其书取元代朝廷事实，分代编辑。正史以外，更采元人文集以附益之，共为八卷。《元史》冗复漏略，殊乏体裁。此虽不能详悉厘正，而削繁增简，具有首尾，差易省览。其第九卷为《元朝秘史》，第十卷附《辽金遗事小序》，谓"元有《秘史》十卷，《续秘史》二卷。前卷载沙漠始起之事，续卷载下燕京灭金之事，盖其国人所编记。书藏禁中不传，偶从故家见之，录续卷末，以补史所不载"云云。考其所引，并载《永乐大典》元字韵中，互相检勘，一一相同。疑本元时秘册，明初修书者或尝录副以出，流传在外，故承泽得而见之耳。所记大都琐屑细事，且间涉荒诞。盖亦传闻之辞，辗转失真，未足尽以为据。然究属元代旧文，世所罕睹。自《永乐大典》以外，惟见于此书，与正史颇有异同，存之亦足以资参订也。

《学典》·三十卷（左副都御史黄登贤家藏本）

国朝孙承泽撰。承泽有《尚书集解》，已著录。是书所载皆历代建学、设官、行礼、讲学、科举之事。自虞讫明，分年编载。惟前代仅居八卷，而明代之事多至二十二卷。如释奠之礼，凡各史志纪所载者皆未收入。既载国子监学兴废创置，而各朝学官之职、学宫之制，又皆阙焉。至泮宫习射，及各经列于学官者，如汉之石经，唐之写经、石经，后唐之镂版，卷中皆未言及。而明代一切章疏毫无关于学典者，乃一概滥入。盖门户之见既深，无往不用其标榜也。

《开荒十二政》·一卷（直隶总督采进本）

明魏纯粹撰。纯粹，柏乡人。官永城县知县。因万历三十六年纯粹在永城开垦荒田，招集流民，条上十二议，并以其事绘为图。其时上官批答及士民歌颂皆附焉。纯粹即大学士裔介祖也。

按：魏纯粹，字乾仲，别号见玄，柏乡人，少司马槐川名谦吉之孙也。司马以御史历官兵部右侍郎，总督陕西三边时当多，故公能诘戎，缮具边陲宁谧，历二十年无兵戈之警，时论称之至。公登万历甲辰进士，初授阳武县知县，以才干著闻，直指使者荐循良第一。适永城河决，民苦昏垫，乃借才调永。公下车相幾，宜施濬筑水，迨循故道向东，救水中男女以千万计，议《开荒十二政》，做古井田法，创渠井都堡为均田，给牛授饷开荒三千顷。是岁，麦两岐，民歌乐之曰：永清堡，北冈后。麦穗长，皆双偶，魏公之泽真不朽。直指使者又荐公河南，治平第一。庚戌，选授山西道御史。侃侃条议皆中窾要，不谄权贵，出署闭门，焚香读书而已。时仕途纷杂邪正，相搆已露幾牙，公遂以父病坚乞归。侍其疏云："有子而不奔父之急，则世间安容此子？有臣而不尽子之道，则皇上安用此臣？"不候旨竟策蹇归家，居最久，台札屡催，竟不出。至癸丑，卒于里。公学术纯正，得之家传，父乐吾先生尝著《养生弗佛二论》，其言养生以习静为主，无取乎呼吸吐纳之术，尤戒任时医。其言弗佛谓祸福，怵诱愚人，儒术明，则异端息。公受先人之教，戒家世不得用浮屠，极为高阳孙恺阳先生所重。平日留心经济，谓定国宣威，当以兵屯为胜，故所著《屯兵》《开荒》诸议，凿凿可行。

——《畿辅人物志》

《造砖图说》· 一卷（浙江巡抚采进本）

明张问之撰。问之，庆云人。嘉靖癸未进士，官至工部郎中。自明永乐中，始造砖于苏州，责其役于长洲窑户六十三家。砖长二尺二寸，径一尺七寸。其土必取城东北陆墓所产乾黄作金银色者，掘而运，运而晒，晒而椎，椎而舂，舂而磨，磨而筛，凡七转而后得土。复澄以三级之池，滤以三重之罗，筑地以晾之，布瓦以晞之，勒以铁弦，踏以人足，凡六转而后成泥。揉以手，承以托版，砑以石轮，椎以木掌，避风避日，置之阴室，而日日轻筑之。阅八月而后成坯。其入窑也，防骤火激烈，先以穗草薰一月，乃以片柴烧一月，又以棵柴烧一月，又以松枝柴烧四十日，凡百三十日而后窨水出窑。或三五而选一，或数十而选一。必面背四旁，色尽纯白，无燥纹，无坠角，叩之声震而清者，乃为入格。其费不赀。嘉靖中营建宫殿，问之往督其役。凡需砖五万，而造至三年有余乃成。窑户有不胜其累而自杀者。乃以采炼烧造之艰，每事绘图贴说，进之于朝，冀以感悟。亦郑侠绘流民意也。其书成于嘉靖甲午，而明之弊政已至于此。盖法度陵夷，民生涂炭，不待至万历之末矣。

按：张问之，字子审，庆云人。嘉靖壬午举人，癸未进士，初授行人，转司副，尝上疏谏章圣皇太后。尊号见《明伦大典》，旋转工部员外，迁郎中。奉命督造苏州府花砖工料，廉以律己，严以缉下。工成力陈烧造艰辛，并绘为图画贴说以进。上嘉之，酌增砖价，窑民获安。为立德政碑，见昆山《卢楩记》，后督建九庙，皆有绩当。上意擢湖广参议，转四川按察司副使，整饬威茂等处，简练士马，联络堠墩，斩龙洞诸羌数百人，上赐金帛以旌其功（《县志》）。逾三年乞归，又逾年以疾，卒。

——《（光绪）重修天津府志》

《闲者轩帖考》·一卷（浙江巡抚采进本）

国朝孙承泽撰。承泽有《尚书集解》，已著录。是编所记自《兰亭》而下至文徵明之《停云馆帖》，凡三十有八种。一一考其源流，品其次第。书成于顺治丁亥，在《庚子销夏记》之前，故所记互有详略。

《中州金石考》·八卷（左副都御史黄登贤家藏本）

国朝黄叔璥撰。叔璥有《南征记程》，已著录。是书则其官河南开归道时所辑也。成于乾隆辛酉。所录中州金石，自商、周以至元、明，搜采颇富，然既以十府三州分目，则疆域井然，不容牵混。而郏县苏轼《蜀冈诗》石刻，第八卷内乃两收。此类未免失检。又所载金石，皆不著其存亡。即如自序中明言汉碑只存其七，而所载汉时金石乃至百二十种。则是据前人所述，概为录入。其中重刻者、传疑者又不尽著其由来，殊非记实之意。又每种之下，宜一一具载立石年月，撰书人姓名。其不可考者，则著其阙文，方足徵信。而是书或著或否，则体例亦未画一。至于郡县地名，古今沿革之殊，或前人著录称某碑在某州县，而今改其名者，亦宜疏明，以资考核。如石梁今已为县，而称《徐庶母碑》在州城东之类，尤端委未明。是皆由辑书时未尝亲见原碑，或据金石旧书，或据郡县诸志故也。

《史通训故补》·二十卷（编修励守谦家藏本）

国朝黄叔琳撰。叔琳有《研北易钞》（按：应为《砚北易钞》），已著录。是书补王维俭注所未及，与浦起龙《史通通释》同时而成。而此本之出略前，故起龙亦间摭用。所称北平本者，即此书也。浦本注释较精核，而失之于好改原文，又评注夹杂，俨如坊刻古文之例，是其所短。此本注释不及起龙，而不甚改窜，犹属谨严。其圈点批语，不出时文之式，则与起龙略同。惟起龙于知几原书多所回护，即疑古惑经之类亦不以为非。此书颇有纠正，差为胜之耳。

《涉世雄谭》·八卷（直隶总督采进本）

明朱正色撰。正色字应明，南和人。万历己丑进士，官至右副都御史，巡抚宁夏。是书乃其备兵甘肃时所著。取诸史记传所载事迹之有关兵法，及才智明决足启发人意者，分门摘录，而各附评语于条末。每类中又各分奇品、正品，词气纤诡，学陈亮而不成者也。

按：正色字应明，南和人，万历进士，官至右副都御史，巡抚宁夏。

——《续文献通考》

《鉴语经世编》·二十七卷（直隶总督采进本）

国朝魏裔介撰。裔介有《孝经注义》，已著录。是编以《通鉴》卷帙浩繁，学者难以卒读，于是摘录司马光《资治通鉴》及王宗沐《宋元资治通鉴》凡有关经世者，加以案语。其议论尚皆平正，然亦不能无因谬袭误之弊。如信宋太宗烛影斧声之事，而曰烛影摇红，心田变黑。殊为失考。又谓明《永乐四书五经大全》为不刊之典，亦未免儒生章句之见也。

《读史辨惑》·无卷数（直隶总督采进本）

国朝王建衡撰。建衡号月萝，威县人。岁贡生，候选教谕。是书成于康熙四十一年。虽以读史为名，而考其所引，实皆坊刻《凤洲纲鉴》也。

按：建衡字起莘，威县人，贡生，官昌黎县教谕，有《任庵诗集》九卷。

——《国朝畿辅诗传》

《治河总考》·四卷（浙江范懋柱家天一阁藏本）

明车玺撰。玺，宛平人，成化戊戌进士，官至河南按察司金事。是编考历代治河之事，以时代先后为次。始周定王，终明嘉靖十七年。又以《禹贡》《史记·河渠书》《汉书·沟洫志》《元史·河源附录》、宋濂《治河议》《河南总志》诸条列后。其标题又称山东兖州府同知陈铭续编。前后无序跋，不知孰为玺之原书，孰为铭之所补。体例参差，刊刻拙陋，盖当时书帕本也。

按：车玺，宛平人，福建右布政任。

——《（嘉靖）山东通志》

《帝京景物略》·八卷（编修汪如藻家藏本）

明刘侗、于奕正同撰。侗字同人，麻城人。崇祯甲戌进士，官吴县知县。奕正字司直，宛平人。崇祯中诸生。是编详载北京景物。奕正搜求事迹，而侗排纂成文。以京师东西南北各分城内、城外，而西山及畿辅并载焉。所列目凡一百二十有九，每篇之末，各系以诗，采摭颇疏。王士禛《池北偶谈》尝讥其不考《萨都拉集》，失载安禄山、史思明所造双塔事，考据亦多不精确。其为朱彝尊《日下旧闻》所驳正者，尤不一而足。其割裂"艺""元"二字为塑工姓名一条，殆足资笑噱。又侗本楚人，多染竟陵之习，其文皆幺弦侧调，惟以纤诡相矜。至如"太学石鼓"一条，舍石鼓而颂太学，殊伤冗滥。又首善书院近在同时，泛叙讲学，何关景物。于体例亦颇有乖。所附诸诗，尤为猥杂。方今奉命重辑《日下旧闻》，考古证今，务求传信。朱彝尊之所撰且为大辂之椎轮，侗等吊诡之词，益可为覆瓿用矣。

《天下金石志》·无卷数（山东巡抚采进本）

明于奕正撰。奕正有《帝京景物略》，已著录。是书具载古来金石之所在，略注撰书人姓名年月，亦间有所考证。其中如《衡方碑》在山东，而以为在陕西。唐《颜氏家庙碑》今在西安府儒学，而以为在曲阜。又杭州府儒学有宋高宗御书石经，古刻犹存，而此编不载，未免疏漏。据《因树屋书影》所叙奕正始末，盖生长京师，平生未出国门，晚年始一游江南，遂以旅卒。其耳目所及者隘，其不能详者亦宜也。书前有金铉序，又有刘侗《略述》六则，词颇偎佃，盖染竟陵公安之习者。独其称孙雪居误以李翕《郙阁颂》在冀郡，颍川《荀淑碑》在颍上；周少鲁不载董仲舒《汉赞》于真定，《天宁寺隋碑》于宛平，均为舛谬。奕正此书，正孙本者十四，正周本者十七，则尚为公论云。

按：于奕正，初名继鲁，字司直，宛平儒学生有朴草。司直好古，尝集《天下金石志》，虽未详核，亦足继东阳王象之书，其诗南学于楚，然燕赵之风骨尚存。经甘罗城云："是否甘罗宅，淮流万古经。说行因赵地，拜赐自秦庭。断碣摩新翠，余钱带旧青。维舟上荒阜，岸草昼冥冥。"

——《静志居诗话》

《焚椒录》·一卷（内府藏本）

辽王鼎撰。鼎字虚中，涿州人，清宁五年进士，官至观书殿学士，事迹具《辽史·文学传》。是书纪道宗懿德皇后萧氏为宫婢单登构陷事。前有大安五年《自序》，称待罪可敦城，盖谪居镇州时也。王士祯《居易录》曰：《契丹国志·后妃传》道宗萧皇后本传云：性恬寡欲，鲁王宗元之乱，道宗同猎，未知音耗。后勒兵镇帖中外，甚有声称。崩葬祖州云云而已。《焚椒录》所纪，绝无一字及之。又《录》称南院枢密使惠之少女，而《志》云赠同平章事显烈之女。《志》云勒兵，似娴武略，而《录》言幼能诵诗，旁及经子所载《射虎》应制诸诗，及《回心院》词，皆极工，而无一语及武事。且《本纪》道宗在位四十七年，改元者三，清宁、咸雍、寿昌，初无太康之号。而耶律乙辛密奏太康元年十月云云，皆牴牾不合。按《辽史·宣懿皇后传》虽略，而与《焚椒录》所纪同，盖《契丹志》之疏耳。今考叶隆礼《契丹国志》，皆杂采宋人史传而作，故苏天爵《三史质疑》讥其未见国史，传闻失实。又沈括《梦溪笔谈》，称辽人书禁甚严，传至中国者，法皆死。是书事涉宫闱，在当日益不敢宣布，宋人自无由而知。士祯以史证隆礼之疏，诚为确论。或执《契丹国志》以疑此书，则误矣。

　　按：王鼎，字虚中，涿州人。幼好学，居太宁山数年，博通经史。时马唐俊有文名燕、蓟间，适上巳，与同志被禊水滨，酌酒赋诗。鼎偶造席，唐俊见鼎朴野，置下坐。欲以诗困之，先出所作索赋，鼎援笔立成。唐俊惊其敏妙，因与定交。清宁五年，擢进士第。调易州观察判官，改涞水县令，累迁翰林学士。当代典章多出其手。上书言治道十事，帝以鼎达政体，事多咨访。鼎正直不阿，人有过，必面诋之。寿隆初，升观书殿学士。一日宴主第，醉与客忤，怨上不知己，坐是下吏。状闻，上大怒，杖黥夺官，流镇州。居数岁，有赦，鼎独不免。会守臣召鼎为贺表，因以诗贻使者，有"谁知天雨露，独不到孤寒"之句。上闻而怜之，即召还，复其职。乾统六年卒。

　　鼎宰县时，憩于庭，俄有暴风举卧榻空中。鼎无惧色，但觉枕榻俱高，乃曰："吾中朝端士，邪无干正，可徐置之。"须臾，榻复故处，风遂止。

——《辽史》

《恒岳志》·三卷（浙江巡抚采进本）

　　国朝张崇德撰。崇德字懋修，顺天人。官浑源州知州。北岳恒山在浑源州城南二十里，自汉以后，皆祠于上曲阳。国朝顺治十七年，以刑科都给事中粘本盛之请，改祠于浑源州。部议令山西抚司官吏详察恒山遗迹。于时主其说者，礼部尚书王崇简，疏载所著《青箱堂集》中。据绅耆之议以上达者，即崇德也。故辑斯志，于祀典特详。曲阳飞石之伪，亦辨之甚悉。

　　按：崇德字懋修，顺天人，官浑源州知州，北岳恒山在浑源州城南二十里，自汉以后，皆祠于上曲阳。国朝顺治十七年，以刑科都给事粘本盛之请，改祠于浑源州。部议令山西抚司官吏详察恒山遗迹。于时主其说者，礼部尚书王崇简，疏载所著《青箱堂集》中。据绅耆之议以上达者，即崇德也。故辑斯志，于祀典特详。曲阳飞石之伪，亦辨之甚悉。

——《（光绪）顺天府志》

《丰润县志》·十三卷（两淮马裕家藏本）

　　明石邦政撰。邦政，丰润人。其书成于隆庆庚午，门目冗杂，绝无义例。且于历代帝王妄为区别，以行款高下，示其予夺，尤为无理。

　　按：明石邦政，号文衢，莘县教谕，廷珪之子也。嘉靖壬子举人，通判潞安府，擢邠州牧延安府同知，邑令王纳言始修县志，邦政实草创之溯源于火敦脑儿，固应在文献之班也。

——《丰润县志》

《长安志图》·三卷（安徽巡抚采进本）

　　元李好文撰。好文字惟中，东明人。至治元年进士，官至光禄大夫，河南行省平章政事，致仕，给翰林学士承旨一品禄终其身。事迹具《元史》本传。此书结衔称陕西行台御史。考本传称好文至正元年除国子祭酒，改陕西行台治书侍御史，寻迁河东道廉访使，又称至正四年仍除陕西行台治书侍御史，六年始除侍讲学士。此书盖再任陕西时作也。自序称图旧有碑刻，元丰三年吕大防为之跋，谓之《长安故图》。盖即陈振孙所称《长安图记》，大防知永兴军时所订者。好文因其旧本，芟除讹驳，更为补订。又以汉之三辅及元奉元所属者附入。凡汉、唐宫阙陵寝及渠泾沿革制度皆在焉。总为图二十有二，其中渠泾图说，详备明晰，尤有裨于民事。非但考古迹，资博闻也。本传载所著有《端本堂经训要义》十一卷，《历代帝王故事》一百六篇，又有《大宝录》《大宝龟鉴》二书，而不及此《图》。《元史》疏漏此亦一端矣。此本乃明西安府知府李经所镂，列于宋敏求《长安志》之首，合为一编。然好文是书，本不因敏求而作。强合为一，世次紊越。既乖编录之体，且图与志两不相应，尤失古人著书之意。今仍分为二书，各著于录。《千顷堂书目》载此编作《长安图记》，于本书为合。此本题曰《长安志图》，疑李经与《长安志》合刊，改题此名。然今未见好文原刻，而《千顷堂书目》传写多讹，不尽可据。故今仍以《长安志图》著录，而附载其异同于此，备考核焉。

按：李好文，字惟中，大名之东明人。登至治元年进士第，授大名路浚州判官。入为翰林国史院编修官、国子助教。泰定四年，除太常博士。会盗窃太庙神主，好文言："在礼，神主当以木为之，金玉祭器，宜贮之别室。"又言："祖宗建国以来，七八十年，每遇大礼，皆临时取具，博士不过循故事应答而已。往年有诏为《集礼》，而乃令各省及各郡县置局纂修，宜其久不成也。礼乐自朝廷出，郡县何有哉！"白长院者，选僚属数人，仍请出架阁文牍，以资采录。三年，书成，凡五十卷，名曰《太常集礼》。迁国子博士。丁内忧，服阕，起为国子监丞，拜监察御史。时复以至元纪元，好文言："年号袭旧，于古未闻，袭其名而不蹈其实，未见其益。"因言时弊不如至元者十余事。录囚河东，有李拜拜者，杀人，而行凶之仗不明，凡十四年不决，好文曰："岂有不决之狱如是其久乎！"立出之。王傅撒都剌，以足蹴人而死，众皆曰："杀人非刃，当杖之。"好文曰："怙势杀人，甚于用刃，况因有所求而杀之，其情为尤重。"乃置之死，河东为之震肃。出佥河南、浙东两道廉访司事。

六年，帝亲享太室，召佥太常礼仪院事。至正元年，除国子祭酒，改陕西行台治书侍御史，迁河东道廉访使。三年，郊祀，召为同知太常礼仪院事。帝之亲祀也，至宁宗室，遣阿鲁问曰："兄拜弟可乎？"好文与博士刘闻对曰："为人后者，为之子也。"帝遂拜。由是每亲祀，必命好文摄礼仪使。四年，除江南行台治书侍御史，未行，改礼部尚书，与修辽、金、宋史，除治书侍御史，仍与史事。俄除参议中书省事，视事十日，以史故，仍为治书。已而复除陕西行台治书侍御史，时台臣皆缺，好文独署台事。西蜀奉使，以私憾掊拾廉访使曾文博、佥事兀马儿、王武事，文博死，兀马儿诬服，武不屈，以轻侮抵罪。好文曰："奉使代天子行事，当问民疾苦，黜陟邪正，今行省以下，至于郡县，未闻举劾一人，独风宪之司，无一免者，此岂正大之体乎！"率御史力辨武等之枉，并言奉使不法者十余事。六年，除翰林侍讲学士，兼国子祭酒，又迁改集贤侍讲学士，仍兼祭酒。

九年，出参湖广行省政事，改湖北道廉访使，寻召为太常礼仪院使。于是帝以皇太子年渐长，开端本堂，命皇太子入学，以右丞相脱脱、大司徒雅不花知端本堂事，而命好文以翰林学士兼谕德。好文力辞，上书宰相曰："三代圣王，莫不以教世子为先务，盖帝王之治本于道，圣贤之道存于经，而传经期于明道，出治在于为学，关系至重，要在得人。自非德堪范模，则不足以辅成德性。自非学臻闻奥，则不足以启迪聪明。宜求道德之鸿儒，仰成国家之盛事。而好文天资本下，人望素轻，草野之习，而久与性成，章句之学，而浸以事废，骤膺重托，负荷诚难。必别加选抡，庶几国家有得人之助，而好文免妨贤之讥。"丞相以其书闻，帝嘉叹之，而不允其辞，好文言："欲求二帝三王之道，必由于孔氏，其书则《孝经》《大学》《论语》《孟子》《中庸》。"乃摘其要略，释以经义，又取史传及先儒论说，有关治体而协经旨者，加以所见，仿真德秀《大学衍义》之例，为书十一卷，名曰《端本堂经训要义》，奉表以进，诏付端本堂，令太子习焉。好文又集历代帝王故事，总百有六篇：一曰圣慧，如汉孝昭、后汉明帝幼敏之类；二曰孝友，如舜、文王及唐玄宗友爱之类；三曰恭俭，如汉文帝却千里马、罢露台之类；四曰圣学，如殷宗绍学，及陈、隋诸君不善学之类。以为太子问安余暇之助。又取古史，自三皇迄金、宋，历代授受，国祚久速，治乱兴废为书，曰《大宝录》。又取前代帝王是非善恶之所当法当戒者为书，名曰《大宝龟鉴》。皆录以进焉。久之，升翰林学士承旨，阶荣禄大夫。十六年，复上书皇太子，其言曰："臣之所言，即前日所进经典之大意也，殿下宜以所进诸书，参以《贞观政要》《大学衍义》等篇，果能一一推而行之，则万几之政、太平之治，不难致矣。"皇太子深敬礼而嘉纳之。后屡引年乞致仕，辞至再三，遂拜光禄大夫、河南行省平章政事，仍以翰林学士承旨一品禄终其身。

——《元史》

《四史鸿裁》·四十卷（通行本）

明穆文熙编。文熙有《七雄策纂》，已著录。是编选录《左传》十二卷、《国语》八卷、《战国策》八卷、《史记》十二卷，皆略注字义，无所发明，批点尤为弇陋。其括此四书曰"四史"，亦杜撰无稽也。

《长安志》·二十卷（两淮马裕家藏本）

宋宋敏求撰。敏求有《唐大诏令》，已著录。是编皆考订长安古迹，以唐韦述《西京记》疏略不备，因更博采群籍，参校成书。凡城郭、官府、山川、道里、津梁、邮驿，以至风俗、物产、宫室、寺院，纤悉毕具。其坊市曲折，及唐盛时士大夫第宅所在，皆一一能举其处，粲然如指诸掌。司马光常以为考之韦《记》，其详不啻十倍。今韦氏之书久已亡佚，而此《志》精博宏赡，旧都遗事，借以获传，实非他地志所能及。程大昌《雍录》，称其"引类相从，最为明晰。然细细校之，亦不免时有驳复。如曲台既入未央，而又入之三雍，是分一为二矣。长门宫在都城之外长门亭畔，而列诸长信宫内，则失其位置矣。况宫殿园囿又多空存其名，不著事迹，则亦无可寻绎矣"云云。其说虽不为无见，实则凌云之材，不以寸折为病也。敏求尚有《河南志》，与此凡例稍异，而并称赡博，今已不存。又杨慎《丹铅录》谓杜常《华清宫诗》见《长安志》，诗中"晓风"乃作"晓星"，检今本实无此诗。盖慎喜伪托古书，不足为据，非此《志》有所残阙。惟晁公武《读书志》载有赵彦若序，今本无之，则当属传写佚脱耳。

《理学宗传》26卷（清）孙奇逢《续修四库》第514册

《孙徵君日谱录存》36卷（卷1至卷15）（清）孙奇逢《续修四库》第558册

《孙徵君日谱录存》36卷（卷16至卷36）（清）孙奇逢撰《续修四库》第559册

《山书》十八卷（清）孙承泽撰《四库禁毁》史部第71册

《阅史郄视》四卷续一卷（清）李塨撰《续修四库》第450册

《颜习斋先生年谱》二卷（清）李塨撰《续修四库》第554册

《国朝御史题名》不分卷（清）黄叔璥（清）戴璐等续补《续修四库》第751册

《兰台奏疏》三卷（明）马从聘撰《四库存目》史部第64册

《辽东行部志》1卷（金）王寂撰《续修四库》第731册

《鸭江行部志》1卷（金）王寂撰《续修四库》第731册

《赵忠毅公侪鹤先生史韵》二卷（明）赵南星撰《四库存目》史部第285册

《增定二十一史韵》四卷《首》一卷《末》一卷（明）赵南星撰（清）仲弘道增续《四库存目》史部第292册

《明史纪事本末补遗》六卷（清）谷应泰撰《续修四库》第390册

《续修龙虎山志》三卷（元）元明善撰（明）张国祥续撰（明）张显庸续撰《四库存目》史部第228册

《西镇志》不分卷（清）苏铣纂修《四库存目》史部第212册

《至圣先师孔子年谱》三卷《首》一卷（清）杨方晃撰《四库存目》史部第81册

《昭代武功编》十卷（明）范景文撰《续修四库》第 389 册

《海运新考》三卷（明）梁梦龙撰《四库存目》史部第 274 册

《嵩书》二十二卷（原缺卷十七）（明）傅梅撰《四库存目》史部第 231—232 册

子部

《正蒙初义》·十七卷（直隶总督采进本）

国朝王植撰。植有《四书参注》，已著录。是编诠释《正蒙》，于《性理大全》所收集释、补注、集解外，取明高攀龙、徐德夫、国朝冉觐祖、李光地、张伯行之注，列程、朱诸说之后。并采张子《经学》《理窟语录》《性理拾遗》三书相发明者，附录之，而各以己见参订于后。其大旨谓张子见道原，从儒释异同处入，故其言太虚皆与释氏对照。又谓太虚有三义，又谓程、朱多不满此书太虚二字，然晰其本旨，殊途同归，正不必执程、朱诸论以诋之。又谓《诗笺》《书序》《礼疏》旧说，张子所用为多，今人习见习闻，皆程、朱遗泽，遂咤而怪之。但当分别读之，不宜横生訾议。论皆持平，颇能破门户之见。其谓张子自注，惟见于参两神化至当三十乐器者各一，见于王禘者五，乾称者四，诸本或以集释误为自注。又谓十七篇为苏昞所传，张子手定，李光地本多割裂。其辨析皆为不苟。至所称张伯行注出于他人之假名，非所自著，云得诸伯行面言，亦足资考订也。

《治世龟鉴》·一卷（浙江郑大节家藏本）

元苏天爵撰。天爵有《名臣事略》，已著录。此书为成化丙午吴江知县太和陈尧弼所刊。篇首天爵结衔，题中奉大夫，浙江等处行中书省参知政事。考《元史》天爵本传，凡两拜是官，一在至正七年，一在至正十二年。此书前有林兴祖、赵汸二序，皆标至正十二年壬辰正月，则作于再任之日。是时妖寇自淮右延及江东，诏天爵总兵饶信，克复一路六县。正干戈纷扰之际，乃能留心于治理，所采皆宋以前善政嘉言，而大旨归于培养元气。其目凡六：曰治体，曰用人，曰守令，曰爱民，曰为政，而终之以止盗，殆有深意也。天爵著述载于本传者，《名臣事略》十五卷，《文类》七十卷，《松厅章疏》五卷，《春风亭笔记》二卷，诗七卷，文三十卷。又载有《辽金纪元》《黄河源委》二书，未

及脱稿，而不载此书。然赵汸序今载《东山存稿》第二卷中，与此本一一相
合，知非伪托。本传盖偶遗之，亦足证《元史》之多疏矣。

《濂关三书》·无卷数（直隶总督采进本）

国朝王植撰。植有《四书参注》，已著录。是书取《太极图说》《通书》
《西铭》三书，以朱子之注列于前，采诸家之说附于后，亦时时参以己意。植
于宋五子书皆有注，然《皇极经世》《正蒙》，其书注者差稀，故颇有所考订。
此三书则人人熟读，无可发挥，亦如宋以来注孝经者随文演义而已。

《洨滨语录》·二十卷（直隶总督采进本）

明蔡瑷撰。瑷字天章，号洨滨，宁晋人。嘉靖己丑进士。官至监察御史，
巡按河南。瑷少从韩邦奇湛若水游，故讲学宗旨，不出二家。其论周礼，谓遗
公孤而详细职，详略失宜。又谓六卿之上皆有惟王建国，体国经野数语，亦觉
繁复。则一隅之见也。

按：蔡瑷字天章，宁晋人，嘉靖八年进士，由行人选浙江道御史，刷卷淮
扬以劾吏部汪尚书，铙廷杖为民，十八年起原官，丁忧，二十一年改河南道，
降山东按察司知事，隆庆元年复御史，致仕。

——《本朝分省人物考》

《藤阴札记》·无卷数（左副都御史黄登贤家藏本）

国朝孙承泽撰。承泽有《尚书集解》，已著录。是编乃其讲学之语，共
一百余条。大抵以程、朱为宗，而深诋金谿姚江，亦颇涉及史事。其论元许

衡、刘因一条，谓衡不对世祖伐宋之问为是。而以因作《渡江赋》有我有名而众，彼无义而小，留我奉使，雠我大邦云云，过于尊元抑宋为非。不知二人生长北方，由金入元，皆非宋之臣子。乃于一百余年之后，责其当尊邈不相关之赵氏，可谓纰缪之至矣。

《学约续编》·十四卷（直隶总督采进本）

国朝孙承泽编。初，承泽尝辑周、程、张、朱之言为《学约》一编。是编又以明薛瑄、胡居仁、罗钦顺、高攀龙四家之语仿《近思录》之例，订为一集以续之。前有自记称，《学约》于二程同时不入尧夫。考亭同时不入南轩、东莱，故兹编亦不入月川、枫山、后渠、泾野、念庵、泾阳、少墟诸家云。

《考正晚年定论》·二卷（江苏巡抚采进本）

国朝孙承泽撰。是书以王守仁所作《朱子晚年定论》不言晚年始于何年，但取偶然谦抑之词，或随问而答之语，及早年与人之笔录之，特欲借朱子之言以攻朱子，不足为据。乃取朱子《年谱》《行状》《文集》《语类》等书，详为考正。以宋孝宗淳熙甲午为始，朱子是时年四十有五，其后乃始与陆九渊兄弟相会。以次逐年编辑，实无一言合于陆氏，亦无一字涉于自悔。因逐条辨驳，辑为是编。考晚年定论初出之时，罗洪先致书守仁，所辨何叔京、黄直卿二书，已极为明晰。是书特申而明之，大旨固不出罗书之外。至谓守仁立身居家，并无实学，惟事智术笼罩，乃吾道之莽、懿。又取明世宗时请夺守仁封爵会勘疏，及不准恤典之诏以为口实，则摭拾他事以快报复之私，尤门户之见矣。

《明辨录》·二卷（左副都御史黄登贤家藏本）

国朝孙承泽撰。是书取诸儒辟佛之言，汇载成帙。上卷首载昌黎《原道》及《佛骨表》，而傅奕疏及太宗斥萧瑀诏转列于后，其余辨论陆九渊、杨简、王守仁之说者亦备记之。下册则皆诸儒语录辨驳佛氏之学者。

《理学传心纂要》·八卷（湖北巡抚采进本）

国朝孙奇逢撰，漆士昌补。奇逢有《读易大旨》，已著录。士昌，江陵人，奇逢之门人也。奇逢原书，录周子、二程子、张子、邵子、朱子、陆九渊、薛瑄、王守仁、罗洪先、顾宪成十一人，以为直接道统之传。人为一篇，皆前叙其行事而后节录其遗文，凡三卷。又取汉董仲舒以下至明末周汝登，各略载其言行以为羽翼理学之派，凡四卷。奇逢殁后，士昌复删削其语录一卷，搀列于顾宪成后，共为八卷。奇逢行谊，不愧古人。其讲学参酌朱、陆之间，有体有用，亦有异于迂儒。故汤斌慕其为人，至解官以从之游。然道统所归，谈何容易。奇逢以顾宪成当古今第十一人，士昌又以奇逢当古今第十二人。醇儒若董仲舒等犹不得肩随于后，其犹东林标榜之余风乎？

《岁寒居答问》·二卷、《附录》·一卷（浙江范懋柱家天一阁藏本）

国朝孙奇逢撰。皆自录朋友答问之语。奇逢之学主于明体达用。宗旨出于姚江。而变以笃实。化以和平。兼采程、朱之旨，以弥其阙失。故其言有曰：门宗分裂，使人知反而求之事物之际，晦翁之功也；然晦翁殁而天下之实病不可不泻。词章繁兴，使人知反而求之心性之中，阳明之功也；然阳明殁而天下之虚病不可不补。是其宗旨所在也。旧本前有《附录》一卷，为奇逢所作格物说及杨东明兴学会约八条。既曰《附录》，不应弁首，或装辑时误置卷端耳。

《潜室札记》· 二卷（直隶总督采进本）

国朝刁包撰。包有《易酌》，已著录。其书以平日所见随笔札记。王士祯《池北偶谈》，尝称其中为盖世豪杰易，为惬心圣贤难一条；又称其趋吉避凶盖言趋正避邪，若认作趋福避祸便误一条。然所言心性及格致诚敬，类多拾前人绪余。其谓读《春秋》而不知胡传之妙，不可以言《春秋》。亦不出里塾拘墟之见。又称吾辈第一座名山在《大学》知止一节，且谓此山又不在书本上，还只在腔子里。语殊虚渺，尤不免堕入姚江门径矣。

《存性编》· 二卷（直隶总督采进本）

国朝颜元撰。元字浑然，号习斋，博野人。明末，其父戍辽东，殁于关外。元贫无立锥，百计拮据，觅其骨归葬，故世以孝子称之。其学主于厉实行，济实用，大抵源出姚江，而加以刻苦，亦介然自成一家，故往往与宋儒立同异。是书为其《四存编》之一。大旨谓孟子言性善，即孔子言性相近、习相远，语异而意同。宋儒误解相近之义，以善为天命之性，相近为气质之性，遂使为恶者诿于气质，不知理即气之理，气即理之气。清浊厚薄，纯驳偏全，万有不齐，总归一善，其恶者引蔽习染耳。其以目为譬，则谓光明能视即目之性，其视之也则情之善，视之详略远近则才之强弱，皆不可谓之恶，惟有邪色引动，然后有淫视。是所谓非才之罪，是即所谓习。又谓性之相近如真金，轻重多寡虽不同，其为金俱相若也。惟其有差等，故不曰同；惟其同一善，故曰近。举天下不一之姿，以性相近一言包括，是即性善，是即人皆可以为尧舜。举世人引蔽习染无穷之罪恶，以习相远一言包之，是即非才之罪，是即非天之降才尔殊。其说虽稍异先儒，而于孔、孟之旨会通一理，且以杜委过气质之弊，正未可谓之立异也。至下卷分列七图以明气质非恶之所以然，则推求于孔、孟所未言，使天地生人全成板法，是则可以不必耳。

按：颜元，字易直（按：一字浑然），博野人。明末，父戍辽东，殁于关外。元贫无立锥，百计觅骨归葬，世称孝子。居丧，守朱氏家礼惟谨。古礼，"初丧，朝一溢米，夕一溢米，食之无算"。家礼删去"无算"句，元遵之。过朝夕不敢食，当朝夕，遇哀至，又不能食，病几殆。又《丧服传》："既练，舍外寝，始食菜果。饭素食，哭无时。"家礼改为"练后，止朝夕哭，惟朔望未除者会哭，凡哀至皆制不哭"。元亦遵之。既觉其过抑情，校以古丧礼非是。因叹先王制礼，尽人之性，后儒无德无位，不可作也。于是著《存学》《存性》《存治》《存人》四编以立教。名其居曰"习斋"。

肥乡漳南书院，邑人郝文灿请元往教。有文事、武备、经史、艺能等科，从游者数十人。会天大雨，漳水溢，墙垣堂舍悉没，人迹殆绝。元叹曰："天不欲行吾道也！"乃辞归。后八年而卒，年七十。门人李塨、王源编《元年谱》二卷，《钟錂辑言行录》二卷，《辟异录》二卷。

——《清史稿》

《存学编》·四卷（浙江巡抚采进本）

国朝颜元撰。是书为其《四存编》之二，以辨明学术为主。大旨谓圣贤立教所以别于异端者，以异端之学空谈心性，而圣贤之学则事事徵诸实用，原无相近之处。自儒者失其本原，亦以心性为宗，一切视为末务，其学遂于异端近，而异端亦得而杂之。其说于程、朱、陆、王皆深有不满。盖元生于国初，目击明季诸儒崇尚心学，放诞纵恣之失，故力矫其弊，务以实用为宗。然中多有激之谈，攻驳先儒，未免已甚。又如所称打诨、猜拳诸语，词气亦叫嚣粗鄙，于大雅有乖。至谓性命非可言传云云，其视性命亦几类于禅家之恍惚，持论尤为有疵。殆惩羹吹齑而不知其矫枉之过正欤。

《存治编》·一卷（直隶总督采进本）

国朝颜元撰。是书为其《四存编》之三。大旨欲全复井田、封建、学校、徵辟、肉刑及寓兵于农之法。夫古法之废久矣，王道必因时势。时势既非，虽以神圣之智，藉帝王之权，亦不能强复。强复之，必乱天下。元所云云，殆于瞽谈黑白，使行其说，又不止王安石之周礼矣。

《存人编》·四卷（直隶总督采进本）

国朝颜元撰。是书为其《四存编》之四。前二卷一名唤迷涂，皆以通俗之词劝喻僧、尼、道士归俗，及戒儒者谈禅，愚民尊奉邪教。三卷为明太祖《释迦佛赞解》一篇。太祖本禅家机锋语，元执其字句而解之，非其本旨，且辟佛亦不必借此赞，恐反为释子借口。四卷附录束鹿张鼎彝《毁念佛堂议》，及元所撰《辟念佛堂说》《拟更念佛堂谕》。则元寻父骨至锦州，应鼎彝之请而作，时鼎彝为奉天府尹也。

《教民恒言》·一卷（直隶总督采进本）

国朝魏裔介撰。裔介有《孝经注义》，已著录。是书本圣谕十六条衍为通俗之词，反覆开阐，以训愚蒙。前列讲约二图，盖其家居时所作也。

《致知格物解》·二卷（直隶总督采进本）

国朝魏裔介撰。是编上卷载程子、朱子格致之说，下卷列诸儒格致之说，而附以裔介所作辨二篇，一曰致知格物非物欲扞格，一曰致知格物非去不正以全其正。又与孙承泽论学书一篇、或问一篇。

《周程张朱正脉》·无卷数（直隶总督采进本）

国朝魏裔介编。是编首录周子《太极图说》，次张子《西铭》《东铭》，次周汝登所辑《程门微旨》，次国朝孙承泽所辑《考正晚年定论》，及朱子与廖德明问答。题曰《正脉》，以诸儒之脉在是也。其自序谓周海门所辑《程门微旨》，王阳明所辑《朱子晚年定论》，未足发蒙启迷。于《微旨》取十之五，于王阳明所辑则尽删之，而取北海考正定论云云。然《微旨》内如觉悟便是性一条，及汉江老父云心存诚敬固善，不若无心一条，依然王门之宗旨，则持择犹未审也。

《论性书》·二卷（直隶总督采进本）

国朝魏裔介撰。是书引《书》《易》《孝经》《论语》《家语》《左传》《礼记》《中庸》《孟子》《孔丛子》《子华子》《荀卿子》《论衡》《老子》以及唐、宋以来诸家论性之语，而衷以己说。末自附性说二篇。

《约言录》·二卷（直隶总督采进本）

国朝魏裔介撰。是编乃顺治甲午冬裔介在告时所笔记。内篇多讲学，外篇则兼及杂论。

《大学辨业》·四卷、《圣经学规纂》·二卷、《论学》·二卷（直隶总督采进本）

国朝李塨撰。塨有《周易传注》，已著录。是编发明古《大学》之法，以辨俗学之非，大旨与其《大学传注》同。首总论《大学》，次辨后儒所论《小学》《大学》，次论《小学》，次辨后儒改易《大学》原本，次《大学》原文及全篇解，次《大学》之道至致知格物解，次辨后儒格物解，次其本乱至此谓知之至也解，次申论格物，次所谓诚其意者至末解，次申解全篇。其所争在以格物为周礼三物。其谓孔子之时，古《大学》教法所谓六德、六行、六艺者，规矩尚存，故格物之学人人所习，不必再言。惟以明德、亲民标其宗要，以诚意指其入手功夫而已。格物一传，可不必补。其说较他家为巧，故当时学者多称之。《圣经学规纂》二卷，则摘录四书、五经之言学者，申明其说。《论学》二卷，则录朋友问难之语。其凡例所谓《辨业》意有不尽者入之《学规》，《学规》意有不尽者入之《论学》是也。

《小学稽业》·五卷（直隶总督采进本）

国朝李塨撰。其序谓朱子《小学》所载天道、性命，上达也；亲迎、朝觐，年及壮强者也。以及居官、告老诸条，皆非幼童事，且无分于《大学》。

乃别辑此编。卷一为小学四字韵语，括其总纲，以便诵读。卷二为食食能言，六年教数方名，七年别男女，八年入小学教让，九年教数目，十年学幼仪诸条。卷三为学书。卷四为学记。卷五为十有五学乐，诵诗，舞勺。大旨以礼、乐、书、数为纲。其中如引曲礼履不上堂一节，在今日并无解履之事。引王制道路男子由右，妇人由左，车从中央一节，在今日亦跬步不可行。此虚陈古礼者也。又诵诗一条自造诗谱，舞勺一条自造舞谱，此又杜撰古乐者也。惟学书一篇，辨篆楷之分，极为精核。然亦非童子之所急，其郛廓正与亲迎、朝觐等耳。

《性理辨义》·二十卷（直隶总督采进本）

国朝王建衡撰。建衡有《读史辨惑》，已著录。是书分二十篇，而列目凡十有五，曰原理、原气、原天、原生物、原性、原命、原道、原德、原伦、原学、原鬼神、原人鬼、原祭、原妖厉、杂论。其第一篇与十二篇皆题曰原理，自注谓前统论天地之理，后以在物之理言。第二篇、第三篇皆题曰原气。第四篇、第五篇、第六篇皆题曰原天，而不自言其所以分。推究其文，则原气二篇，一言阴阳，一言五行。原天三篇，一言天行及日月，一言星辰及推算，一言风雨露雷诸事也。大旨皆复衍宋儒而加以胶固。其原天三篇，则纯述欧罗巴语而讳所自来焉。

《广字义》·三卷（浙江巡抚采进本）

国朝黄叔璥撰。叔璥有《南征记程》，已著录。初，宋陈普作《字义》，凡一百五十三字，孙承泽尝为增订。叔璥复取陈淳《北溪字义》及程远《原字训》合承泽所订裒为一书。每条之首题原字者，晋之旧。题广义者，皆续增也。

《孙子汇征》·四卷（直隶总督采进本）

国朝郑端撰。端有《政学编》，已著录。考《孙子》十三篇旧注，见于史志及诸家书目者，今多不传，传者亦多散见诸书，罕专家之完本。端此编汇集众说，兼采古来谈兵之言，足与《孙子》发明者，附录于各句之下，颇为详备，然征引太冗。如作战篇公家之费节，注内所录车马器械之论，于车则全载《考工记》，于马则悉引《相马经》，于弓矢、戈戟、牌棒、钯铁等类则缕陈演习攻打之法。极其琐细，亦博而不精者也。其书每卷皆标曰《孙武子集解广义》，而端自序则又题曰《孙子汇征》，未详二名孰先孰后，今姑从端自序之名焉。

《百将传》·一百卷（浙江范懋柱家天一阁藏本）

宋张预撰。翟安道注。预字公立，东光人。安道字居仕，安阳人。其书采历代名将百人，始于周太公，终于五代刘鄩，各为之传，而综论其行事。凡有一节与孙武书合者，皆表而出之，别以《孙子兵法》题其后。盖欲述古以规时，亦戴少望《将鉴论断》之类。然其分配多未确当，立说亦未免近迂。仍为宋人之谈兵而已矣。

按：张预，东光人，隐居不仕，善谈兵，常以古今将帅用兵，成败无不与孙武书相合。因取古良将百人集为一书，以武之兵法论列其后，名曰《百将传》，上于朝曰："臣编此书，数年而后成，虽不足以补陛下教育武士之道，然臣惓惓之诚，勤亦至矣。"书奏诏藏秘阁中。

——《河间府志》

《刑法叙略》·一卷（编修程晋芳家藏本）

旧本题宋刘筠撰。筠字子仪，大名人。咸平元年进士。累擢司谏，知制诰，翰林学士承旨。进龙图阁学士，加礼部侍郎。是编载曹溶《学海类编》中。今考其文，即《册府元龟》刑法一门之总叙也。

按：刘筠，字子仪，大名人。举进士，为馆陶县尉。还，会诏知制诰杨亿试选人校太清楼书，擢筠第一，以大理评事为秘阁校理。真宗北巡，命知大名府观察判官事。自边鄙罢兵，国家闲暇，帝垂意篇籍，始集诸儒考论文章，为一代之典。筠预修图经及《册府元龟》，推为精敏。真宗将祀汾睢，屡得嘉奖，召筠及监察御史陈从易崇和殿赋歌诗，帝数称善。车驾西巡，又命筠纂土训。是时四方献符瑞，天子方兴礼文之事，筠数上赋颂。及《册府元龟》成，进左正言、直史馆、修起居注。尝属疾，予告满，辄再予，积二百日，每诏续其奉。

迁左司谏、知制诰，加史馆修撰，出知邓州，徙陈州。还，纠察在京刑狱，知贡举，迁尚书兵部员外郎。复请邓州，未行，进翰林学士。初，筠尝草丁谓与李迪罢相制，既而谓复留，令别草制，筠不奉诏，乃更召晏殊。筠自院出，遇殊枢密院南门，殊侧面而过，不敢揖，盖内有所愧也。帝久疾，谓浸擅权，筠曰："奸人用事，安可一日居此。"请补外，以右谏议大夫知庐州。

仁宗即位，迁给事中，复召为翰林学士。逾月，拜御史中丞。先是，三院御史言事，皆先白中丞。筠榜台中，御史自言事，毋白丞杂。知天圣二年贡举，数以疾告，进尚书礼部侍郎、枢密直学士、知颍州。召还，复知贡举，进翰林学士承旨兼龙图阁直学士、同修国史、判尚书都省。祀南郊，为礼仪使，请宿斋太庙日，罢朝飨玉清昭应宫，俟礼成，备銮驾恭谢。从之。筠素爱庐江，遂筑室城中，构阁藏前后所赐书，帝飞白书曰"真宗圣文秘奉之阁"。再知庐州，营冢墓，作棺，自为铭刻之。既病，徙于书阁，卒。

筠，景德以来，居文翰之选，其文辞善对偶，尤工为诗。初为杨亿所识拔，后遂与齐名，时号"杨刘"。凡三入禁林，又三典贡部，以策论升降天下士，自筠始。性不苟合，遇事明达，而其治尚简严。然晚为阳翟同姓富人奏求恩泽，清议少之。著《册府应言》《荣遇》《禁林》《肥川》《中司》《汝阴》《三入玉堂》凡七集。一子蚤卒，田庐没官。包拯少时，颇为筠所知。及拯显，奏其族子为后，又请还所没田庐云。

——《宋史》

《巡城条约》·一卷（直隶总督采进本）

国朝魏裔介撰，裔介有《孝经注义》，已著录。顺治丁酉，裔介为左都御史，立此约以厘清五城之事，凡四十条。然其中有琐屑过甚者，如禁铺户唱曲，禁击太平鼓，禁小儿踢石抛球之类，皆必不能行之法。即令果能禁绝，于民生国计，亦复何裨，徒滋吏役之扰而已。

《风宪禁约》·一卷（直隶总督采进本）

国朝魏裔介撰。皆巡按条约，凡五十四条。考《五朝国史·裔介本传》，载其由庶吉士授工科给事中，转吏科兵科给事中，累迁太常寺少卿，左都御史，吏部尚书，保和殿大学士，不载其巡按外省。不知此书何时所作也。

《素问元机原病式》·一卷（通行本）

金刘完素撰。完素字守真，河间人。事迹具《金史·方技传》。是书因《素问·至真要论》详言五运六气盛衰胜复之理，而以病机一十九条附于篇末，乃于十九条中采一百七十六字，演为二百七十七字，以为纲领，而反复辨论以申之。凡二万余言。大旨多主于火。故张介宾作《景岳全书》攻之最力。然完素生于北地，其人秉赋多强，兼以饮食醇醲，久而蕴热，与南方风土原殊。又完素生于金时，人情淳朴，习于勤苦，大抵充实刚劲，亦异乎南方之脆弱，故其持论多以寒凉之剂攻其有余，皆能应手奏功。其作是书，亦因地因时，各明一义，补前人所未及耳。医者拘泥成法，不察虚实，概以攻伐戕生气。譬诸检谱角抵，宜其致败，其过实不在谱也。介宾愤疾力排，尽归其罪于完素，然则参桂误用亦可杀人，又将以是而废介宾书哉？张机《伤寒论》有曰，桂枝下咽，阳盛乃毙；承气入胃，阴盛以亡。明药务审证，不执一也。故今仍录完素之书，并著偏主之弊，以持其平焉。

按：刘完素，字守真，河间人。尝遇异人陈先生，以酒饮守真，大醉，及窹洞达医术，若有授之者。乃撰《运气要旨论》《精要宣明论》，虑庸医或出妄说，又著《素问玄机原病式》，特举二百八十八字，注二万余言。然好用凉剂，以降心火、益肾水为主。自号"通元处士"云。

——《金史》

《宣明论方》·十五卷（通行本）

金刘完素撰。是书皆对病处方之法。首诸证门，自煎厥薄厥飧泄䐜胀以及诸痹心疝凡六十一症，皆采用内经诸篇，每症各有主治之方，一宗仲景。次诸风，次热，次伤寒，次积聚，次水湿，次痰饮，次劳，次泄痢，次妇人，次补养，次诸痛，次痔瘘，次眼目，次小儿，次杂病，共十七门。每门各有总论，亦发明运气之理，兼及诸家方论，于轩岐奥旨，实多阐发。而多用凉剂，偏主其说者，不无流弊。在善用者消息之耳。考《原病式》自序云，作《医方精要宣明论》一部，三卷十万余言，今刊入河间六书者乃有十五卷，其二卷之菊叶法、薄荷白檀汤，四卷之妙功藏用丸，十二卷之荜澄茄丸、补中丸、楮实子丸皆注新增字，而七卷之信香十方、青金膏不注新增字者，据其方下小序，称灌顶法王子所传，并有偈咒。金时安有灌顶法王，显为元、明以后之方，则窜入而不注者不知其几矣。卷增于旧，殆以是欤。

《伤寒直格方》·三卷、《伤寒标本心法类萃》·二卷（通行本）

旧本皆题金刘完素撰。《伤寒直格方》大旨出入于《原病式》，而于伤寒证治议论较详。前序一篇，不知何人所撰。马宗素《伤寒医鉴》引平城翟公宵行遇灯之语，与此序正相合，殆即翟公所撰欤？《医鉴》又云，完素著《六经传变直格》一部，计一万七千零九字。又于《宣明论中集》，紧切药方六十道，分六门，亦名《直格》。此书有方有论，不分门类，不能确定原为何种。卷首又题为临川葛雍编，盖经后人窜乱，未必完素之旧矣。《伤寒标本心法类萃》上卷分别表里，辨其缓急，下卷则载所用之方。其中传染一条，称双解散、益元散皆为神方。二方即完素所制，不应自誉至此。考完素《原病式》序称，集伤寒杂病脉证方论之文，目曰《医方精要宣明论》。今检《宣明论》中已有《伤寒》二卷，则完素治伤寒法已在《宣明论》中，不别为书。二书恐出于依托。然流传已久，姑存之以备参考焉。

《病机气宜保命集》·三卷（两淮盐政采进本）

金张元素撰。元素字洁古，易州人。八岁应童子举。二十七试进士，以犯庙讳下第。乃去而学医，精通其术。因抒所心得，述为此书。凡分三十二门，首原道原脉摄生阴阳诸论，次及处方用药，次第加减君臣佐使之法，于医理精蕴阐发极为深至。其书初罕传播，金末杨威始得本刊行，而题为河间刘完素所著。明初宁王权重刊，亦沿其误，并伪撰完素序文词调于卷首以附会之。至李时珍作《本草纲目》，始纠其谬，而定为出于元素之手，于序例中辨之甚明。考李濂《医史》，称完素尝病伤寒八日，头痛脉紧，呕逆不食，元素往候，令服某药。完素大服，如其言遂愈。元素自此显名。是其造诣深邃，足以自成一家，原不必托完素以为重。今特为改正，其伪托之序亦并从删削焉。

按：张元素，字洁古，易州人。八岁试童子举。二十七试经义进士，犯庙讳下第。乃去学医，无所知名，夜梦有人用大斧长凿凿心开窍，纳书数卷于其中，自是洞彻其术。河间刘完素病伤寒八日，头痛脉紧，呕逆不食，不和所为。元素往候，完素面壁不顾，元素曰："何见待之卑如此哉。"既为诊脉，谓之曰："脉病云云"，曰："然。""初服某药，用某味乎？"曰："然。"元素曰："子误矣。某味性寒，下降走太阴，阳亡汗不能出。今脉如此，当服某药则效矣。"完素大服，如其言遂愈，元素自此显名。平素治病不用古方，其说曰："运气不齐，古今异轨，古方新病不相能也。"自为家法云。

——《金史》

《内外伤辨惑论》·三卷（江苏巡抚采进本）

金李杲撰。杲字明之，自号东垣老人，真定人。尝以纳赀得官，监济源税。案元砚坚作《东垣老人传》，称杲以辛亥年卒，年七十二。则当生于世宗大定二十年庚子，金亡时年五十五，入元十七年乃终。故旧本亦或题元人，而《元史》亦载入方技传也。初，杲母婴疾，为众医杂治而死，讫莫知为何证。杲自伤不知医理，遂捐千金，从易州张元素学，尽得其法，而名乃出于元素上，卓为医家大宗。是编发明内伤之证，有类外感，辨别阴阳寒热，有余不足，而大旨总以脾胃为主。故特制补中益气汤，专治饮食劳倦，虚人感冒。法取补土生金，升清降浊，得阴阳生化之旨。其阐发医理，至为深微。前有自序，题丁未岁，序中称此论束之高阁十六年。以长历推之，其书盖出于金哀宗之正大九年辛卯也。

按：李杲，字明之，镇人也，世以赀雄乡里。杲幼岁好医药，时易人张元素以医名燕赵间，杲捐千金从之学，不数年，尽传其业。家既富厚，无事于技，操有余以自重，人不敢以医名之。大夫士或病其资性高骞，少所降屈，非危急之疾，不敢谒也。其学于伤寒、痈疽、眼目病为尤长。

北京人王善甫，为京兆酒官，病小便不利，目睛凸出，腹胀如鼓，膝以上坚硬欲裂，饮食且不下，甘淡渗泄之药皆不效。杲谓众医曰："疾深矣。《内经》有之：膀胱者，津液之府，必气化乃出焉。今用渗泄之剂而病益甚者，是气不化也。启玄子云：'无阳者阴无以生，无阴者阳无以化。'甘淡渗泄皆阳药，独阳无阴，其欲化得乎？"明日，以群阴之剂投，不再服而愈。

西台掾萧君瑞，二月中病伤寒发热，医以白虎汤投之，病者面黑如墨，本证不复见，脉沉细，小便不禁。杲初不知用何药，及诊之，曰："此立夏前误用白虎汤之过。白虎汤大寒，非行经之药，止能寒腑藏，不善用之，则伤寒本病隐曲于经络之间。或更以大热之药救之，以苦阴邪，则他证必起，非所以救白虎也。有温药之升阳行经者，吾用之。"有难者曰："白虎大寒，非大热何以救，君之治奈何？"杲曰："病隐于经络间，阳不升则经不行，经行而本证见矣。本证又何难焉。"杲如其言而愈。

魏邦彦之妻，目翳暴生，从下而上，其色绿，肿痛不可忍。杲云："翳从下而上，病从阳明来也。绿非五色之正，殆肺与肾合而为病邪。"乃泻肺肾之邪，而以入阳明之药为之使。既效矣，而他日病复作者三，其所从来之经，与翳色各异。乃曰："诸脉皆属于目，脉病则目从之。此必经络不调，经不调，则目病未已也。"问之果然，因如所论而治之，疾遂不作。

冯叔献之侄栎，年十五六，病伤寒，目赤而顿渴，脉七八至，医欲以承气汤下之，已煮药，而杲适从外来，冯告之故。杲切脉，大骇曰："几杀此儿。《内经》有言：'在脉，诸数为热，诸迟为寒。'今脉八九至，是热极也。而《会要大论》云：'病有脉从而病反者何也？脉至而从，按之不鼓，诸阳皆然。'此传而为阴证矣。令持姜、附来，吾当以热因寒用法处之。"药未就而病者爪甲变，顿服者八两，汗寻出而愈。

陕帅郭巨济病偏枯，二指著足底不能伸，杲以长针刺骱中，深至骨而不知痛，出血一二升，其色如墨，又且谬刺之。如此者六七；服药三月，病良已。裴择之妻病寒热，月事不至者数年，已喘嗽矣。医者率以蛤蚧、桂、附之药投之，杲曰："不然，夫病阴为阳所搏，温剂太过，故无益而反害。投以寒血之药，则经行矣。"已而果然。杲之设施多类此。当时之人，皆以神医目之。所著书，今多传于世云。

——《元史》

《脾胃论》·三卷（江苏巡抚采进本）

金李杲撰。杲既著《辨惑论》，恐世俗不悟，复为此书。其说以土为万物之母，故独重脾胃。引经立论，精凿不磨。明孙一奎《医旨绪余》云，东垣生当金、元之交，中原扰攘，士失其所，人疲奔命，或以劳倦伤脾，或以忧思伤脾，或以饥饱伤脾，病有缓急，不得不以急者为先务。此真知杲者也。前有元好问序。考《遗山文集》有杲所著《伤寒会要引》一篇，备载其所治验。《元史·方技传》全取之，而此序独不见集中，意其偶有散佚欤。又有罗天益后序一篇。天益字谦父，杲晚年弟子，尽得其传。元砚坚《东垣老人传》称，杲临终，取平日所著书，检勘卷帙，以次相从，列于几前，嘱谦父曰：此书付汝者，即其人也。

《兰室秘藏》·三卷（江苏巡抚采进本）

金李杲撰。其曰《兰室秘藏》者，盖取《黄帝素问》藏诸灵兰之室语。前有至元丙子罗天益序，在杲殁后二十五年，疑即砚坚所谓临终以付天益者也。其治病分二十一门，以饮食劳倦居首。他如中满腹胀，如心腹痞，如胃脘痛诸门，皆谆谆于脾胃，盖其所独重也。东垣发明内伤之类外感，实有至理。而以土为万物之母，脾胃为生化之源。脾虚损论一篇，极言寒凉峻利之害，尤深切著明。盖预睹刘、张两家末流攻伐之弊，而早防其渐也。至于前代医方，自《金匮要略》以下，大抵药味无多。故《唐书·许允宗传》纪允宗之言曰，病之于药有正相当，惟须单用一味，直攻彼病，药力既专，病即立愈。今人不能别脉，莫识病症，以情臆度，多安药味。譬之于猎，未知兔所，多发人马，空地遮围，或冀一人偶然逢也。如此疗病，不亦疏乎？其言历代医家传为名论。惟杲此书载所自制诸方，动至一二十味，而君臣佐使相制相用，条理井然，他人罕能效之者。斯则事由神解，不涉言诠。读是书者能喻法外之意则善矣。

《医垒元戎》·十二卷（兵部侍郎纪昀家藏本）

元王好古撰。好古字进之，赵州人。官本州教授。据好古所作《此事难知》序，盖其学出于李杲。然此书海藏黄耆汤条下，称杲为东垣李明之先生；而易老大羌活汤条下，称先师洁古老人。则好古实受业张元素，殆如赵匡、陆淳同受春秋于啖助，而淳又从匡讲问欤。自跋称是书已成于辛卯（金哀宗正大八年）。至丁酉春（元灭金之第四年），为人阴取之。原稿已绝，更无余本。予职州庠，杜门养拙，菡盐之暇，无可用心，想像始终，十得七八。试书首尾，仅得复完。前有自序，亦题丁酉岁。盖初成于金末，而重辑于元初也。其书以十二经为纲，皆首以伤寒，附以杂证。大旨祖长沙绪论，而参以东垣易水之法，亦颇采用《和剂局方》，与《丹溪门径》小异。然如半硫丸条下注云，此丸古时用，今时气薄不用。则斟酌变通。亦未始不详且慎矣。其曰《医垒元戎》者，自序谓良医之用药，若临阵之用兵也。此本为嘉靖癸卯辽东巡抚右都御史余姚顾遂所刻，万历癸巳，两淮盐运使鄞县屠本畯又重刻之，体例颇为参差。盖书帕之本，往往移易其旧式。今无原本可校，亦姑仍屠本录之焉。

按：王好古字进之，号海藏，古赵人，东垣高弟，医之儒也。性明敏，通经史，任赵州教授兼提举管内医学，所著《医垒元戎》十二卷、《医家大法》三卷、《仲景详辨活人节要歌》《汤液本草》二卷、《斑疹论》《光明论》《标本论》《伤寒辨惑论》《小儿吊书》等书行世，海藏治赵宗颜，因下之太过，生黄，脉沉细迟无力，次第用药，至茵陈附子汤大劾。按：次第用药者，谓先投韩氏茵陈茯苓汤，次茵陈橘皮汤，再次茵陈附子汤也。又一人患伤寒，淂汗数日，忽身热自汗，脉弦数，心不宁，真劳复也。王诊之曰：劳心之所致，神之所舍，未复其初，而又劳伤其神，营卫失度，当补其子，益其脾，解发其劳，庶几得愈。授以补脾汤，佐以小柴胡汤解之。《千金》曰：心劳甚者，补脾则感于心矣，此劳当补其气以益脾。此论人所未及。

——《古今医史》

《此事难知》·二卷（江苏巡抚采进本）

元王好古撰。是编专述李杲之绪论，于伤寒症治尤详。其问三焦有几，分别手足，明孙一奎极称其功。惟谓命门包络与右尺同论，又谓包络亦有三焦之称，未免误会经旨耳。史称杲长于伤寒，而《会要》一书元好问实序之。今其书已失传，则杲之议论犹赖此以存其一二。前有至大元年自序，称得师不传之秘，句储月积，浸就篇帙。盖好古自为裒辑。今本《东垣十书》竟属之杲，殊为谬误。考明李濂《医史》，亦以是书为杲作。则移甲为乙，已非一日矣。

《汤液本草》·三卷（江苏巡抚采进本）

元王好古撰。曰汤液者，取《汉志》汤液经方义也。上卷载东垣药类法象、用药心法，附以五宜五伤七方十剂。中、下二卷以本草诸药配合三阳三阴十二经络，仍以主病者为首，臣佐使应次之。每药之下，先气次味，次入某经。所谓象云者，药类法象也。心云者，用药心法也。珍云者，洁古珍珠囊也。其余各家虽有采辑，然好古受业于洁古，而讲肄于东垣，故于二家用药尤多徵引焉。考《本草》药味不过三品，三百六十五名。陶弘景《别录》以下，

155

递有增加，往往有名未用。即《本经》所云主治，亦或古今性异，不尽可从。如黄连今惟用以清火解毒，而经云厚肠胃，医家有敢遵之者哉！好古此书所列，皆从名医试验而来，虽为数无多，而条例分明，简而有要，亦可云适乎实用之书矣。

《珍珠囊指掌补遗药性赋》·四卷（侍郎金简购进本）

旧本题金李杲撰。考《珍珠囊》为洁古老人张元素著，其书久已散佚。世传东垣《珍珠囊》乃后人所伪托，李时珍《本草纲目》辨之甚详。是编首载寒、热、温、平四赋，次及用药歌诀，俱浅俚不足观。盖庸医至陋之本，而亦托名于杲，妄矣。

《古今律历考》·七十二卷（浙江巡抚采进本）

明邢云路撰。云路字士登，安肃人。万历庚辰进士，官至陕西按察司副使。是书详于历而略于律，七十二卷中言律者不过六卷，亦罕所发明。惟辨黄钟三寸九分之非，颇为精当。而编在历代日食之后，步气朔之前，不知何意。《历法》六十六卷，则自六经以下，迄于明代大统历，一一考订。其论周改正即改月，大抵本于张以宁《春王正月考》。惟于书惟元祀十有二月则指为建丑之月，谓商虽以丑为正，而纪数之月仍以寅为首，与《春王正月考》之说不同。然均之改正，而于周则云改月，于殷则云不改月，究不若张以宁说之为允也。六十五卷中有驳授时历八条，驳大统历七条。其驳大统历，谓斗指析木日躔娵訾，非天星分野之次，乃月辰所临之名。而大统历乃以天星次舍加为地盘月建，殊袭赵缘督之误。又谓授时历至元辛巳黄道躔度十二交宫界，郭守敬所测，至今三百余年，冬至日躔已退五度，则宜新改日躔度数。而大统历乃用其十二宫界，不合岁差。又谓大统历废授时消长之法，以至中节相差九刻。盖云路工于推算，多创新术，大统为当时见行之历，故辨之尤力。又大统仅废授时消长一术，其余多所承袭，故因而并及授时也。梅文鼎《勿庵历算书》记曰：从黄俞邰借读邢观察《古今律历考》，惊其卷帙之多。然细考之，则于古法殊略。所疏授时法意，亦多未得其旨。又曰：邢氏书但知有授时，而姑援经史以张其说。古历之源流得失，未能明也，无论西术矣。是文鼎于云路此书，盖有未满。然推步之学，大抵因已具之法而更推未尽之奥，前人智力之所穷，正后人心思之所起，故其术愈阐愈精，后来居上。云路值历学坏敝之时，独能起而攻其误，其识加人一等矣。创始难工，亦不必定以未密讥也。

　　按：邢云路字士登，安肃人，万历进士，历官陕西副使，生有异慧，博极群书，尤究心天官家言，著《古今律历考》七十二卷，临终谓其子曰："四十年苦心，十一朝巨典，可当茂林遗书，其善藏之。"

——《（雍正）畿辅通志》

《测圆海镜》·十二卷（编修李潢家藏本）

　　元李冶撰。冶字镜斋，栾城人。金末登进士，入元官翰林学士。事迹具《元史》本传。其书以勾股容圆为题，自圆心圆外纵横取之，得大小十五形，皆无奇零。次列识别杂记数百条，以穷其理。次设问一百七十则，以尽其用。探赜索隐，参伍错综，虽习其法者，不能骤解。而其草则多言立天元一。按立天元一法见于宋秦九韶《九章大衍数》中，厥后《授时草》及《四元玉鉴》等书皆屡见之，而此书言之独详，其关乎数学者甚大。然自元以来，畴人皆株守立成，习而不察。至明，遂无知其法者。故唐顺之与顾应祥书，谓立天元一，漫不省为何语。顾应祥演是书为分类释术，其自序亦云立天元一无下手之术，则是书虽存，而其传已泯矣。明万历中，利玛窦与徐光启、李之藻等译为《同文算指》诸书，于古《九章》皆有辨订，独于立天元一法阙而不言。徐光启于《勾股义序》中引此书，又谓欲说其义而未遑。是此书已为利玛窦所见，而犹未得其解也。迨我国家，醲化翔洽，梯航鳞萃，欧逻巴人始以借根方法进呈，圣祖仁皇帝授蒙养斋诸臣习之。梅彀成乃悟即古立天元一法，于《赤水遗珍》中详解之。且载西名阿尔热巴拉（案：原本作阿尔热巴达，谨据西洋借根法改正），即华言东来法。知即冶之遗书流入西域，又转而还入中原也。今用以勘验西法，一一吻合，彀成所说，信而有徵。特录存之，以为算法之秘钥。且以见中法西法互相发明，无容设畛域之见焉。

按：李冶，字仁卿（按：一作镜斋），真定栾城人。登金进士第，调高陵簿，未上，辟知钧州事。岁壬辰，城溃，冶微服北渡，流落忻、崞间，聚书环堵，人所不堪，冶处之裕如也。世祖在潜邸，闻其贤，遣使召之，且曰："素闻仁卿学优才赡，潜德不耀，久欲一见，其勿他辞。"既至，问河南居官者孰贤，对曰："险夷一节，惟完颜仲德。"又问完颜合答及蒲瓦何如，对曰："二人将略短少，任之不疑，此金所以亡也。"又问魏徵、曹彬何如，对曰："徵忠言谠论，知无不言，以唐诤臣观之，徵为第一。彬伐江南，未尝妄杀一人，拟之方叔、召虎可也。汉之韩、彭、卫、霍，在所不论。"又问："今之臣有如魏徵者乎？"对曰："今以侧媚成风，欲求魏徵之贤，实难其人。"又问今之人材贤否，对曰："天下未尝乏材，求则得之，舍则失之，理势然耳。今儒生有如魏璠、王鹗、李献卿、兰光庭、赵复、郝经、王博文辈，皆有用之材，又皆贤王所尝聘问者，举而用之，何所不可，但恐用之不尽耳。然四海之广，岂止此数子哉。王诚能旁求于外，将见集于明廷矣。"又问天下当何以治之，对曰："夫治天下，难则难于登天，易则易于反掌。盖有法度则治，控名责实则治，进君子退小人则治，如是而治天下，岂不易于反掌乎！无法度则乱，有名无实则乱，进小人退君子则乱，如是而治天下，岂不难于登天乎！且为治之道，不过立法度、正纪纲而已。纪纲者，上下相维持；法度者，赏罚示惩劝，今则大官小吏，下至编氓，皆自纵恣，以私害公，是无法度也。有功者未必得赏，有罪者未必被罚，甚则有功者或反受辱，有罪者或反获宠，是无法度也。法度废，纪纲坏，天下不变乱，已为幸矣。"又问昨地震何如，对曰："天裂为阳不足，地震为阴有余。夫地道，阴也，阴太盛，则变常。今之地震，或奸邪在侧，或女谒盛行，或谗慝交至，或刑罚失中，或征伐骤举，五者必有一于此矣。夫天之爱君，如爱其子，故示此为警之耳。苟能辨奸邪，去女谒，屏谗慝，省刑罚，慎征讨，上当天心，下协人意，则可转咎为休矣。"世祖嘉纳之。

冶晚家元氏，买田封龙山下，学徒益众。及世祖即位，复聘之，欲处以清要，冶以老病，恳求还山。至元二年，再以学士召，就职期月，复以老病辞去，卒于家，年八十八。所著有《敬斋文集》四十卷，《壁书丛削》十二卷，《泛说》四十卷，《古今黈》四十卷，《测圆海镜》十二卷，《益古衍段》三十卷。

——《元史》

《益古演段》·三卷（永乐大典本）

元李冶撰。据至元壬午砚坚序，称冶《测圆海镜》既已刻梓，其亲旧省掾李师徵，复命其弟师珪请冶是编刊行。是成在《测圆海镜》之后矣。其曰《益古演段》者，盖当时某氏算书（案：冶序但称近世有某，是冶已不知作者名氏。）以方圆周径幂积和较相求，定为诸法，《益古集》。冶以为其蕴犹匿而未发，因为之移补条目，厘定图式，演为六十四题，以阐发奥义，故踵其原名。其中有草，有条段，有图，有义。草即古立天元一法，条段即方田、少广等法，图即绘其加减开方之理，义则随图解之。盖《测圆海镜》以立天元一法为根，此书即设为问答，为初学明是法之意也。所列诸法，文皆浅显。盖此法虽为诸法之根，然神明变化，不可端倪，学者骤欲通之，茫无门径之可入。惟因方圆幂积以明之，其理犹属易见。故冶于方圆相求各题，皆以此法步之为草，俾学者得以易入。自序称今之为算者未必有刘、李之工，而褊心局见，不肯晓然示人。惟务隐互错糅，故为溟涬黯黮，惟恐学者得窥其仿佛云云。可以见其著书之旨矣。至其条段、图、义，触类杂陈，则又以必习于诸法而后可以通此法，故取以互相发也。其书世无传本。顾应祥、唐顺之等见《测圆海镜》而不解立天元一法，遂谓秘其机以为奇，则明之中叶，业已散佚。今检《永乐大典》尚载有全编。特录存之，俾复见于世，以为算家之圭臬。砚坚序称三卷，今约略篇页，厘为三卷，其文则无所增损。惟传写讹谬者，各以本法推之，咸为校正焉。

《太阳太阴通轨》·无卷数（浙江鲍士恭家藏本）

明戈永龄撰。永龄，宛平人。正德中官钦天监保章正。是书取元代所辑《大统历》七政交食通轨，循其法而重演之。原本不题卷数，仅分三册。盖其细草稿也。考《明史》载《大统历》即元《授时历》，当时测验，舛异已多，得其全书，犹不足用。此本篇帙残阙，仅存推算数法，益不足据为定准矣。

按：戈永龄，宛平人，正德中官钦天监保章正。撰《太阳太阴通轨》若干卷，盖取元代所辑《大统历》，七政交食通轨，循其法而重演之。原本不题卷数，仅分三册，盖其细草汇稿也。

——《畴人传四编》

《戊申立春考证》·一卷（两江总督采进本）

明邢云路撰。云路有《古今律历考》，已著录。万历三十六年戊申，钦天监推十二月二十一日己卯子正立春，云路立表推之，谓当在二十日戊寅亥初。由元统《大统历》轻改郭守敬《授时法》，测验俱差。遂详为考证，以成此书。盖其官兰州时所作也。陶珽《续说郛》亦载此书，但题曰《立春考证》，删其戊申二字，已为舛谬。又因云路字士登，遂误以邢云为地名，删此二字，但题曰路士登撰，益足资笑噱矣。

《折衷历法》·十三卷（直隶总督采进本）

明朱仲福撰。仲福，灵寿人。初，元郭守敬作《授时历》。明洪武中因其书作《大统历》，而去其上考下求岁实消长之法。是以嘉靖中以大统、授时二历相较，考古则气差三日，推今则时差九刻。何瑭、邢云路、郑世子载堉诸人，纷纷攻诘，迄无定论。仲福是书，成于万历二十二年，用万历九年为历元，折衷二历强弱之间，以为活法。然大抵勉强牵就，非能密合天行。且授时所定岁实，其小余为二千四百二十五分，已为不密。以史所载考之，丁丑年冬至在戊戌日夜半后八刻半。又定戊寅冬至在癸卯日夜半后三十三刻，己卯冬至在戊申日夜半后五十七刻，庚辰冬至在癸丑日夜半后八十一刻，辛巳冬至在己未日夜半后六刻。夫一岁小余二十四刻二十五分，积之四岁，正得九十七刻，无余无欠，而丁丑至辛巳四年已多半刻。其积算未精，已概可见。仲福步日躔术乃定日平行一度躔周为三百六十五度二十五会，仍是后汉时四分最疏之率。是名为折衷授时、大统二法，实较二法为尤舛矣。

按：朱仲福，灵寿人，世业农。父生仲福，早卒，仲福孩提时即能行丧礼，人咸异之成童，不为娱戏出牧牛，每于乡塾听读书，辄晓大义，从里人借书即其音寻之，乃识字。长方农，养母每带经锄灌，诵读书，夜不辍，贫不得书，每从里中士借得一览，辄返，人问之曰："阅乎？"曰："颇阅。"人无知者，母卒，哀毁，尽礼三年，不笑语，乡邻异之，邑人给事中，傅鸣会知之，造庐与语，大奇之，遂与之游蜇，誉荐绅间，人皆以得见为庆，仲福常戴圆弒帽衣短布衣，诸士大夫赠以巾，仲福曰："仲福本小民，所戴此圆弒帽者，遵朝廷之制也。一加以巾，则诸公又何必与仲福游？"年四十，妻卒，便绝欲，独处草堂，诵读积岁，而诸士大夫家藏书皆遍，深明律历，每元旦登其乡，之阜曰："狗台望气。"辄言一岁休咎，无不奇验。人劝之著书曰："天地间道理圣贤已尽。"言之："著书，非复则偏，何益？况人世书未见者，尽多一落笔焉。知非古人所已到者耶？"人咸服其言。子二力耕以养仲福之母，庭前手植一柏，仲福终身不忍折一枝，每教其子孙必以树下，乡里化之，无争斗者，曰："恐朱老知也。"恭谨端方，虽疾风暴雨无改步，自乡至邑八里，步履安详，士大夫每使人尾之，未尝有惰容。尝与诸士大夫游许由山，其山观唐宋碑甚多，众诵碑文，一过数年后，谈及其碑，佳惜遗忘，仲福一一诵如流，人始惊以为神，出言简而理甚透，尝有一偶傥士过其前，适一车至仲福曰："君知车之所以载重而行远乎？"其人因放论数千百言，仲福曰："不然，彼体方而用图，是以如此。"其人叹服，大略与人谈多如此。一日忽语群公曰："明年某月某日，其长违诸公乎？"众惊曰："先生康疆，何言此？有术乎？何决如斯？"仲福曰："吾无术第，卧听吾耳，至每一伏时，若干则一断，过一日则少，若干以历法计之，明年某月某日数尽矣。"至先三日，遍辞乡里亲故，坐一室，人皆环视之，谈笑如常，而逝其子为修墓人，皆见仲福立墓上，乡人私称碣曰：孝德先生。（著有《折衷历法》十三卷，惜未付梓。）

——《明书》

《皇极经世书解》·十四卷（直隶总督采进本）

国朝王植撰。植有《四书参注》，已著录。案《皇极经世书》，邵伯温以为共十二卷，一至六则元会运世，七至十则律吕声音，十一二为观物篇。赵震又分元会运世之六卷为三十四篇，律吕声音之四卷为十六篇。《性理大全》则合内篇十二、外篇二，共为六十四篇，又谓《律吕声音》十六篇共图三千八百四十。明嘉兴徐必达所刻《邵子全书》细目，复以元经会分十二会为十二篇，以会经运分二百四十运为十二篇，以运经世分十篇，律吕声音则合有字有声及无字无声平上去入各九百六十图。植为此书，则并元会运世为三卷，律吕声音为一卷，内篇外篇共为卷者八，而又标蔡元定原纂图十，及所补录图五，新附图三于卷首。其于旧本，多所更定。如午会之六世之已，书秦夺宣太后权，黄畿注未录入，此补录之。声音篇之配以卦，黄畿以为出于《祝氏钤》，此一切芟汰之。又广引诸家之说以相发明，其考究颇为勤挚。邵子之数虽于《易》为别派然，有此一家之学，亦不可磨灭于天地之间。植之所说，虽未必尽得本旨，而自宋以来，注是书者不过数家，存之亦足资旁证也。

《说畴》·一卷（江苏巡抚采进本）

明乔中和撰。中和有《说易》，已著录。是编凡分五目。一曰正误，皆踵宋、元诸儒错简之说，颠倒经文之序。二曰释次，明五行之序。其云五星，惟金、水三十度，殊不可解。案金水附日而行，日行一度，而又有迟疾顺逆之差，此云三十度，是统以月计之矣。三曰广形、推衍五行之类，其云百饵为金，姜汁为金之类，分配牵强，毫无确据。四曰辨是，以十为《洛书》，九为《河图》，申刘牧之说，亦空言聚讼。五曰卜繇，以雨霁蒙驿克错综相乘为二十有五，分属五方，每方得五九四十五畴，各系以词，如《易林》之体。末为用骰代龟说，殆与卢氏《签易》同一儿戏。如其说，则神祠玦杯，其法更捷，何必纷纷然缴绕河洛乎？

《大易通变》·六卷（浙江巡抚采进本）

明乔中和撰。中和有《说易》，已著录。是书一名《焦氏易林补》。取焦赣《易林》删其词之重复者，而以己意补缀其阙，凡一千余首。焦《易》四千九十六变，传世既久，字多讹误，如以快为快，以羊为缶之类，宋黄伯思、薛季宣已极论之。然古书讹误，岂后人所可续貂！况焦氏之学虽所称源出孟喜者，施雠等力斥其诬，而占验无讹，要于易外别传。自有专门授受，非儒生研求卦画所可臆推。中和之术不闻出赣以上，乃竟刊补其文，殊昧于度德量力之义矣。其曰《大易通变》者，焦氏旧本有唐王俞序，称曰大易通变，故中和用以为名云。

《庚子销夏记》·八卷（浙江巡抚采进本）

国朝孙承泽撰。承泽有《尚书集解》，已著录。承泽晚年思以讲学自见，论者多未之许，然至于鉴赏书画，则别有专长。是编乃顺治十六年承泽退居后所作。始自四月，迄于六月，故以销夏为名。自一卷至三卷皆所藏晋、唐至明书画真迹。四卷至七卷皆古石刻，每条先标其名，而各评骘于其下。八卷为寓目记，则皆他人所藏而曾为承泽所见者，故别为一卷附之。大抵议论之中，间有考据。如宋之钱时，尝为秘阁校勘，史馆检阅，终于江东帅属，本传所载甚明，而承泽以为隐居不仕。此类亦颇失于检点。然其鉴裁精审，叙次雅洁，犹有米芾、黄长睿之遗风，视董逌之文笔晦涩者，实为胜之。其人可薄，其书未可薄也。

《研山斋墨迹集览》·一卷、《法书集览》·三卷（编修励守谦家藏本）

国朝孙承泽撰。承泽有《尚书集解》，已著录。是书前有小序，即《庚子销夏记》之序，其文亦与《庚子销夏记》同，惟前后编次颇异，盖即《销夏记》之稿本也。后附元人破临安所得宋书画目一卷，前亦有承泽序。今本《销夏录》无之。核其所列，即元王恽《玉堂嘉话》之文。殆以与《秋涧集》重出，故始载之而终删之欤？

《人物志》·三卷（左副都御史黄登贤家藏本）

魏刘劭撰。劭字孔才，邯郸人。黄初中官散骑常侍。正始中赐爵关内侯。

事迹具《三国志》本传。别本或作刘劭，或作刘邵。此书未有宋庠跋云，据今官书，《魏志》作勉劭之劭，从力。他本或从邑者，晋邑之名。按《字书》，此二训外别无他释，然俱不协孔才之义。《说文》则为卲，音同上，但召旁从卩耳，训高也，李舟切韵训美也。高美又与孔才义符。扬子《法言》曰，周公之才之卲是也。所辨精核，今从之。其注为刘昞所作。昞字延明，敦煌人。旧本名上结衔题凉儒林祭酒。盖李暠时尝授是官。然《十六国春秋》称，沮渠蒙逊平酒泉，授昞秘书郎，专管注记。魏太武时又授乐平从事中郎。则昞历事三主，惟署凉官者误矣。劭书凡十二篇，首尾完具。晁公武《读书志》作十六篇，疑传写之误。其书主于论辨人才，以外见之符，验内藏之器，分别流品，研析疑似，故《隋志》以下皆著录于名家。然所言究悉物情，而精核近理。视尹文之说兼陈黄、老、申、韩，公孙龙之说惟析坚白同异者，迥乎不同。盖其学虽近乎名家，其理则弗乖于儒者也。昞注不涉训诂，惟疏通大意，而文词简古，犹有魏、晋之遗。汉魏丛书所载，惟每篇之首存其解题十六字，且以卷首阮逸之序，讹题晋人，殊为疏舛。此本为万历甲申河间刘用霖所刊，盖用隆庆壬申郑旻旧版而修之，犹古本云。

按：刘劭字孔才，广平邯郸人也。建安中，为计吏，诣许。太史上言："正旦当日蚀。"劭时在尚书令荀彧所，坐者数十人，或云当废朝，或云宜却会。劭曰："梓慎、裨灶，古之良史，犹占水火，错失天时。礼记曰诸侯旅见天子，及门不得终礼者四，日蚀在一。然则圣人垂制，不为变豫废朝礼者，或灾消异伏，或推术谬误也。"或善其言。敕朝会如旧，日亦不蚀。

御史大夫郗虑辟劭，会虑免，拜太子舍人，迁秘书郎。黄初中，为尚书郎、散骑侍郎。受诏集五经群书，以类相从，作皇览。明帝即位，出为陈留太守，敦崇教化，百姓称之。徵拜骑都尉，与议郎庾嶷、荀诜等定科令，作新律十八篇，著律略论。迁散骑常侍。时闻公孙渊受孙权燕王之号，议者欲留渊计吏，遣兵讨之，劭以为"昔袁尚兄弟归渊父康，康斩送其首，是渊先世之效忠也。又所闻虚实，未可审知。古者要荒未服，修德而不征，重劳民也。宜加宽贷，使有以自新"。后渊果斩送权使张弥等首。劭尝作赵都赋，明帝美之，诏劭作许都、洛都赋。时外兴军旅，内营宫室，劭作二赋，皆讽谏焉。

青龙中，吴围合肥，时东方吏士皆分休，征东将军满宠表请中军兵，并召休将士，须集击之。劭议以为"贼众新至，心专气锐。宠以少人自战其地，若便进击，不必能制。宠求待兵，未有所失也。以为可先遣步兵五千，精骑三千，军前发，扬声进道，震曜形势。骑到合肥，疏其行队，多其旌鼓，曜兵城下，引出贼后，拟其归路，要其粮道。贼闻大军来，骑断其后，必震怖遁走，不战自破贼矣"。帝从之。兵比至合肥，贼果退还。

景初中，受诏作都官考课。劭上疏曰："百官考课，王政之大较，然而历代弗务，是以治典阙而未补，能否混而相蒙。陛下以上圣之宏略，愍王纲之弛颓，神虑内鉴，明诏外发。臣奉恩旷然，得以启蒙，辄作都官考课七十二条，又作说略一篇。臣学寡识浅，诚不足以宣畅圣旨，著定典制。"又以为宜制礼作乐，以移风俗，著乐论十四篇，事成未上。会明帝崩，不施行。正始中，执经讲学，赐爵关内侯。凡所选述，法论、人物志之类百余篇。卒，追赠光禄勋。子琳嗣。

——《三国志》

《近事会元》·五卷（兵部侍郎纪昀家藏本）

宋李上交撰。上交，赞皇人。始末未详。是书成于嘉祐元年。前有上交自序。陈振孙《书录解题》曰，《近事会元》五卷，李上交撰。自唐武德至周显德，杂事细务皆纪之。钱曾《读书敏求记》曰：上交退寓钟陵，寻近史及小说、杂记之类凡五百事，厘为五卷，目曰《近事会元》。《唐史》所失记者，此多载焉。此本末题万历壬牛元素斋录副本，犹明人旧钞，卷数与二家所记合。其纪事起讫年月与振孙所言合，条数及自序之文亦与曾所言合，盖即原本。惟振孙以为皆记杂事细务。今观其书，自一卷至三卷首载宫殿之制，次载舆服之制，次载官制、军制，其次亦皆六曹之掌故。四卷为乐曲，为州郡沿革。惟五卷颇载琐闻，然如妇人檐子、兜笼、线鞋、线鞋、亲迎、举乐、障车、公主事姑舅、公主赐谥、山川岳渎封号、国忌行香、上元点灯、散从亲事官、处士谥先生、律格、赦书、投匦、刑统、律令、死罪覆奏、断狱禁乐、逐旬问罪人、表状、书奏、制敕及始流沙门岛、始配衙前安置、始贬崖州诸条，亦皆有关于典制。大抵体例在崔豹《古今注》《高承事物纪原》之间，其中如《霓裳羽衣曲》考证，亦极精核，不可徒以杂事细务目之。振孙殆未详核其书，但见其标题列说如《云仙杂记》《清异录》之式，遂漫以为小说欤。

按：宋洛阳人，郡望赞皇。仁宗庆历、皇祐间历知筠州、福州，累官职方员外郎。有《近事会元》《豫章西山记》。

——《中国历代人名大辞典》

《樵香小记》·二卷（兵部侍郎纪昀家藏本）

国朝何琇撰。琇字君琢，号励庵，宛平人。雍正癸丑进士，官至宗人府主事。是编皆考证之文，凡一百二十条，论经义者居其大半，亦颇及字学、韵学。其论六书，颇与旧说异同。如谓秃字当从禾会意，《说文》谓人伏禾下固属谬妄，即六书正讹改为从木谐声亦非确论，谓《说文》训为字为母猴，本末倒置，当是先有为字，乃借以名猴；谓射字从身从寸为籀文象手持弓形之讹；其说皆未免于独创。至其解《春秋》西狩获麟，解《周礼》奔者不禁，解《诗》野有死麕，亦时能发先儒所未发。其学问大旨，盖出入于阎若璩、顾炎武、朱彝尊、毛奇龄诸家，故多演其绪论云。

按：何琇，字君琢，号励庵，宛平人，雍正十一年进士，宗人府主事（《畿辅诗传三十三》）。宦途坎坷，贫病以终。着有《樵香小记》多考证经史疑义（《阅微草堂笔记》），凡一百二十条，论经义者居其半，亦颇及字学、韵学，其论《六书》颇与旧说异同，如谓"秃"字当从"禾"，会意，《说文》谓人伏禾下，固属谬妄。即《六书正讹》改为从"禾"谐声，亦非确论；谓《说文》

训为字为母猴，本末倒置，当是先有"为"字，乃借以名猴。谓"射"字从"身"、从"寸"，为籀文，象手持弓形之讹，其说皆独创。至其解《春秋》"西狩获麟"，解《周礼》"奔者不禁"，解《诗》"野有死麕"，亦时能发先儒所未发。其学问大旨盖出入于阎若璩、顾炎武、朱彝尊、毛奇龄诸家，故多衍，其绪论云（《四库全书提要》）：为诗颇喜陆放翁。（《阅微草堂笔记》）

——《（光绪）顺天府志》

《春明退朝录》·三卷（浙江巡抚采进本）

宋宋敏求撰。敏求有《唐大诏令》，已著录。是书《文献通考》凡两出其名，一入于故事，一入于杂家，今观所记，虽多述宋代典制，而杂说、杂事亦错出其间，则究为杂家类也。前有敏求自序，称熙宁三年予以谏议大夫奉朝请。考《宋史·敏求本传》，熙宁元年以知制诰贬知绛州，即于是岁召还，为谏议大夫。王安石恶吕公著，出知颍州。敏求草制忤安石，请解职未听。会李定自秀州判官除御史，敏求封还词头，遂以本官奉朝请。又考《宋史·吕公著传》，公著之罢中丞，正在熙宁三年，盖即是时。王偁《东都事略》谓敏求自绛州迁右谏议大夫，后知制诰，在职六年者，误也。其序末但称十一月晦，盖蒙上熙宁三年之文，然其下卷又有熙宁七年六月十三日之注，岂先为序而后成书，如程伊川《春秋传》之类欤？

《敬斋古今黈》·八卷（永乐大典本）

元李冶撰。冶有《测圆海镜》，已著录。此书原目凡四十卷。其以黈名者，案《汉书·东方朔传》，黈纩充耳，所以塞聪。颜师古注曰：示不外听。冶殆以专精覃思，穿穴古今，以成是书，故有取于不外听之义欤？《元史》本传、邵经邦《宏简录》、黄虞稷《千顷堂书目》俱作《古今难》，当因字形相似，传写致讹。《文渊阁书目》题作宋人，则并其时代亦误矣。其书皆订正旧文。以考证佐其议论，词锋骏利，博辨不穷。其说《毛诗》草虫阜螽一条云，师说相承，五经大抵如此，学者止可以意求之，胶者不卓，不胶则卓矣，是其著书之大旨也。其中如谓蚩尤之名，取义于蚩蚩之尤。谓内则一篇卑鄙烦猥，大类世所传食纂。谓《中庸》索隐行怪乃素餐之素，谓《孟子》兄戴盖为一句，禄万钟为一句，戴盖即乘轩之义，或不免于好为僻论，横生别解。又如淳化阁帖汉章帝书《千字文》、米芾《书史》、黄伯思《法帖刊误》、秦观《淮海集》，俱以为伪帖，而冶据以驳《千字文》非周兴嗣作。《太平广记》载徐浦盐官李伯禽戏侮庙神，其事在贞元中，具有年月，而冶即以为李白之子伯禽，亦偶或失考。然如《辨史》记微子面缚，左牵羊，右把茅，乃其从者牵之把之，司马迁所记不谬，孔颖达书《正义》所驳为非；辨郑语收经入行姟极，谓经即京，姟即垓，韦昭不当注经为常；辨《论语》五十以学《易》，谓《论语》为未学《易》时语，《史记》所载，则作《十翼后语》，不必改五十字作卒；辨《孟子》龙断即《列子》所谓冀之南汉之北无龙断焉；辨《史记》自叙瓯、骆相攻，谓当为闽、越相攻；辨张耒书《邹阳传》后，谓韩安国实两见长公主，《汉书》不误，而耒误；辨《卫青传》三千一十七级，谓级字蒙上斩字，颜师古级；上捕字遂以生获为级；辨魏志穿方负土，谓即《算经》之立方定率；辨《吴志》孙权告天文，谓不当呼上帝为尔；辨《通鉴》握槊不辍，谓胡三省误以长行局为长矛；以及辨古者私家及官衙皆可称朝，引《后汉书》刘宠、成瑨及《左传》伯有事为证；辨佝偻丈人承蜩所以供食，引《内则》郑元注、《荀子》杨倞注为证；辨《吴都赋》猩长啸当作长笑，引《山海经》为证。皆具有根据，要异乎虚骋浮词，徒凭臆断者矣。至于所引《战国策》蔡圣侯因是已君王之事，因是已二已字今本并作以，而证以李善注阮籍咏怀诗所引，实作已字。足以考订古本。又《大学》絜矩，今本章句作絜度也，冶所见本则作絜围束也。苏轼《赤壁赋》，今本作而吾与子之所共适，冶所见本则作共食，而驳一本作共乐之非。亦足以广异闻。有元一代之说部，固未有过之者也。虽原本久佚，今采掇于《永乐大典》者不及十之四五，然菁华具在，犹可见其崖略。谨以经、史、子、集、依类分辑，各为二卷，以备考证之资焉。

《春明梦余录》·七十卷（内府刊本）

国朝孙承泽撰。承泽有《尚书集解》，已著录。是书首以京师建置、形胜、城池、畿甸，次以城防、宫殿、坛庙，次以官署，终以名迹、寺庙、石刻、岩麓、川渠、陵园。似乎地志，而叙沿革者甚略。分列官署，似乎职制。每门多录明代章疏，连篇累牍，又似乎故事。体例颇为庞杂。且书中标目，悉以明制为主，则不当泛及前代。既泛及前代，则当元元本本，丝牵绳贯，使端委粲然，不当挂一漏万，每门寥寥数语，或有或无，绝不画一。即如礼部第一子目标曰礼制，而首以朱子《仪礼经传通解》一条，次以吴澄《三礼考注》一条，又次以《朱子家礼》一条，此儒者之著述，非朝廷之典章，不当系于礼部。又周与宋之旧文，非明代之新制，尤不当系于明之礼部，是何义也？太医院门自叙官一条外，皆杂录古人医书序文，及诸脉论，以足一卷，此无论不能遍载，即遍载之，何预明太医院，然则翰林院门将备录历代制诰诗赋耶？又承泽沿门户余波，持论皆存偏党。如万历以後历法差舛，众论交争，至崇祯中，西法、中法喧哄弥甚。此沿革之大者，乃钦天监门于郑世子载堉诸说今见于《明史》者悉删不录，于徐光启等改法之事亦仅存其略，且谓旧法不过时刻之差，不害于事，又谓新法将来亦必差，殊有意抑扬，不为平允。盖其时论者多攻大统历，而大统历曾经许衡参修，承泽以讲学家宗派所系，故为之左袒，其反覆以衡为词，宗旨了然可睹也。又周延儒招权纳贿，赐死非枉，承泽乃于内阁门中录其直房记一篇，以为美谈，复于刑部门中以阁臣公救延儒揭列之慎刑条下，益乖是非之公矣。其好恶任情，往往如是，盖不足尽据为典要。然于明代旧闻，采摭颇悉，一朝掌故，实多赖是书以存，且多取自实录、邸报，与稗官野史据传闻而著书者究为不同。故考胜国之轶事者，多取资于是编焉。

《研山斋杂记》·四卷（编修励守谦家藏本）

不著撰人名氏。考研山为孙承泽斋名，或疑即为承泽作。然所引查慎行《敬业堂诗》、王士禛《居易录》等书，皆在承泽以后，则必不出承泽手。考承泽之孙炯有《研山斋珍玩集览》，此书或亦炯所撰欤。首论六书，而附以玺印及刊版、告身、表文之属；次研说墨谱，而附以眼镜；次为铜器考、窑器考，皆颇足以资考证。盖承泽虽人不足道，而于书画古器则好事赏鉴，两擅其长，其所收藏，至今为世所重。炯承其遗绪，耳濡目染，具有渊源。其所论著，一一能详究始末，细别纤微，固亦不足异矣。

《柏乡魏氏传家录》·二卷、附《家约》·一卷（直隶总督采进本）

国朝魏裔介撰。裔介有《孝经注义》，已著录。是编皆训导子孙之词，多讲举业。后附《家约》一卷，凡十事。大旨主于谨身守法，保全富贵。盖其为大学士时作也。

《劝世恒言》·一卷（直隶总督采进本）

题曰：时人近本，昆林删订。昆林者，魏裔介之别号也。凡四十八条，意主化导下愚，是以多陈因果，然皆杂用骈偶之词。以文论则不工，以示俚俗又不能解，未免两无所取矣。

《冬夜笺记》·一卷（大学士英廉购进本）

国朝王崇简撰。崇简字敬哉，宛平人。前明崇祯癸未进士。入国朝补选庶吉士，官至礼部尚书。是编成于康熙乙巳，皆其随笔劄记之语。所述格言，多先儒名论，亦间摘录古事及同时耳目所见闻。然征引旧闻，皆不载其出典，亦或偶然记忆未真。如伯夷、叔齐姓名一条，云出《吕氏春秋》及《韩诗外传》，今二书并无此文。案《论语疏》所引乃出《春秋·少阳篇》也。

按：王崇简字敬哉，宛平人，明崇祯癸未进士。本朝顺治二年，授国史院庶吉士，寻除秘书院检讨，迁侍读学士，会诏察明季殉难，诸臣崇简疏列大学士范景文等二十八人，请予旌典，从之，迁少詹，以疾告旋，以荐起国史院学士时，子熙亦官弘文院学士，世祖章皇帝语崇简曰："父子同官，臣邻希觏，然肩随齿列，恐有未安。"因擢崇简为礼部侍郎，升尚书加太子太保，凡所建白引经据，古洞中窾会，寻引疾，家居卒，赐谥文贞，祭葬如例。

——《（雍正）畿辅通志》

王崇简字敬哉，宛平人，崇祯进士。父受明陕西布政使司右布政，万历中进士，初仕潞安府推官，以清节著一府，人称之曰"王青天"，但饮潞安水耳。崇简善属文，旁及诗歌、古文辞皆优为之。相继受知于国子监司业张鼐、提学左光斗，二公素名知人，每崇简文辄叹曰：此公辅器也。值流贼破京师，遂挈其家播迁东南，久之始归。

世祖顺治二年，以顺天学政曹溶荐，补选庶吉士。寻除秘书院检讨，历侍读学士，迁詹事府少詹事兼侍读学士，以疾请告。十二月，刑部右侍郎戴明说荐崇简可大用。世祖素知之，遂起于家，其明年以原官，兼宏文院侍讲学士，迁国史院学士。时子王熙亦官宏文院学士。世祖章皇帝曰："父子同官，臣邻希觏，然肩随齿列，恐有未安。"因擢崇简为礼部侍郎，升尚书加太子太保。

崇简自为诸生即肆力于学，日诵记数千言，自经史诸子百氏无不贯穿，每考论古今治乱兴废之故，辄慨然有志当世益务，为经济有用之术。

在宏文院，诏察明季殉难诸臣始末，崇简疏言："在内，如东阁大学士范景文以下二十有三人在外，山西巡抚都御史蔡懋德等五人，或以其身仗节而死，或父母兄弟妇子相随死，或阖门大小俱死，其忠烈相同，宜并赐褒扬，以广作忠之典疏。既上时论，悉以为允及在礼部，感上知遇，益盖心于职掌。"会御史乞更定帝王庙祀典。崇简疏言："庙创自前明，迄于本朝曾经增定，皆祀从来开创帝王功业显著者，至于守成，令主荣不及与中间。如商之中宗、高宗，周之成王、康王，其行事俱见诗书；汉之文帝，史称其节用爱民，方内安宁，家给人足；宋之仁宗恭俭仁恕；明之孝宗亦与仁宗相类，忧勤惕厉，始终不渝。此七君者宜百世祀，不当以守成见格，又言宋臣潘美，不当在从祀列，张浚三命为将，凡三致败：一败于富平，则关陕遂弦；再败于淮西，则郦琼叛命；三败于符离，则中原遂不可复。且劾李纲，杀曲端，与岳飞议不合，其积忿在于并兵虽为南渡名臣，而初无灼然可见之功，亦当罢其从祀。"

诏议祫祭礼，崇简疏言："宜奉肇、兴、景、显四祖，及太祖南向、太宗东向。"诏议大享殿合祀礼，疏言："本朝所封启连山宜附中岳坛，天柱、隆业二山宜附北岳坛。"如前明附祀例，有建议请祀周公于孔子庙者，崇简以为不然，疏言："周公制作前代比诸帝王，今既配享武王于庙，礼数隆重，若复祀诸文庙之中，于体为衰，非尊崇之德也。"议者皆谓北岳恒山，立庙曲阳，非是。崇简以先儒言考之曰："按曲阳有三，《地理志》上曲阳属常山郡，在恒山北谷；下曲阳属钜鹿郡，鼓聚少阳亭晋荀，吴灭鼓其处也。今之曲阳，既非鼓聚，又不在北谷，距恒山绝远，遂疏言宜从讥者，移祀浑源州为便。"是时天下大定，朝野乂安，天子锐意创兴礼乐，崇简既钜儒学问淹洽，为上所委任，而又身居礼官之长，一切制度沿革比皆援古证今，侃侃建白；虽或廷议纠纷，亦皆俟一言而决，上亦必从其言，由是眷注日厚。子熙以礼部侍郎加尚书，迁左都御史、兵工二部尚书，大拜。崇简时六十余，尚无恙。父子后先同列海内荣之，十八年以疾解任，康熙十七年卒。赐谥文贞，祭葬如例。

——《（光绪）顺天府志》

《樗林三笔》·五卷（直隶总督采进本）

国朝魏裔介撰。裔介有《孝经注义》，已著录。是书分三种。《樗林闲笔》一卷，《樗林偶笔》二卷，《樗林续笔》二卷。闲笔所载多息心养生之论，偶笔上卷多讲学之语，下卷皆论史事，续笔则援引先儒，间参己见，亦颇及明季时事。裔介以讲学名，而是编多以二氏为宗，殆不可解。至续笔内称杨嗣昌起复入都，白帕布袍，所过驿传蔬粮而已。剿杀流贼，不遗余力。襄阳之破，郁郁而死云云。未免为之回护，则亦不尽公论矣。

《雕邱杂录》·十八卷（直隶总督采进本）

国朝梁清远撰。清远字迩之，号葵石，真定人。顺治丙戌进士，官至吏部侍郎。是编十有八卷，卷立一名。一曰眠云闲录，二曰藤亭漫钞，三曰情话记，四曰巡檐笔乘，五曰卧疴随笔，六曰今是斋日钞，七曰闭影杂识，八曰采荣录，九曰饱卿谈丛，十曰过庭暇录，十一曰东斋掌钞，十二曰予宁漫笔，十三曰晏如笔记，十四曰西庐漫笔，十五曰晏如斋檠史，十六曰耳顺记，十七曰啬翁檠史，十八曰休园语林。皆随时笔记之文。大抵杂录明末杂事及真定轶闻，颇多劝戒之意。惟末年尤信修炼之说，亦间涉释氏，至谓《心经》是古今第一篇文字。盖禅学、玄学、明末最盛，清远犹沿其余风也。间有考证，然不甚留意。如九卷载李屏山所作《西岩集》序，称李义山喜用僻事，下奇字，晚唐人多效之，号西昆体，殊无典雅浑厚之气，反詈杜少陵为村夫子。是以杨亿事为李商隐事，殆唐、宋不辨。又引黄庭坚之言，谓韩退之诗如教坊雷大使舞，学退之不至，即为白乐天。是以陈师道所评苏轼词，苏轼所评陶潜诗，并误为庭坚评韩愈诗之词，颠舛尤甚。

按：梁清远，字迩之，号蓘石，真定（今正定）人。梁清标之弟。顺治三年（1646 年）中进士，历任刑部主事、吏部郎中、太常寺少聊、兵部督捕右侍郎、户部右侍郎、吏部左侍郎、光禄寺少聊、通政使司参议。后因病归里。生平敦节义，识大体，好观书，通晓朝章故典，人物姓氏及冠婚丧祭诸仪。著有《雕邱杂录》《袚园诗集》《袚园文集》等。

——《河北省正定县志》

《研山斋珍玩集览》·无卷数（编修励守谦家藏本）

国朝孙炯撰。炯字挈庵，大兴人，吏部侍郎承泽之孙也。是书取《退谷随笔》中所论铜、玉、磁器及笔、墨、砚、纸、印章、文玩与刻版、绣绘、刻丝之属，益以炯所见闻，编成此帙。炯自为序。其中论刻版一条，称其家有宋版《本草纲目》四函。考《本草纲目》乃明万历中李时珍所作，安得有宋版也！

按：炯字挈庵，大兴人，吏部侍郎承泽之孙。

——《清文献通考》

《多识集》·十二卷（直隶总督采进本）

国朝魏裔介编。裔介有《孝经注义》，已著录。是书凡八种，一曰快书秘录，二曰广快秘录，三曰明百家说，皆杂录前人之说；四曰耕余杂语，为宁阳张攀龙撰；五曰谭韵新书，摘王元祯《湖海搜奇》等书而成者；六曰遗诗碎金，则皆诗话也；七曰三国问答，为陈继儒撰；八曰梨云尺牍，为袁宏道撰。皆取各家原本节录之，不足以言著书也。

《雅说集》·十九卷（直隶总督采进本）

国朝魏裔介编。是书采杂记小品凡十九种：一曰《札记内外篇》，二曰《闲居择言》，三曰《小心斋札记》，四曰《南牖日笺》，五曰《忠节语录》，六曰《岁寒居答问》，七曰《大中》，八曰《述古自警》，九曰《居学录》，十曰《庸言》，十一曰《好善编》《身世言》，十二曰《荆园小语》，十三曰《野语》，十四曰《知至编》，十五曰《芝在堂语》，十六曰《管言》，十七曰《剩言》，十八曰《中语》，十九曰《退居琐言》。皆明季及国初人作，亦裔介随意摘录，刻为一集。

《佳言玉屑》·一卷（直隶总督采进本）

国朝魏裔介编。其体例与《多识集》《雅说集》相同。所采凡陈继儒《读书十六观》十六条，《安得长者言》四十二条，《岩栖幽事》二十九条，徐太室《归有园麈谈》十一条，屠隆《娑罗馆清言》四十六条，皆取之《眉公秘笈》中也。

《牛戒续钞》·三卷（直隶总督采进本）

国朝魏裔介撰。裔介因世祖章皇帝刊印《牛戒汇钞》，乃裒集诸书所载有关于牛戒者，列为三篇。自序谓发明汇钞之本旨，而推广皇上好生之德云。

《希贤录》·十卷（直隶总督采进本）

国朝魏裔介编。分为学、敦伦、致治、教家、涉世五门，每门又各分子目，以嘉言善行分注，乃康熙辛酉裔介致仕后所作。其嘉言多采诸家语录，善行则兼采杂说，不甚简汰云。

《资麈新闻》·七卷（直隶总督采进本）

旧本题国朝魏裔介撰。其书亦钞撮杂说而成。卷一曰鬼神类，皆记幽冥因果，还魂托生之事。遇仙佛名号，必跳行出格书之，已决非裔介所为；至附冒襄镌经灵验四则，其中先大夫字乃襄自称其父，亦空一字书之，裔介亦未必如此之愦愦。卷二曰阴阳类，皆方术家言，云出《神枢经》《洞玄经》《人玄秘枢经》，次以杨光先《阳宅辟谬》，次以《星野诸图》。卷三曰词赋类，皆抄录优伶戏文小曲。卷四曰韵学类，全抄顾炎武《唐宋韵谱》旧文。卷五无门目，其子目一曰南中遗事，记福王时轶闻，所记黄道周用兵必系其两手以防肆掠，殆非事实，一曰都门三子传，乃王崇简作。卷六曰盗贼类，记李自成始末，颇称杨嗣昌之功，而以蔡懋德与李建泰同称，皆斥为庸鄙，亦非公论。卷七曰方域类，前为琉球图，后全录张学礼《使琉球记》。全书皆体例猥杂，谬陋百出，与裔介他书如出二手。又裔介以讲学为事，而此书推尊二氏，如恐不及，亦与其生平言行如出两人。疑或妄人所托名欤？

《伦史》·五十卷（直隶总督采进本）

国朝成克巩撰。克巩字清坛，大名人。前明崇祯癸未进士。国朝补选庶吉士，官至保和殿大学士。是编以五伦分五门，各有子目，君臣为数四十五，父子为数二十二，夫妇为数十一，兄弟为数十六，朋友为数三十三。考克巩休致在康熙三年，此书成于康熙十六年，盖晚岁田居，借编摩以送老。采摭芜杂，固非所计也。

按：成克巩，字子固，直隶大名人。父基命，明大学士。克巩崇祯十六年进士，改庶吉士。避乱里居。

顺治二年，以左庶子李若琳荐，授国史院检讨。五年，迁秘书院侍读学士。寻擢弘文院学士。九年，迁吏部侍郎。十年，擢本部尚书。疏言："臣部四司，分省设官，原以谘访本省官评。请令各司人注一簿，详列本省各官贤否，参以抚按举劾，备要缺推选。督抚旧无考成，请令疏列事迹，消弭盗贼，开垦荒田，清理钱粮，纠除贪悍，定为四则，以别赏罚。文选推升，概从掣签。但地方繁、简、冲、僻不同，如江南苏、松等郡积弊之区，非初任邑令所能振刷。请取卓异官，或升或调，通融补授。行之有效，即加优擢，亦于选法无碍。"章下所司。寻擢秘书院大学士。以荐御史郝浴失人，镌二级。十二年，命还所降级。

十二年，加太子太保。左都御史缺员，命克巩暂摄，并谕俟得其人，仍回内院。疏言："用人为治平之急务，而大僚尤重。今通政使李日芳、甘肃巡抚周文叶、陕西巡抚陈极新皆衰老昏庸，亟当更易。财用困乏，宜定丈量编审之期。学校冒滥，宜严考贡入学之额。任枢密者，遇封疆失事，不得借行查以滋推诿。司刑宪者，于棍徒诈害，不得宽反坐以长习风。又若修筑河工，宜严冒销，杜侵蚀。此数事皆当振刷，以图实政。"上深嘉之。

给事中孙光祀劾左通政吴达兄逵叛逆，下法司勘拟。克巩疏论左都御史龚鼎孳与达同乡，徇隐不举，鼎孳疏辨不知逵为达弟，坐夺俸。寻命克巩回内院。十五年，加少保，改保和殿大学士，兼户部尚书。十六年，加少傅兼太子太傅。十七年，遵例自陈，谕不必求罢。

部推浙江布政参议李昌祚擢大理寺少卿。先是，扬州乱民李之春事发，其党亦有名李昌祚者，克巩与大学士刘正宗票拟未陈明；又在吏部时，荐周亮工，擢至福建布政使，坐赃败：克巩疏引罪。左都御史魏裔介劾正宗，语连克巩，并及昌祚、亮工事，克巩疏辨，上责其巧饰，下王大臣议，罪当夺官。世祖初以克巩世家子，知故事，不次擢用，值讲筵，命内臣将画工就邸舍图其像以进，居常或中夜出片纸作国书询时事，克巩占对惟谨；至是，谕责其依违附和，凡事因人，仍宽之，命任事如故。

十八年，圣祖即位，复为国史院大学士。康熙元年，调秘书院大学士。二年，乞休回籍。

克巩迭主乡、会试，称得士，汤斌、马世俊、张玉书、严我斯、梁化凤等，皆出其门。历充太宗实录，太祖、太宗圣训总裁，屡得优赍。二十六年，太皇太后崩，赴临。三十年，卒，年八十四。子亮，编修；光，武昌守道。

——《清史稿》

《庸行篇》·八卷（浙江巡抚采进本）

国朝牟允中撰。允中字叔庸，天津卫人。是书因扬州史典《愿体集》而参补之。皆先正格言，分门编辑，自达观以至警醒，凡三十三类。每类采辑数十则，大都取其明白显易，可以训俗化愚。其立教类有允中自著读书之法，兼论及于时文，并引八股讲论数条，盖以训其家塾子弟者也。

《砚北杂录》·无卷数（编修励守谦家藏本）

国朝黄叔琳编。叔琳有《砚北易钞》，已著录。是书上至天文、地理，下至昆虫、草木，凡经史所载，旁及稗官小说，据其所见，各为采录，亦间附以己意。大抵主于由博返约，以为考据之资。中多签题粘补之处，皆叔琳晚年手自删改，盖犹未定之本也。

《权衡一书》·四十一卷（直隶总督采进本）

国朝王植撰。植有《四书参注》，已著录。是编杂采诸书之言，而间断以己意，分类四十，子目一百四十九，每一类为一卷，惟制胜分二子卷，故为四十一卷。其曰《权衡一书》者，自序谓王充有《论衡》，苏洵有《权书》，《论衡》《权书》皆为一家之私意，而此一书则合古今之嘉言而为之权衡也。然惟其为一家之言，故其析理有定说，虽偏而不杂。植乃聚百家之言连篇累牍，繁而无章，忽似类书，忽似说部，其病正在不主一家也。

《龙筋凤髓判》·四卷（浙江郑大节家藏本）

唐张鷟撰。鷟字文成，自号浮休子，深州陆梁人。甘露初登进士第。授襄阳尉，累官四门员外郎，终于龚州长史。事迹具莫休符《桂林风土记》，《唐书》附其孙张荐传中。称其儿时梦紫文大鸟止其庭。大父曰：吾闻紫文，鷟鷟也。若壮，当以文章瑞朝廷乎？遂命以名。员半千称其文词犹青铜钱，万简万中，时号青钱学士。日本新罗使至，必出金帛购其文。然所著作不概见，存于今者惟《朝野金载》及此书。《金载》已窜乱失真，惟此书尚为原帙。其文胪比官曹，条分件系，组织颇工。盖唐制以身、言、书、判铨试选人，今见于《文苑英华》者颇多，大抵不著名氏。惟白居易编入文集，与鷟此编之自为一书者，最传于世。居易判主流利，此则缛丽，各一时之文体耳。洪迈《容斋续笔》尝讥其堆垛故事，不切于蔽罪议法。然鷟作是编，取备程试之用，则本为隶事而作，不为定律而作，自以征引赅洽为主。言各有当，固不得指为鷟病也。原本附有注文，为明刘允鹏所辑。采撮颇详，而稍伤冗漫。以别无他注，姑仍其旧录之。允鹏本名继先，字敬虚，武定人。嘉靖辛卯举人。尝著有《续事类赋》，今未见传本。惟此注附鷟之书，尚存于世云。

按：张鷟字文成，深州深泽人，儿时梦紫色大鸟，五彩成文，降于家庭。其祖谓之曰："五色赤文，凤也；紫文，鷟鷟也，为凤之佐，吾儿当以文章瑞于明廷。"因以为名字。调露中登进士，第八中制科，四参选，判员半千谓人曰："张子之文如青钱，万简选中，未闻退时。"因号"青钱学士"，开元中历司门员外郎，其文远播外夷，撰《朝金载》及《龙筋凤髓判》。

——《全唐诗》

张鷟字文成，陆泽人。早慧绝伦，为文下笔辄成。儿时梦紫文大鸟，五色成文，止其庭，大叏曰："闻五色赤文，凤也；紫文，鷟鷟也，若壮殆以文章，瑞朝廷乎？"遂命以名。调露初登进士，第考功员外郎，鷟味道见所对称天下无双。累官至学士，公卿称鷟文辞犹青铜钱，万选万中，时号为"青钱学士"。坐多口语，讪短时政，贬岭南，刑部尚书里日知讼其谪遣太重，得内徙。武后时，中人马仙童陷默啜，问："文成在否？"答曰："近自御史贬官。"曰："国有此人不用，无能为也。"新罗、日本使至，必出金宝购其文。终司门员外郎。

——《深州直隶州志》

《正音捃言》·四卷（直隶总督采进本）

明王荔撰。荔字子岩，高阳人。嘉靖中举人，官至青州府推官。是书以等韵分二十二部，而又非韵书。如京字部为第一，则云天对地，日对星，晓燕对春莺云云，盖乡塾属对之本。而首标叶向高选，鹿善继阅，似乎必无其事。其李国㯔序，殆亦赝托也。

按：王荔字子岩，高阳人，有诗名。嘉靖中，举乡试司李青州，不阿上官意，上官恶之。作诗以自白，直指有所索，亦以诗答之。数年投劾，归为万水亭，与其弟日相倡和。里中人指其宅曰："诗王家。"

——《（雍正）畿辅通志》

王荔字子岩，号青屏，父扬由乡贡尹滕县，喜为诗。故荔以诗名，嘉靖壬午，以易中顺天第七人理登州府，持以廉，而明恕行之。不务琐苛，谳诸疑狱多平反，阿当事意。尝一视海宁篆廉，更持于理官，数年橐可垂，而独摇膝为诗，诗辄满篋。登故滨海，公暇则登蓬莱、烟霞诸名胜。观蜃楼之幻化，及历下泛大明湖，望华不注，揽结山水之雄秀，而诗益工。荔坦率，遇伧父抽毫不顾问，而心或妒之，且廉无以答直指，遂投劾，归。归则徜徉万木亭，愈益为诗，与其弟云屏、萝屏，若二三友人相唱和，其忧时感事，一寓于诗，而诗更工于理，时所著有《述因赋》《贞女赋》《青屏诗集》《青屏诗余》若干卷，近复集万木亭一家言。

——《高阳县志》

《典制纪略》·无卷数（浙江巡抚采进本）

国朝孙承泽撰。承泽有《尚书集解》，已著录。承泽熟于典故，是编广征博引，颇资考核。但中虽分官制、河道、漕运、盐茶、钱钞、礼乐诸门，而河道前后复见，礼教之后又杂入学田、刻书数条，贡举之中又杂入赵捴谦精于六书一段，田赋之后复载钱法二则，三司使一条又不附于官职之内，颠倒庞杂，毫无次第。盖偶得一二事，则随笔书之，故中多空行。且间有添补之处，亦有删汰之处，盖未定之书，后人录其残稿耳。

《唐句分韵初集》·四卷、《二集》·四卷、《续集》·二卷、《四集》·五卷（两淮盐政采进本）

国朝马瀚撰。瀚字炎洲，顺天人。其书以唐人诗句分一百七韵，编次以为集句之用。《初集》《二集》兼取五言、七言，《续集》《四集》则惟取七言。

按：马瀚，清顺天人，字炎洲。曾采唐人诗句分为一百零七韵，以为集句之用，曰《唐句分韵》。

——《中国历代人名大辞典》

《朝野佥载》·六卷（内府藏本）

旧本题唐张鷟撰。鷟有《龙筋凤髓判》，已著录。此书《新唐书·艺文志》作三十卷。《宋史·艺文志》作《佥载》二十卷，又《佥载补遗》三卷。《文献通考》则但有《佥载补遗》三卷。此木六卷，参考诸书皆不合。晁公武《读书志》又谓其分三十五门，而今本乃逐条联缀，不分门目，亦与晁氏所记不同。考莫休符《桂林风土记》，载鷟在开元中，姚崇诬其奉使江南，受遗赐死，其子上表请代，减死流岭南。数年起为长史而卒。计其时尚在天宝之前，而书中有宝历元年资阳石走事，宝历乃敬宗年号。又有孟宏微对宣宗事，时代皆不相及。案尤袤《遂初堂书目》亦分《朝野佥载》及《佥载补遗》为二书，疑《佥载》乃鷟所作，《补遗》则为后人附益。凡阑入中唐后事者，皆应为《补遗》之文。而陈振孙所谓书本三十卷，此其节略者，当即此本。盖尝经宋人摘录，合《佥载》《补遗》为一。删并门类，已非原书，又不知何时析三卷为六卷也。其书皆纪唐代故事，而于谐噱荒怪，纤悉胪载，未免失于纤碎，故洪迈《容斋随笔》讥其记事琐屑摘裂，且多媟语。然耳目所接，可据者多，故司马光作《通鉴》亦引用之。兼收博采，固未尝无裨于见闻也。

《玉剑尊闻》·十卷（左都御史张若滢家藏本）

国朝梁维枢撰。维枢字慎可，真定人。在前明由举人官工部主事。是书作于国朝顺治甲午。取有明一代轶闻琐事，依刘义庆《世说新语》门目，分三十四类而自为之注，文格亦全仿之。然随意钞撮，颇乏持择。如李贽尝云宇宙内有五大部文章，汉有司马子长《史记》，唐有《杜子美集》，宋有《苏子瞻集》，元有施耐庵《水浒传》，明有《李献吉集》之类，皆狂谬之词，学晋人放诞而失之者。其注尤多肤浅。如曹操、李白之类，人人习见，何必多累简牍乎？至所以名书之义，吴伟业诸人之序及维枢自作小引均未之言，今亦莫得而详焉。

按：梁维枢，正定人，明兵部尚书梦龙之孙。万历举人受业，赵忠毅南星之门，忠毅尝曰："风雅不坠，复见之梁生矣！"复从杨忠烈涟游，会逆奄起，诏狱赵首被祸，维枢倾身翼之。杨银铛道出，正定维枢，往迓之大言槛车之旁曰："公此行，足以垂名竹帛，死者公之本志，岂足畏哉？"于时逻卒狞立人，谓何不为门户计，维枢洒然不顾也，寻授中书舍人，入本朝为工部郎，擢武德兵备，武德多鸣髇暴，客难以勘治，维枢练营，卒。饬法令，境内肃然，绝苞苴，恤徭役，惠政流闻，乞养归。所著有《玉剑尊闻》姓谱日牍内阁小识，见君子日牍等集，数百卷行世，卒，祀乡贤。

——《（雍正）畿辅通志》

《砚北丛录》·无卷数（编修励守谦家藏本）

国朝黄叔琳撰。叔琳有《研北易钞》（按：应为《砚北易钞》），已著录。是编卷首有魏兆龙序，称为叔琳巡抚浙江时罢官以后所偶录。皆杂采唐、宋、元明及近时说部，亦益以耳目所闻见。大抵多文人嘲戏之词，如《谐史》《笑林》之类。或著出处，或不著出处，为例不一，亦未分卷帙。盖忧患之中借以遣日而已，意不在于著书也。

《史异纂》·十六卷（浙江巡抚采进本）

国朝傅燮詷撰。燮詷字去异，灵寿人。工部尚书维鳞子，官至汀州府知府。是书杂纂灾祥怪异之事，自上古至元，悉据正史采入，凡外传杂记，皆不录。分天异、地异、祥异、人异、事异、术异、译异、鬼异、物异、杂异十门。

按：傅燮詷字去异，性直爽，才旷逸，博览群书，诗词敏赡，以父荫充镶红旗教习。康熙十一年考满，授河南鲁山令，鲁经兵燹，民户萧条，时朝命海民降兵垦田，多不轨，谓率官军斩渠魁，招流移，假牛种，民渐发集修学宫，立义学。升邛州，会清查地亩，他邑率多浮报。詷谒抚军曰："蜀民正须休养。"语未毕，挥军。韩公叹曰："牧城留心民瘼者，委审通省。"案牍升奉天治中转工部员外郎，京兆王公以滞狱问詷曰："奉天旗民杂处，刑部无汉官，去都又远，故耳。"京兆据以入奏得旨，许治中通判同谳。升福建汀州知府，循声尤著，去任后汀人祀于临汀书院，著有《史异纂》，颖至，述事异同《灵邑杂志》《绳庵诗稿》《琴台遗响》等书行世。

——《同治灵寿县志》

《有明异丛》·十卷（浙江巡抚采进本）

国朝傅燮詷撰。是书记明一代怪异之事，亦分十类，与《史异纂》门目相同。皆从小说中撮抄而成，漫无体例。如尹蓬头骑铁鹤上升，正德中上蔡知县霍恩为流贼所杀，头出白气，及天启丙寅王恭厂灾之类，往往一事而两见。又有实非怪异而载者，如事异门内胡寿昌毁延平淫祠而绝无妖，任高妻女三人骂贼没水，次日浮出面如生，术异门内汪机以药治狂痫，物异门内萧县岳飞祠内竹生花，杂异门内漳州火药局灾，大石飞去三百步之类，皆事理之常，安得别神其说？至如译异门内谓黑娄在嘉峪关西，近土鲁番，其地山川草木禽兽皆黑，男女亦然，今土鲁番以外咸入版图，安有是种类乎？其妄可知矣。

《景行录》·一卷（浙江范懋柱家天一阁藏本）

旧本题元史弼编。弼字君佐，自号紫微老人，博野人。官至福建行省平章政事，封鄂国公。事迹具《元史·本传》。是编成于至元丁亥，所录格言百余条，多剽掇《省心录》之语。前有弼自序，其词潦倒可笑，似出妄人所依托。复有明瞿佑序，称宣德戊申侍太师英国公坐，因问经史中警句可资观览而切于修省者，谨写一编拜献，以供清暇之一顾。末题门下士瞿佑手录，时年八十有二，词亦庸劣，佑似不应至此。考成化丙戌木讷作佑归田诗话序，虽有太师英国张公延为西宾之语，然佑自序作于洪熙乙巳，称老与农圃为徒，亦窃归田之号，又称辍耕陇上，箕踞桑阴，则洪熙时已返江南矣，安得宣德戊申尚作客张辅家哉？其为假名于佑，尤显然矣。后又有正德乙亥镇远侯顾士隆重刊序，嘉靖甲午衡王重刊序，盖皆因仍伪本，不及考核耳。

按：史弼，字君佐，一名塔剌浑，蠡州博野人。曾祖彬，有胆勇，太师、国王木华黎兵南下，居民被虏，蠡守闭城自守，彬谓诸子曰："吾所恃者，郡守也。今弃民自保，吾与其束手以死，曷若死中求生！"乃率乡人数百家，诣木华黎请降，木华黎书帛为符，遣还。既而州破，独彬与同降者得免。

弼长通国语，膂力绝人，能挽强弓。里门凿石为狮，重四百斤，弼举之，置数步外。潼关守将王彦弼奇其材，妻以女，又荐其材勇于左丞相耶律铸。弼从铸往北京，近侍火里台见弼所挽弓，以名闻世祖。召之，试以远埒，连发中的，令给事左右，赐马五匹。

中统末，授金符、管军总管，命从刘整伐宋。攻襄樊，尝出挑战，射杀二人，因横刀呼曰："我史奉御也！"宋兵却退。至元十年，诸将分十二道围樊城，弸攻东北隅，凡十四昼夜，破之，杀其将牛都统。襄阳降，上其功，赐银及锦衣、金鞍，升怀远大将军、副万户。遂从丞相伯颜南征，攻沙洋堡，飞矢中臂，城拔，凝血盈袖。事闻，赐金虎符。军至阳罗堡，伯颜誓众曰："先登南岸者为上功。"弸率健卒直前，宋兵逆战，奋呼击走之，伯颜登南岸，论弸功第一，进定远大将军。鄂州平，进军而东，至大孤山，风大作，伯颜命弸祷于大孤山神，风立止。兵驻瓜洲，阿塔海言："杨子桥乃扬州出入之道，宜立堡，选骁将守之。"伯颜授弸三千人，立木堡，据其地。弸遽以数十骑抵扬州城。或止之曰："宋将姜才倔强，未可易出。"弸曰："吾栅扬子桥，据其所必争之地，才乘未固，必来攻我，则我之利也。"才果以万众乘夜来攻，人挟束薪填堑，弸戒军中无哗，俟其至，下楄木，发炮石击之，杀千余人。才乃退，弸出兵击之，会相威、阿术兵继至，大战，才败走，擒其将张都统。十三年六月，才复以兵夜至，弸三战三胜。天明，才见弸兵少，进迫围弸，弸复奋击之，骑士二人挟火枪刺弸，弸挥刀御之，左右皆仆，手刃数十百人。及出围，追者尚数百骑，弸殿后，敌不敢近。会援兵至，大破之，才奔泰州。及守将朱焕以扬州降，使麦术受其降于南门外，而弸从数骑，由保城入扬州，出南门，与之会，以示不疑。制授昭勇大将军、扬州路总管府达鲁花赤，兼万户。冬，迁黄州等路宣慰使。

十五年，入朝，升中奉大夫、江淮行中书省参知政事，行黄州等路宣慰使。盗起淮西司空山，弸平之。十七年，南康都昌盗起，弸往讨，诛其亲党数十人，胁从者宥之。江州宣课司税及民米，米商避去，民皆闭门罢市，弸立罢之。十九年，改浙西宣慰使。二十一年，黄华反建宁，春复霖雨，米价踊贵，弸即发米十万石，平价粜之，而后闻于省。省臣欲增其价，弸曰："吾不可失信，宁辍吾俸以足之。"省不能夺，益出十万石，民得不饥。改淮东宣慰使。弸凡三官扬州，人喜，刻石颂之，号《三至碑》。迁金书沿江行枢密院事，镇建康。

二十六年，平台州盗杨镇龙，拜尚书左丞，行淮东宣慰使。冬，入朝，时世祖欲征爪哇，谓弸曰："诸臣为吾腹心者少，欲以爪哇事付汝。"对曰："陛下命臣，臣何敢自爱！"二十七年，遥授尚书省左丞，行浙东宣慰使，平处州盗。二十九年，拜荣禄大夫、福建等处行中书省平章政事，往征爪哇，以亦黑迷失、高兴副之，付金符百五十、币帛各二百，以待有功。十二月，弼以五千人合诸军，发泉州。风急涛涌，舟掀簸，士卒皆数日不能食。过七洲洋、万里石塘，历交趾、占城界，明年正月，至东董西董山、牛崎屿，入混沌大洋橄榄屿，假里马答、勾阑等山，驻兵伐木，造小舟以入。时爪哇与邻国葛郎构怨，爪哇主哈只葛达那加剌已为葛郎主哈只葛当所杀，其婿土罕必阇耶攻哈只葛当，不胜，退保麻喏八歇。闻弼等至，遣使以其国山川、户口及葛郎国地图迎降，求救。弼与诸将进击葛郎兵，大破之，哈只葛当走归国。高兴言："爪哇虽降，倘中变，与葛郎合，则孤军悬绝，事不可测。"弼遂分兵三道，与兴及亦黑迷失各将一道，攻葛郎。至答哈城，葛郎兵十余万迎敌，自旦至午，葛郎兵败，入城自守，遂围之。哈只葛当出降，并取其妻子官属以归。土罕必阇耶乞归易降表，及所藏珍宝入朝，弼与亦黑迷失许之，遣万户担只不丁、甘州不花以兵二百人护之还国。土罕必阇耶于道杀二人以叛，乘军还，夹路攘夺。弼自断后，且战且行，行三百里，得登舟。行六十八日夜，达泉州，士卒死者三千余人。有司数其俘获金宝香布等，直五十余万，又以没理国所上金字表及金银犀象等物进，事具高兴及爪哇国传。于是朝廷以其亡失多，杖十七，没家赀三之一。

元贞元年，起同知枢密院事，月儿鲁奏："弼等以五千人，渡海二十五万里，入近代未尝至之国，俘其王及谕降傍近小国，宜加矜怜。"遂诏以所籍还之，拜荣禄大夫、江西等处行中书省右丞。三年，升平章政事，加银青荣禄大夫，封鄂国公。卒于家，年八十六。

——《元史》

《古今寓言》·十二卷（两淮马裕家藏本）

明陈世宝撰。世宝字介锡，钜鹿人。万历中官监察御史，巡按江西。其书抄撮诸家文集中托讽取譬之作，分十二类。体近俳谐，颇伤猥杂。

按：陈世宝，钜鹿人，隆庆中知夏县，县西三十里牛家凹为崔荷薮，世宝筑城堡，招集流移给以牛种，半年成聚，盗贼屏息。

——《（嘉庆）大清一统志》

《五百家播芳大全文粹》·一百十卷（江苏巡抚采进本）

宋魏齐贤、叶棻同编。齐贤字仲贤，自署钜鹿人。棻字子实，自署南阳人。考宋南渡以后，钜鹿、南阳皆金地，殆以魏氏本出钜鹿，叶氏本出南阳，偶题郡望，非其真里籍也。是编皆录宋代之文，骈体居十之六七，虽题曰五百家，而卷首所列姓氏实五百二十家，网罗可云极富。中间多采宦途应酬之作，取充卷数，不能一一精纯；又仿《文选》之例，于作者止书其字，人远年湮，亦往往难以考见，疑为书肆刊本，本无鉴裁，故买菜求益，不免失于冗滥。朱彝尊尝《跋》此书，惜无人为之删繁举要，则亦病其冗杂矣。然渣滓虽多，精华亦寓，宋人专集不传于今者，实赖是书略存梗概，亦钟嵘所谓"披沙拣金，往往见宝者"矣。故彝尊虽恨其芜，终赏其博也。又彝尊所见徐炯家宋刻本，称二百卷，今抄本止一百十卷，寻检首尾，似无阙佚，殆彝尊记忆未审，或偶然笔误欤？首载绍熙庚戌南徐许开《序》。开字仲启，以中奉大夫提举武夷冲祐观。著有《志隐类稿》，见赵希弁《读书附志》。

《养生弗佛二论》·一卷（两江总督采进本）

明魏大成撰。大成字时夫，柏乡人。其养生论以平情为祛病之本，而深明医之不足恃。其弗佛论则明儒理以辟释也，持论颇不诡于正。然养生论称圣有心而无为，无为则能平情，情平总归无情，所以长生久视，则辟佛而转入黄、老矣。故退而列之杂家类焉。

按：魏大成，字时夫，柏乡人，年十五补诸生名，骎骎起试于大，比者，七数奇不售，遂屏弃举业，杜门著书，宾朋希觏其面，尝著《养生弗佛二论》，一时传诵，年七十五，卒。

——《（雍正）畿辅通志》

《兼济堂文集》·二十卷（直隶总督采进本）

国朝魏裔介撰。裔介有《孝经注义》。已著录。是编奏疏三卷，序六卷，书牍二卷，传志二卷，祭文、论二卷，杂著二卷，乐府、古今体诗三卷，附《年谱》一卷。其平生著述，刻于江南者，有《兼济堂集》十四卷；刻于荆南者，有《兼济堂集》二十四卷；刻于京师者，有《文选二集》上、下二编，《昆林小品》上、下二编，《昆林外集》一编，《奏疏尺牍存余》七卷。其刻于林下者，有《文选》十卷，《屿舫近草》五卷、《诗集》七卷、《樗林三笔》五卷。此集乃詹明章裒辑诸本，简汰繁冗，合刊为一编者也。裔介立朝，颇著风节。其所陈奏，多关国家大体。诗文醇雅，亦不失为儒者之言。虽不以词章名一世，而以介于国初作者之间，固无忝焉。

《阅古随笔续》·二卷（江苏周厚堉家藏本）

明穆文熙撰。文熙有《七雄策纂》，已著录。是编杂采诸子之文，而又不著其所出。惟卷首总列其所采书目、体例殊谬。所录亦皆习见。首页题《正续阅古随笔》，而书中题《阅古随笔续》，盖尚有正集，今未之见。

《左传国语国策评苑》·六十一卷（江苏巡抚采进本）

明穆文熙编。文熙有《七雄策纂》，已著录。是编凡左传三十卷，国语二十一卷，战国策十卷。《左传》用杜预注、陆德明释文，而标预名不标德明之名。《国语》用韦昭注、宋庠补音。《战国策》用鲍彪注，参以吴师道之补正。均略有所删补，非其原文。盖明人凡刻古书，例皆如是。谓必如是，然后见其有所改定，非徒翻刻旧文也。其曰评苑者，盖于简端杂采诸家之论云。

《朱子学归》·二十三卷（浙江巡抚采进本）

国朝郑端编。端有《政学录》，已著录。是书成于康熙癸亥。采摭朱子绪论，分类编辑，列为二十三门，门为一卷。自序称少读朱子《近思录》，而求明儒高攀龙所编《朱子节要》，数年不得。及此书既成，复得节要一册，取以相质，亦不至大相刺谬云。

《答问》三卷（清）孙奇逢撰《续修四库》子部第945册

《研山斋珍赏历代名贤图绘集览》二卷（清）孙承泽撰《四库存目》子部第73册

《王学质疑》一卷附录一卷（清）张烈撰《四库存目》子部第23册

《儒宗理要》二十九卷（清）张能鳞辑《四库存目》子部第21册

《医学启源》三卷（金）张元素撰《续修四库》子部第1019册

《樗林闲笔》一卷《偶笔》二卷《续笔》二卷附《演连珠五十首》一卷（清）魏裔介撰（清）魏荔彤辑《四库存目》子部第113册

《金匮要略方论本义》二十二卷（清）魏荔彤撰《续修四库》子部第989册

《伤寒论本义》十八卷《首》一卷《末》一卷（清）魏荔彤撰《四库未收》3 辑 22—489 册

《静怡斋约言录》二卷（清）魏裔介撰《四库存目》子部第 20 册

《槐下新编雅说集》二十卷（原缺卷二十）（清）魏裔介辑《四库存目》子部第 154 册

《平书订》一卷（清）李塨撰《续修四库》子部第 947 册

《圣经学规纂》二卷《论学》二卷（清）李塨撰《续修四库》子部第 947 册

《医学发明》一卷（金）李杲撰《续修四库》子部第 1005 册

《测圆海镜细草》十二卷（元）李冶撰《续修四库》子部第 1042 册

《朱子注释濂关三书》（不分卷）（清）王植辑《四库存目》子部第 2 册

《阴证略例》一卷（元）王好古撰《续修四库》子部第 985 册

《春秋左传评苑》三十卷《首》一卷《国语评苑》六卷《战国策评苑》十卷（明）穆文熙辑《四库存目》子部第 164 册

《孙子汇征》八卷（清）郑端撰《四库存目》子部第 30 册

《师律》十六卷（明）范景文撰《续修四库》子部第 962 册

《战守全书》十八卷（明）范景文撰《四库禁毁》子部第 36 册

《西田语略》二十三卷《续集》二十九卷（明）樊深撰《四库存目》子部第 10 册

集

部

《刘随州集》·十一卷（编修邹炳泰家藏本）

唐刘长卿撰。长卿字文房，河间人。姚合《极元集》作宣城人。莫能详也。开元二十一年登进士第。官终随州刺史，故至今称曰"刘随州"。是集凡诗十卷。文一卷。第二卷中《送河南元判官赴河南勾当苗税充百官俸钱》诗，不书"勾"字，但注曰："御名。"盖宋高宗名构，当时例避同音，故勾字称御名。则犹从南宋旧本翻雕也。然编次丛脞颇甚，诸体皆以绝句为冠。中间古体、近体亦多淆乱。如"四月深涧底，桃花方欲然。宁知地势下，遂使春风偏"四句，第四卷中作《晚桃》诗前半首，乃《幽居八咏上李侍郎》之一。而第一卷又割此四句为绝句，题曰《入百丈涧见桃花晚开》。是二者必有一讹也。旧原有外集一卷，所录仅诗十首，而《重送》一首已见八卷中，又佚去题中"裴郎中贬吉州"六字。《次前溪馆作》一首，已见二卷中。《赠袁赞府》一首，已见九卷中。而又误以题下所注"时经刘展平后"句为题，并佚"时经"二字。《送裴二十七端公》诗，亦见二卷中。《哭李宥》一首，亦见九卷中。《秋云岭》《洞山阳》《横龙渡》《赤沙湖》四首，即四卷中《湘中纪行》十首之四，又讹"秋云岭"为"云秋岭"，"洞山阳"为"山阳洞"。《寄李侍郎行营五十韵》一首，已见七卷，又佚其题首"至德三年"等二十四字。不知何以舛谬至此。盖宋本亦有善不善，不能一一精核也。今刊除《入百丈涧见桃花晚开》一首。其外集亦一并刊除，以省重复。长卿诗号"五言长城"，大抵研炼深稳，而自有高秀之韵。其文工于造语，亦如其诗。故于盛唐、中唐之间，号为名手。但才地稍弱，是其一短。高仲武《中兴间气集》病其"十首以后语意略同"，可谓识微之论。王士祯《论诗绝句》乃云"不解雌黄高仲武，长城何意贬文房"，非笃论也。

按：刘长卿，字文房，河间人。开元二十一年进士。至德中，为监察御史。以检校祠部员外郎为转运使判官，知淮南鄂岳转运留后。鄂岳观察使吴仲孺诬奏，贬潘州南邑尉。会有为之辩者，除睦州司马。终随州刺史。以诗驰声上元、宝应间。权德舆尝谓为五言长城。皇甫湜亦云："诗未有刘长卿一句，已呼宋玉为老兵。"其见重如此。集十卷，内诗九卷。今编诗五卷。

——《全唐诗》

《李元宾文编》·三卷、《外编》·二卷（两江总督采进本）

唐李观撰。观字元宾，赵州赞皇人。李华之从子也。贞元八年登进士第。九年复中博学宏词科。官至太子校书郎。年二十九卒。事迹具《新唐书·文艺传·李华传》内。韩愈为志其墓，文载《昌黎集》中。是集前三卷为大顺元年给事中陆希声所编，希声自为之序。后为《外编》二卷，题曰蜀人赵昂编。希声后至宰相，昂则未详其仕履。晁公武《读书志》称昂所编凡十四篇。此本缺《帖经日上王侍御书》一篇，又时时有缺句缺字。盖辗转传写，脱佚久矣。观与韩愈、欧阳詹为同年，并以古文相砥砺。其后愈文雄视百世，而二人之集，寥寥仅存。论者以元宾蚤世，其文未极。退之穷老不休，故能独擅其名。希声之序则谓"文以理为本，而词质在所尚。元宾尚于词，故词胜于理；退之尚于质，故理胜其词。退之虽穷老不休，终不能为元宾之词。假使元宾后退之死，亦不及退之之质"。今观其文，大抵琱琢艰深，或格格不能自达其意。殆与刘蜕、孙樵同为一格。而镕炼之功或不及，则不幸蚤凋，未卒其业之故也。然则当时之论，以较蜕、樵则可，以较于愈则不及。希声之序为有见，宜不以论者为然也。顾当琱章绘句之时，方竞以骈偶斗工巧。而观乃从事古文，以与愈相左右。虽所造不及愈，固非余子所及。王士禛《池北偶谈》诋其与孟简吏部、奚员外诸书如醉人使酒骂坐，抑之未免稍过矣。惟希声之序称其文不古不今，卓然自作一体，品题颇当。今并录之，以弁于篇首焉。

按：李观字元宾，其先陇西人也。始来自江之东，年二十四举进士，三年登上第；又举博学宏词，得太子校书。又一年，年二十九，客死于京师。既敛之三日，友人博陵崔宏礼葬之于国东门之外七里，乡曰庆义，原曰嵩原。友人韩愈书石以志之，辞曰：

> 已呼元宾！寿也者，吾不知其所慕。天也者，吾不知其所恶。生而不淑，孰谓其寿？死而不朽，孰谓之天？已呼元宾！才高乎当世，而行出乎古人。已呼元宾！竟何为哉，竟何为哉！

——《全唐文》

《河东集》·十五卷、《附录》·一卷（浙江鲍士恭家藏本）

宋柳开撰。开字仲涂，大名人。开宝六年进士。历典州郡，终于如京使。事迹具《宋史·文苑传》。开少慕韩愈、柳宗元为文，因名肩愈，字绍先。既又改名、改字，自以为能开圣道之途也。集中《东郊野夫》《补亡先生》二传，自述甚详。集十五卷，其门人张景所编，附以景所撰行状一卷。蔡绦《铁围山丛谈》记其在陕右为刺史，喜生脍人肝，为郑文宝所按，赖徐铉救之得免。则其人实酷暴之流。石介集有《过魏东郊》诗为开而作，乃推重不遗余力。绦说固多虚饰。介亦名心过重，好为诡激，不合中庸。其说未知孰确。今第就其文而论，则宋朝变偶俪为古文，实自开始。惟体近艰涩，是其所短耳。盛如梓《恕斋丛谈》载开论文之语曰："古文非在词涩言苦，令人难读。在于古其理，高其意。"王士祯《池北偶谈》讥开能言而不能行。非过论也。又尊崇扬雄太过，至比之圣人，持论殊谬。要其转移风气，于文格实为有功。谓之明而未融则可。王士祯以为初无好处，则已甚之词也。

按：柳开，字仲涂，大名人。父承翰，乾德初监察御史。开幼颖异，有胆勇。周显德末，侍父任南乐，夜与家人立庭中，有盗入室，众恐不敢动，开裁十三，亟取剑逐之，盗逾垣出，开挥刃断二足指。

既就学，喜讨论经义。五代文格浅弱，慕韩愈、柳宗元为文，因名肩愈，字绍先。既而改名字，以为能开圣道之涂也。著书自号东郊野夫，又号补亡先生，作二传以见意。尚气自任，不顾小节，所交皆一时豪隽。范杲好古学，尤重开文，世称为"柳、范"。王祐知大名，开以文赞大蒙赏激。杨昭俭、卢多逊并加延奖。开宝六年举进士，补宋州司寇参军，以治狱称职，迁本州录事参军。太平兴国中，擢右赞善大夫。会征太原，督楚、泗八州运粮。选知常州，迁殿中丞，徙润州，拜监察御史。召还，知贝州，转殿中侍御史。雍熙二年，坐与监军忿争，贬上蔡令。

会大举北征，开部送军粮，将至涿州，有契丹酋长领万骑与米信战，相持不解，俄遣使绐言求降，开谓信曰："兵法云：'无约而请和，谋也。'彼将有谋，急攻之必胜。"信迟疑不决。逾二日，贼复引兵挑战，后侦知果以矢尽，俟取于幽州也。师还，诣阙上书，愿从边军效死，太宗怜之，复授殿中侍御史。

雍熙中，使河北，因抗疏曰："臣受非常恩，未有以报，年裁四十，胆力方壮。今契丹未灭，愿陛下赐臣步骑数千，任以河北用兵之地，必能出生入死，为陛下复幽、蓟，虽身没战场，臣之愿也。"上以五代战争以来，自节镇至刺史皆用武臣，多不晓政事，人受其弊。欲兼用文士，乃以侍御史郑宣、户部员外郎赵载、司门员外郎刘墀并为如京使，左拾遗刘庆为西京作坊使，开为崇仪使、知宁边军。

徙全州。全西溪洞有粟氏，聚族五百余人，常钞劫民口粮畜，开为作衣带巾帽，选牙吏勇辩者得三辈，使入，谕之曰："尔能归我，即有厚赏，给田为屋处之；不然，发兵深入，灭尔类矣。"粟氏惧，留二吏为质，率其酋四人与一吏偕来。开厚其犒赐，吏民争以鼓吹饮之。居数日遣还，如期携老幼悉至。开即赋其居业，作《时鉴》一篇，刻石戒之。遣其酋入朝，授本州上佐。赐开钱三十万。

淳化初，移知桂州。初，开在全州，有卒讼开，开即杖背黥面送阙下。有司言卒罪不及徒，召开下御史狱劾系，削二官，黜为复州团练副使，移滁州。复旧官，知环州。三年，移郳州。时调民辇送趋环、庆，已再运，民皆荡析产业，转运使复督后运，民数千人入州署号诉。开贻书转运使曰："开近离环州，知刍粮之数不增，大兵可支四年，今蚕农方作，再运半发，老幼疲弊，畜乘困竭，奈何又苦之？不罢，开即驰诣阙下，白于上前矣。"卒罢之。又知曹、邢二州。真宗即位，加如京使，归朝，命知代州。上言曰：

国家创业将四十年，陛下绍二圣之祚，精求至治。若守旧规，斯未尽善。能立新法，乃显神机。

臣以益州稍静，望陛下选贤能以镇之，必须望重有威，即群小畏服。又西鄙今虽归明，他日未可必保，苟有翻覆，须得人制御，若以契丹比议，为患更深。何者？契丹则君臣久定，蕃、汉久分，纵萌南顾之心，亦须自有思虑。西鄙积恨未泯，贪心不悛，其下猖狂，竟谋凶恶，侵渔未必知足，姑息未能感恩，望常预备之。以良将守其要害，以厚赐足其贪婪，以抚慰来其情，以宽假息其念。多命人使西入甘、凉，厚结其心，为我声援，如有动静，使其掩袭，令彼有后顾之忧，乃可制其轻动。今甲兵虽众，不及太祖之时人人练习，谋臣猛将则又县殊，是以比年西北屡遭侵扰，养育则月费甚广，征战则军捷未闻。诚愿训练禁戟，使如往日行伍必求于勇敢，指顾无纵于后先，失律者悉诛，获功者必赏。偏裨主将，不咸严者去之。听断之暇，亲临殿庭，更召貔虎，使其击刺驰骤，以彰神武之盛。

臣又以宰相、枢密，朝廷大臣，委之必无疑，用之必至当。铨总僚属，评品职官，内则主管百司，外则分治四海。今京朝官则别置审官，供奉、殿直则别立三班，刑部不令详断，别立审刑，宣徽一司全同散地。大臣不获亲信，小臣乃谓至公。至如银台一司，旧属枢密，近年改制，职掌甚多，加倍置人，事则依旧，别无利害，虚有变更。臣欲望停审官、三班，复委中书、枢密、宣徽院，银台司复归枢密，审刑院复归刑部，去其繁细，省其头目。又京府大都，万方轨则，望仍旧贯，选委亲贤。今皇族宗子悉多成长，但令优逸，无以试材，宜委之外藩，择文武忠直之士，为左右赞弼之任。

又天下州县官吏不均，或冗长至多，或岁年久阙。欲望县四千户已上选朝官知，三千户已上选京官知。省去主簿，令县尉兼领其事。自余通判、监军、巡检、监临使臣并酌量省减，免虚费于利禄，仍均济于职官。

又人情贪竞，时态轻浮，虽骨肉之至亲，临势利而多变。同僚之内，多或不和，伺隙则致于倾危，患难则全无相救，仁义之风荡然不复。欲望有颂告谕，各使改更，庶厚化原，永敦政本。恭惟太祖神武，太宗圣文，光掩百王，威加万国，无贤不用，无事不知。望陛下开豁圣怀，如天如海，可断即断，合行即行，爱惜忠直之臣，体察奸谀之党。臣久尘著位，寝荷恩宠，辞狂理拙，唯圣明恕之！

开至州，葺城垒战具，诸将多沮议不协。开谓其从子曰："吾观昂宿有光，云多从北来犯境上，寇将至矣。吾闻师克在和，今诸将怨我，一旦寇至，必危我矣。"即求换郡，徙忻州刺史。及契丹犯边，开上书，又请车驾观兵河朔。四年，徙沧州，道病首疡卒，年五十四。录其子涉为三班奉职。

开善射，喜弈棋。有集十五卷。作《家戒》千余言，刻石以训诸子。性倜傥重义。在大名，尝过酒肆饮，有十人在旁，辞貌稍异，开询其名，则至自京师，以贫不克葬其亲，闻王祐笃义，将丐之。问所费，曰："二十万足矣。"开即罄所有，得白金百余两，益钱数万遣之。

开兄肩吾，至御史。肩吾三子，湜、灏、沆并进士第，灏秘书丞。

——《宋史》

《逍遥集》·一卷（永乐大典本）

宋潘阆撰。阆，大名人。晁公武《读书志》谓其字曰逍遥。江少虞《事实类苑》则谓其自号逍遥子。少虞说或近是欤！太宗时召对，赐进士第。后坐事亡命，真宗捕得之。释其罪，以为滁州参军。阆在宋初，去五代余风未远。其诗如《秋夕旅舍书怀》一篇、《喜腊雪》一篇，间有五代粗犷之习。而其他风格孤峭，亦尚有晚唐作者之遗。苏轼尝称其《夏日宿西禅》诗，又称其《题资福院石井》诗，不在石曼卿、苏子美下。刘颁《中山诗话》称其《岁暮自桐庐归钱塘》诗，不减刘长卿。《事实类苑》称其《苦吟》诗、《贫居》诗、《峡中闻猿》诗、《哭高舍人》诗、《寄张咏》诗诸佳句。刘克庄《后村诗话》称其《客舍》诗。方回《瀛奎律髓》称其《渭上秋夕闲望》诗、《秋日题琅琊寺》

诗、《落叶》诗。《事实类苑》又记其在浙江时好事者画为《潘阆咏潮图》。郭若虚《图画见闻志》又记长安许道宁爱其《华山诗》，画为《潘阆倒骑驴图》。一时若王禹偁、柳开、寇准、宋白、林逋诸人皆与赠答。盖宋人绝重之也。《读书志》载《逍遥诗》三卷。《宋史·艺文志》则作潘阆集一卷。原本久佚，未详孰是。今考《永乐大典》所载，裒而录之，编为一卷。而逸篇遗句载在他书者，亦并采辑，以补其阙。虽不能如晁氏著录之数，而较《宋志》所载，则约略得其八九矣。其《古意》一首，今刻唐诗者皆以为崔国辅作，而《永乐大典》则题阆名。疑以传疑，亦姑并录之，而注其讹异于本题之下焉。

    按：阆字逍遥，大名人，尝居钱塘，太宗召对，赐进士第。王继恩与之善，继恩下狱，捕阆弗得，咸平初来京，尹收系之，真宗释其罪，以为滁州参军。后卒于泗上。

——《宋诗纪事》

《忠肃集》·二十卷（永乐大典本）

    宋刘挚撰。挚字莘老，东光人。家于东平。登嘉祐四年甲科。神宗朝累迁礼部侍郎。哲宗即位，历官门下侍郎、尚书右仆射。以观文殿学士罢知郓州。绍圣初，坐党籍累贬鼎州团练副使，新州安置，卒。绍兴中，追赠少师，谥忠肃。事迹具《宋史》本传。其文集四十卷，见于《宋史·艺文志》，久无传本。今从《永乐大典》各韵中裒辑编缀，共得文二百八十五首、诗四百四十三首。以原书卷目相较，尚可存十之六七。谨以类排纂，厘为二十卷，而仍以刘安世原序冠之于首。挚忠亮骨鲠，于邪正是非之介，辨之甚严。终以见愠群小，贬死荒裔。其为御史时，论率钱助役之害，至王安石设难相诘。而挚反覆条辨，侃侃不挠。今其疏并在集中。他若劾蔡确、章惇诸疏，见于《宋史》者，亦并存无阙。其所谓修严宪法，辨别淄渑者，言论风采，犹可想见。固不独文词畅达，能曲畅情事已也。至集中有《讼韩琦定策功疏》，颇论王同老攘功冒赏之罪。而《道山清话》遂谓文彦博再入，挚于帘前言王同老劄子皆彦博教之，乞下史官改正。宣仁不从。彦博因力求退。今考此事，史所不载。而集中有《请彦博平章重事疏》，其推重之者甚至，尤足以证小说之诬。盖当时党论交讧，好恶是非，率难凭据。幸遗集具在，得以订正其是非。于论世知人之学，亦不为无补矣。

　　按：刘挚，字莘老，永静东光人。儿时，父居正课以书，朝夕不少间。或谓："君止一子，独不可少宽邪？"居正曰："正以一子，不可纵也。"十岁而孤，鞠于外氏，就学东平，因家焉。

　　嘉佑中，擢甲科，历冀州南宫令。县比不得入，俗化凋敝，其赋甚重，输绢匹折税钱五百，绵两折钱三十，民多破产。挚援例旁郡，条请裁以中价。转运使怒，将劾之。挚固请曰："独一州六邑被此苦，决非法意，但朝廷不知耳。"遂告于朝。三司使包拯奏从其议，自是绢为钱千三百，绵七十有六。民欢呼至泣下，曰："刘长官活我！"是时，挚与信都令李冲、清河令黄莘皆以治行闻，人称为"河朔三令"。

　　徙江陵观察推官，用韩琦荐，得馆阁校勘。王安石一见器异之，擢检正中书礼房，默默非所好也。才月余，为监察御史里行，欣然就职，归语家人曰："趣装，毋为安居计。"未及陛对，即奏论："亳州狱起不止，小人意在倾富弼以市进，今弼已得罪，愿少宽之。"又言："程昉开漳河，调发猝迫，人不堪命。赵子几擅升畿县等，使纳役钱，县民日数千人遮诉宰相，京师喧然，何以示四方？张靓、王廷老擅增两浙役钱，督赋严急，人情嗟怨。此皆欲以羡余希赏，愿行显责，明朝廷本无聚敛之意。"及入见，神宗面赐褒谕。因问："卿从学王安石邪？安石极称卿器识。"对曰："臣东北人，少孤独学，不识安石也。"退而上疏曰："君子小人之分，在义利而已。小人才非不足用，特心之所向，不在乎义。故希赏之志，每在事先；奉公之心，每在私后。陛下有劝农之意，今变而为烦扰；陛下有均役之意，今倚以为聚敛。其有爱君之心，忧国之言者，皆无以容于其间。今天下有喜于敢为，有乐于无事。彼以此为流俗，此以彼为乱常。畏义者以进取为可耻，嗜利者以守道为无能。此风浸成，汉、唐党祸必起矣。惟君子为能通天下之志。臣愿陛下虚心平听，审察好恶，前日意以为是者，今更察其非；前日意以为短者，今更用其长。稍抑虚哗轻伪、志近忘远、幸于苟合之人，渐察忠厚慎重、难进易退、可与有为之士。收过与不及之俗，使会于大中之道，则施设变化，惟陛下号令之而已。"又论率钱助役、官自雇人有十害，其略曰："天下州县户役，虚实重轻不同。今等以为率，则非一法所能齐；随其所宜，各自立法，则纷扰散殊，何以统率？一也。新法谓版籍不实，故令别立等第。且旧籍既不可信，今何以得其无失？不独搅扰生事患，将使富输少，贫输多，二也。天下上户少，中户多。上户役数而重，故以助钱为幸。中户役简而轻，下户役所不及。今概使输钱，则为不幸，三也。有司欲多得雇钱，而患上户之寡，故不用旧籍，临时升降，使民何以堪命？四也。岁有丰凶，而役人有定数，助钱不可阙。非若税赋有倚阁、减放之期，五也。谷、麦、布、帛，岁有所出，而助法必输见钱，六也。二税科买，色目已多，又概率钱以竭其所有，斯民无有悦而愿为农者，户口当日耗失，七也。侥幸者又将缘法生奸，如近日两浙倍科钱数，自以为功，八也。差法近者十余年，远或二十年，乃一充役，民安习之久矣。今官自雇人，直重则民不堪，轻则人不愿，不免以力殴之就役，九也。且役人必用乡户，家有常产，则必知自爱；性既愚实，则罕有盗欺。今一切雇募，但得轻猾浮伪之人，巧诈相资，何所不至？十也。"

会御史中丞杨绘亦言其非，安石使张琥作十难以诘之，琥辞不为，司农曾布请为之。既作十难，且劾挚、绘欺诞怀向背。诏问状，绘惧谢罪。挚奋曰："为人臣岂可压于权势，使天子不知利害之实！"即条对所难，以伸其说。且曰："臣待罪言责，采士民之说以闻于上，职也。今有司遽令分析，是使之较是非，争胜负，交口相直，无乃辱陛下耳目之任哉！所谓向背，则臣所向者义，所背者利；所向者君父，所背者权臣。愿以臣章并司农奏宣示百官，考定当否。如臣言有取，幸早施行，若稍涉欺罔，甘就窜逐。"不报。

挚明日复上疏曰："陛下起居言动，躬蹈德礼，夙夜厉精，以亲庶政。天下未至于安且治者，谁致之耶？陛下注意以望太平，而自以太平为己任，得君专政者是也。二三年间，开阖动摇，举天下无一物得安其所者。盖自青苗之议起，而天下始有聚敛之疑；青苗之议未允，而均输之法行；均输之法方扰，而边鄙之谋动；边鄙之祸未艾，而助役之事兴。至于求水利，行淤田，并州县，兴事起新，难以遍举。其议财，则市井屠贩之人，皆召至政事堂。其征利，则下至历日，而官自鬻之。推此而往，不可究言。轻用名器，淆混贤否：忠厚老成者，摈之为无能；狭少儇辩者，取之为可用；守道忧国者，谓之流俗；败常害民者，谓之通变。凡政府谋议经画，除用进退，独与一掾属决之，然后落笔。同列预闻，反在其后。故奔走乞丐之人，其门如市。今西夏之款未入，反侧之兵未安，三边疮痍，流溃未定。河北大旱，诸路大水，民劳财乏，县官减耗。圣上忧勤念治之时，而政事如此，皆大臣误陛下，而大臣所用者，误大臣也。"疏奏，安石欲窜之岭外，神宗不听，但谪监衡州盐仓。绘出知郑州，琥亦落职。挚乞诣郓迁葬，然后奔赴贬所，许之。

先是，仓吏与纲兵奸利相市，盐中杂以伪恶，远人未尝食善盐。挚悉意核视，且储其美以为赏，弊减什七。父老目为"学士盐"。久之，签书南京判官。会司农新令，尽斥卖天下祠庙，依坊场河度法收净利。南京阏伯庙岁钱四十六贯，微子庙十三贯。挚叹曰："一至于此！"往见留守张方平曰："独不能为朝廷言之耶？"方平瞿然，托挚为奏曰："阏伯迁商丘，主祀大火，火为国家盛德所乘，历世尊为大祀。微子，宋始封之君，开国此地，本朝受命，建号所因。又有双庙者，唐张巡、许远孤城死贼，能捍大患。今若令承买小人规利，冗亵渎慢，何所不为，岁收微细，实损大体。欲望留此三庙，以慰邦人崇奉之意。"从之。又见《方平传》。

入同知太常礼院。元丰初，改集贤校理、知大宗正寺丞，为开封府推官。神宗开天章阁，议新官制，除至礼部郎中，曰："此南宫舍人，非他曹比，无出刘挚者。"即命之。俄迁右司郎中。

初，宰掾每于执政分厅时，请间白事，多持两端伺意指。挚始请以公礼聚见，共决可否。或不便挚所请，坐以开封不置历事罢归。明年，起知滑州。哲宗即位，宣仁后同听政，召为吏部郎中，改秘书少监，擢侍御史。上疏曰："昔者周成王幼冲践祚，师保之臣，周公、太公其人也。仁宗皇帝盛年嗣服，用李维、晏殊为侍读，孙奭、冯元为侍讲，听断之暇，召使入侍。陛下春秋鼎盛，在所资养。愿选忠信孝悌、惇茂老成之人，以充劝讲进读之任，便殿燕坐，时赐延对，执经诵说，以广睿智，仰副善继求治之志。"

他日讲筵进读，至仁宗不避庚戌临奠张士逊，侍读曰："国朝故事，多避国音。国朝角音，木也，故畏庚辛。"哲宗问："果当避否？"挚进曰："阴阳拘忌，圣人不取，如正月祈谷必用上辛，此岂可改也？汉章帝以反支日受章奏，唐太宗以辰日哭张公谨，仁宗不避庚戌日，皆陛下所宜取法。"哲宗然之。

挚又言："谏官御史员缺未补，监察虽满六员，专以察治官司公事，而不预言责。臣请增补台谏，并许言事。"时蔡确、章惇在政地，与司马光不相能。挚因久旱上言："《洪范》：'庶征肃，时雨若。'《五行传》：'政缓则冬旱。'今庙堂大臣，情志乖睽，议政之际，依违排狠，语播于外，可谓不肃。政令二三，舒缓不振。比日日青无光，风霾昏曀，上天警告，皆非小变。愿进忠良、通壅塞，以答天戒。"

蔡确为山陵使，神宗灵驾发引前夕不入宿，挚劾之，不报。及使回，既朝即视事，挚又奏确不引咎自劾。无何，确上表自陈，尝请收拔当世之耆艾，以陪辅王室，蠲省有司之烦碎，以慰安民心。挚谓："使确诚有是请，不言于先朝，为不忠之罪；言于今日，为取容之计。诚无是请，则欺君莫大于此。"又疏确过恶大略有十，论章惇凶悍轻佻，无大臣体，皆罢去。

初，神宗更新学制，养士以千数，有司立为约束，过于烦密。挚上疏曰："学校为育材首善之地，教化所从出，非行法之所。虽群居众聚，帅而齐之，不可无法，亦有礼义存焉。先帝体道制法，超汉轶唐，养士之盛，比隆三代。然而比以太学屡起狱讼，有司缘此造为法禁，烦苛愈于治狱，条目多于防盗，上下疑贰，以求苟免。甚可怪者，博士、诸生禁不相见，教谕无所施，质问无所从，月巡所隶之斋而已。斋舍既不一，随经分隶，则又《易》博士兼巡《礼》斋，《诗》博士兼巡《书》斋，所至备礼请问，相与揖诺，亦或不交一言而退，以防私请，以杜贿赂。学校如此，岂先帝所以造士之意哉？治天下者，遇人以君子、长者之道，则下必有君子、长者之行而应乎上。若以小人、犬彘遇之，彼将以小人、犬彘自为，而况以此行于学校之间乎？愿罢其制。"又请杂用经义、诗赋取士，复贤良方正科，罢常平、免役，引朱光庭、王岩叟为言官。执宪数月，正色弹劾，多所贬黜，百僚敬惮，时人以比包拯、吕晦。元佑元年，擢御史中丞。挚上疏曰："上之所好，下必有甚。朝廷意在总核，下必有刻薄之行；朝廷务在宽大，下必有苟简之事。习俗怀利，迎意趋和，所为近似，而非上之意本然也。今因革之政本殊，而观望之俗故在。昨差役初行，监司已有迎合争先，不校利害，一概定差，一路为之骚动者。朝廷察其如此，固已黜之矣。以是观之，大约类此。向来黜责数人者，皆以非法掊克，市进害民，然非欲使之漫不省事。昧者不达，矫枉过正，顾可不为之禁哉？请立监司考绩之制。"

拜尚书右丞，连进左丞、中书侍郎，迁门下侍郎。胡宗愈除右丞，谏议大夫王觌疏其非是，宣仁后怒，将加深谴。挚开救甚力，帘中厉声曰："若有人以门下侍郎为奸邪，甘受之否？"挚曰："陛下审察毁誉每如此，天下幸甚！然愿顾大体，宗愈进用，自有公议，必致贬谏官而后进，恐宗愈亦所未安。"宣仁后意解，觌得补郡守。

挚与同列奏事论人才，挚曰："人才难得，能否不一。性忠实而才识有余，上也；才识不逮而忠实有余，次也；有才而难保，可藉以集事，又其次也。怀邪观望，随时势改变，此小人也，终不可用。"哲宗及宣仁后曰："卿常能如此用人，国家何忧！"六年，拜尚书右仆射。

挚性峭直，有气节，通达明锐，触机辄发，不为利怵威诱。自初辅政至为相，修严宪法，辨白邪正，专以人物处心，孤立一意，不受谒请。子弟亲戚入官，皆令赴铨部以格调选，未尝以干朝廷。与吕大防同位，国家大事，多决于大防，惟进退士大夫，实执其柄。然持心少恕，勇于去恶，竟为朋谗奇中。先是，邢恕谪官永州，以书抵挚。挚故与恕善，答其书，有"永州佳处，第往以俟休复"之语。排岸官茹东济，倾险人也，有求于挚，不得，见其书，阴录以示御史中丞郑雍、侍御史杨畏。二人方交章击挚，遂笺释其语上之，曰："'休复'者，语出《周易》，'以俟休复'者，俟他日太皇太后复子明辟也。"又章惇诸子故与挚之子游，挚亦间与之接。雍、畏谓延见接纳，为牢笼之计，以冀后福。宣仁后于是面喻挚曰："言者谓卿交通匪人，为异日地，卿当一心王室。若章惇者，虽以宰相处之，未必乐也。"挚皇惧退，上章自辨，执政亦为之言。

宣仁后曰："垂帘之初，挚排斥奸邪，实为忠直。但此二事，非所当为也。"以观文殿学士罢知郓州。给事中朱光庭驳云："挚忠义自奋，朝廷擢之大位，一旦以疑而罢，天下不见其过。"光庭亦罢。七年，徙大名，又为雍等所遏，徙知青州。

绍圣初，来之邵、周秩论挚变法、弃地罪，夺职知黄州，再贬光禄卿，分司南京，蕲州居住。将行，语诸子曰："上用章惇，吾且得罪。若惇顾国事，不迁怒百姓，但责吾曹，死无所恨。正虑意在报复，法令益峻，奈天下何！"忧形于色，无一言及迁谪意。四年，陷邢恕之谤，贬鼎州团练副使，新州安置。惟一子从。家人涕泣愿侍，皆不听。至数月，以疾卒，年六十八。

初，挚与吕大防为相，文及甫居丧，在洛怨望，服除，恐不得京官，抵书邢恕曰："改月遂除，入朝之计未可必。当涂猜怨于鹰扬者益深，其徒实繁。司马昭之心，路人所知也，济之以'粉昆'，必欲以眇躬为甘心快意之地，可为寒心。"其谓司马昭者，指吕大防独当国久；"粉昆"者，世以驸马都尉为"粉侯"，韩嘉彦尚主，以兄忠彦为"粉昆"也。恕以书示蔡硕、蔡渭，渭上书讼挚及大防等十余人陷其父确，谋危宗社，引及甫书为证。时章惇、蔡卞诬造元祐诸人事不已，因是欲杀挚及梁焘、王岩叟等。以为挚有废立之意，遂起同文馆狱，用蔡京、安惇杂治，逮问及甫。及甫元祐末德大防除权侍郎，又忠彦虽罢，哲宗眷之未衰，乃托其亡父尝说司马昭指刘挚，"粉"谓王岩叟面白如粉，"昆"谓梁焘字况之，"况"犹"兄"也。又问实状，但云："疑其事势如此。"会挚卒，京奏不及考验，遂免其子官，与家属徙英州，凡三年，死于瘴者十人。

徽宗立，诏反其家属，用子跂请，得归葬。跂又伏阙诉及甫之诬，遂贬及甫并渭于湖外，复挚中大夫。蔡京为相，降朝散大夫。后又复观文殿大学士、太中大夫。绍兴初，赠少师，谥曰忠肃。

挚嗜书，自幼至老，未尝释卷。家藏书多自雠校，得善本或手抄录，孜孜无倦。少好《礼》学，其究《三礼》，视诸经尤粹。晚好《春秋》，考诸儒异同，辨其得失，通圣人经意为多。其教子孙，先行实，后文艺。每曰："士当以器识为先，一号为文人，无足观矣。"

跂能为文章，遭党事，为官拓落，家居避祸，以寿终。

——《宋史》

《姑溪居士前集》·五十卷、《后集》·二十卷（编修汪如藻家藏本）

宋李之仪撰。之仪字端叔，《宋史》称沧州无棣人。而吴芾作前集序，乃曰景城人。考《元丰九域志》，熙宁六年省景城入乐寿，则当为乐寿人。史殆因沧州景城郡横海军节度治平九年尝由清池徙治无棣，遂误以景城即无棣也。陈氏《书录解题》据所题郡望，称为赵郡人，益失之矣。之仪元丰中举进士。元祐初为枢密院编修官，通判原州。元符中监内香药库。以尝从苏轼幕府，为御史石豫劾罢。崇宁初提举河东常平，坐草范纯仁遗表过于鲠直，忤蔡京意，编管太平。是编《前集》五十卷，为乾道丁亥吴芾所辑，并为之序。姑溪居士，之仪南迁后自号，因以名其集也。《后集》二十卷，不知谁编。然《文献通考》已著录，则亦出宋人手矣。之仪在元祐、熙宁间，文章与张耒、秦观相上下。王明清《挥麈后录》称其尺牍最工。然他作亦皆神锋俊逸，往往具苏轼之一体。盖气类渐染，与之化也。其诗名稍不及黄、陈。论者因苏轼题其诗后有"暂借好诗消永夜，每逢佳处辄参禅"句，遂以为讽其过于僻涩。今观集中诸诗，虽魄力雄厚，不足敌轼；然大抵轩豁磊落，实无郊、岛钩棘艰苦之状。注家所论，附会其词，非轼本意矣。

按：之仪字端叔。登第几三十年，乃从苏轼于定州幕府。历枢密院编修官，通判原州。元符中，监内香药库。御史石豫言其尝从苏轼辟，不可以任京官，诏勒停。徽宗初，提举河东常平。坐为范纯仁遗表，作行状，编管太平，遂居姑熟，久之，徙唐州，终朝请大夫。

之仪能为文，尤工尺牍，轼谓入刀笔三昧。

——《宋史》

《学易集》·八卷（永乐大典本）

宋刘跂撰。跂字斯立，东光人，家于东平。尚书右仆射挚之子也。《宋史》附见挚传。称其能文章，遭党事，为官拓落，家居避祸以寿终，而不详著其仕履。惟晁说之作跂墓志称："跂登元丰二年进士。初选亳州教授。元祐初除曹州州学教授，以雄州防御推官知江州彭泽县。其后改管城、蕲水，所至有政声。复主管成都府永宁观。政和末以朝奉郎卒。"所叙生平梗概，颇为详悉。说之又称跂晚作学易堂，乡人称为学易先生。其集名盖取诸此也。绍圣初，挚以党籍窜新州，卒于谪所。建中靖国初，跂伏阙吁冤，得复官昭雪，世称其孝。吕本中《紫微诗话》称："跂初登科，就亳州，见刘敞所称引，皆所未知，于是始有意读书。厥后与孙复、石介名相埒。"盖其行谊学问，均不愧于古人。所作古文，类简劲有法度。诗则多似陈师道体。虽时露生拗，要自落落无凡语。《江西宗派图》中不列其名，殆以挚为朔党，门户不同钦！然淳熙中吕祖谦奉诏修《文鉴》，多取跂作。其辨冤时《上执政启》所云"晚岁离骚，魂竟招于异域。平生精爽，梦犹托于古人"者，吕本中《诗话》及王铚《四六话》亦俱极推其隶事之工。即以文章而论，亦北宋末年卓然一作者矣。其集原本二十卷，陈振孙《书录解题》谓最初李相之得于跂甥蔡瞻明。绍兴中洪迈传于长乐官舍。后施元之刻版行世。《宣防宫赋》《学易堂记》世尤传诵。今元之旧刻，久无传本。惟《永乐大典》载跂诗文颇多。虽未免有所脱佚，而掇拾排次，尚可得十之六七。谨依类编订，共录为十有二卷。今恭承圣训，于刊刻时削去青词，以归雅正。其《同天节道场疏》《管城县修狱道场疏》《供给看经疏》《北山塑像疏》《灵泉修告疏》《仁钦升坐疏》《请崇宁长老疏》以及为其父母舅氏修斋诸疏，皆迹涉异端，与青词相类，亦概为削除。重加编次，厘为八卷，用昭鉴古斥邪之训，垂万世立言之准焉。

按：刘跂，字斯立，东平人。忠肃长子，与其弟蹈同登元丰二年进士第，官朝奉郎。绍圣间，从忠肃于谪所。徽宗立，诏反忠肃家属。用先生请，忠肃得归葬。先生又诉文及甫之诬，遂贬及甫等。先生能为文章，遭党事，为官拓落，家居避祸，以寿终。

——《宋元学案》

《拙轩集》·六卷（永乐大典本）

金王寂撰。寂字元老，蓟州玉田人，登天德二年进士，历官中都路转运使，谥文肃，《金史》不为立传。元好问《中州集》载其诗入《乙集》中，而仕履亦仅见梗概。今以寂诗文所著年月事迹参互考证，知寂自登第后于世宗大定二年为太原祁县令。十五年尝奉使往白霫治狱。十七年以父艰归。明年起复真定少尹，兼河北西路兵马副都总管。迁通州刺史兼知军事。又迁中都副留守。二十六年冬由户部郎出守蔡州。二十九年被命提点辽东路刑狱。章宗明昌初召还，终于转运使之职。而集中《谢带笏表》有"世宗飨国，臣得与谏员"语，则又尝为谏官。又有"群言交构，挤臣不测之渊"语，而《丁未肆眚诗》有"万里湘累得自新"句。丁未为大定二十七年。《世宗本纪》载是年三月辛亥，以皇长孙受册肆赦，并与集合。是寂之刺蔡州，当以人言去国。而集中情事不具其颠末，莫能详也。《中州集》称寂著有《拙轩集》《北迁录》诸书。今《北迁录》已失传。而好问所选寂诗仅七首，又附见《姚孝锡传》后一首，其他亦久佚不见。惟《永乐大典》所载寂诗文尚多，虽如好问所摘《留别郭熙民诗》诸联及蒋一葵《长安客话》所纪《卢植墓诗逸句》，皆未见全篇，亦不能尽免于脱阙。而各体具存，可以得其什七矣。寂诗境清刻镵露，有戛戛独造之风。古文亦博大疏畅，在大定、明昌间卓然不愧为作者。金朝一代文士见于《中州集》者不下百数十家，今惟赵秉文、王若虚二集尚有传本，余多湮没无存。独寂是编幸于沉埋晦蚀之余复显于世，而文章体格亦足与《滹南》《滏水》相为抗行。谨次第裒缀，厘为六卷。俾读者揽其崖略，犹得以考见金源文献之遗，是亦可为宝贵矣。

按：王寂字元老，蓟州玉田人。系出三槐，父础，字镇之，国初名士，仕至归德府判官。元老天德二（按：史料记载不同）年进士，兴陵朝以文章事业显，终于中都路转运使。寿六十七，谥文肃。有《拙轩集》《北迁录》传于世。

——《宋元诗会》

《淮阳集》·一卷、《附录诗余》·一卷（浙江鲍士恭家藏本）

元张宏范（按：应为张弘范）撰。宏范字仲畴，易州定兴人，汝南忠武王柔之第九子也。官至镇国上将军、蒙古汉军都元帅。将兵入闽、广，灭宋于厓山。师还而卒，累赠太师淮阳王，谥宪武。事迹具《元史》本传。其遗诗一百二十篇、词三十余篇，燕山王氏尝刻之敬义堂，庐陵邓光荐为之序。光荐即宋礼部侍郎，宏范南征时被获不屈，因命其子珪事以为师者也。后其曾孙监察御史旭重刊。明正德中，公安知县周铖又重刊之。此本即从铖刻传录，盖犹旧帙。宏范尝从学于郝经，颇留心儒术。其诗皆五七言近体，虽颇沿南宋末派，然大抵爽朗可诵。其中如"中酒未醒过似病，搜诗不得胜如愁"，置之《江湖集》中不辨也。以元勋世胄，宣力疆场，用余力从事于吟咏，亦无愧于曹景宗之赋竞病矣。

按：张弘范，字仲畴，柔第九子也。善马槊，颇能为歌诗。年二十时，兄顺天路总管弘略上计寿阳行都，留弘范摄府事，吏民服其明决。蒙古军所过肆暴，弘范杖遣之，入其境无敢犯者。中统初，授御用局总管。三年，改行军总管，从亲王合必赤讨李璮于济南。柔戒之曰："汝围城勿避险地。汝无忌心，则兵必致死。主者虑其险，苟有来犯，必赴救，可因以立功，勉之。"弘范营城西，璮出军突诸将营，独不向弘范。弘范曰："我营险地，璮乃示弱于我，必以奇兵来袭，谓我弗悟也。"遂筑长垒，内伏甲士，而外为壕，开东门以待之，夜令士卒浚壕益深广，璮不知也。明日，果拥飞桥来攻，未及岸，军陷壕中，得跨壕而上者，突入垒门，遇伏皆死，降两贼将。柔闻之曰："真吾子也。"瑭既诛，朝廷惩瑭尽专兵民之权，故能为乱，议罢大藩子弟之在官者，弘范例罢。

至元元年，弘略既入宿卫，帝召见，意其兄弟有可代守顺天者，且念弘范有济南之功，授顺天路管民总管，佩金虎符。二年，移守大名。岁大水，漂没庐舍，租税无从出，弘范辄免之。朝廷罪其专擅，弘范请入见，进曰："臣以为朝廷储小仓，不若储之大仓。"帝曰："何说也？"对曰："今岁水潦不收，而必责民输，仓库虽实，而民死亡殆尽，明年租将安出？曷若活其民，使不致逃亡，则岁有恒收，非陛下大仓库乎！"帝曰："知体，其勿问。"

六年，括诸道兵围宋襄阳，授益都淄莱等路行军万户，复佩金虎符。朝廷以益都兵乃李瑭所教练之卒，勇悍难制，故命领之。戍鹿门堡，以断宋饷道，且绝郢之救兵。弘范建言曰："国家取襄阳，为延久之计者，所以重人命而欲其自毙也。曩者，夏贵乘江涨送衣粮入城，我师坐视，无御之者。而其境南接江陵、归、峡，商贩行旅士卒络绎不绝，宁有自毙之时乎！宜城万山以断其西，栅灌子滩以绝其东，则庶几速毙之道也。"帅府奏用其言，移弘范兵千人戍万山。既城，与将士较射出东门，宋师奄至。将佐皆谓众寡不敌，宜入城自守。弘范曰："吾与诸君在此何事，敌至将不战乎？敢言退者死！"即擐甲上马，立遣偏将李庭当其前，他将攻其后，亲率二百骑为长阵，令曰："闻吾鼓则进，未鼓勿动。"宋军步骑相间突阵，弘范军不动，再进再却，弘范曰："彼气衰矣。"鼓之，前后奋击。宋师奔溃。八年，筑一字城逼襄阳。破樊城外郭。九年，攻樊城，流矢中其肘，裹疮见主帅曰："襄、樊相为唇齿，故不可破。若截江道，断其援兵，水陆夹攻，樊必破矣。樊破则襄阳何所恃。"从之。明日，复出锐卒先登，遂拔之。襄阳既下，偕宋将吕文焕入觐，赐锦衣、白金、宝鞍，将校行赏有差。

十一年，丞相伯颜伐宋，弘范率左部诸军循汉江，东略郢西，南攻武矶堡，取之。北兵渡江，弘范为前锋。宋相贾似道督兵阻芜湖，殿帅孙虎臣据丁家洲。弘范转战而前，诸军继之，宋师溃，弘范长驱至建康。十二年五月，帝遣使谕丞相毋轻敌贪进，方暑，其少驻以待。弘范进曰："圣恩待士卒诚厚，然缓急之宜，非可遥度。今敌已夺气，正当乘破竹之势，取之无遗策矣。岂宜迁缓，使敌得为计耶？"丞相然之，驰驿至阙，面论形势，得旨进师。十二年，次瓜州，分兵立栅，据其要害。扬州都统姜才所统兵劲悍善战，至是以二万人出扬子桥。弘范佐都元帅阿术御之，与宋兵夹水阵。弘范以十三骑径度冲之，阵坚不动，弘范引却。一骑跃马挥刀，直趣弘范，弘范旋辔反迎刺之，应手顿毙马下，其众溃乱，追至城门，斩首万余级，自相蹂藉溺死者过半。宋将张世杰、孙虎臣等率水军于焦山决战，弘范以一军从旁横冲之，宋师遂败。追至圌山之东，夺战舰八十艘，俘馘千数。上其功，改亳州万户，后赐名拔都。从中书左丞董文炳由海道会丞相伯颜，进次近郊。宋主上降表，以伯侄为称，往返未决。弘范将命入城，数其大臣之罪，皆屈服，竟取称臣降表来上。十三年，台州叛，讨平之，诛其为首者而已。十四年，师还，授镇国上将军、江东道宣慰使。

十五年，宋张世杰立广王昺于海上，闽、广响应，俾弘范往平之，授蒙古汉军都元帅。陛辞奏曰："汉人无统蒙古军者，乞以蒙古信臣为首帅。"帝曰："汝知而父与察罕之事乎？其破安丰也，汝父欲留兵守之，察罕不从。师既南，安丰复为宋有，进退几失据，汝父深悔恨，良由委任不专故也，岂可使汝复有汝父之悔乎？今付汝大事，能以汝父之心为心，则予汝嘉。"面赐锦衣、玉带，弘范不受，以剑甲为请。帝出武库剑甲，听其自择，且谕之曰："剑，汝之副也，不用令者，以此处之。"将行，荐李恒为己贰，从之。至扬州，选将校水陆二万，分道南征，以弟弘正为先锋，戒之曰："选汝骁勇，非私汝也。军法重，我不敢以私挠公，勉之。"弘正所向克捷。进攻三江寨，寨据隘乘高，不可近，因连兵向之。寨中持满以待，弘范下令下马治朝食，若将持久者。持满者疑不敢动，而他寨不虞也。忽麾军连拔数寨，回捣三江，尽拔之。至漳州，军其东门，命别将攻南门、西门，乃乘虚破其北门，拔之。攻鲍浦寨，又拔之。由是濒海郡邑皆望风降附。获宋丞相文天祥于五坡岭，使之拜，不屈，弘范义之，待以宾礼，送至京师。获宋礼部侍郎邓光荐，命子珪师事之。

十六年正月庚戌，由潮阳港发舶入海，至甲子门，获宋斥候将刘青、顾凯，乃知广王所在。辛酉，次崖山。宋军千余艘碇海中，建楼橹其上，隐然坚壁也，弘范引舟师赴之。崖山东西对峙，其北水浅，舟胶，非潮来不可进，乃由山之东转南入大洋，始得逼其舟。又出奇兵断其汲路，烧其宫室。世杰有甥在弘范军中，三使招之，世杰不从。甲戌，李恒自广州至，授以战舰二，使守北面。二月癸未，将战，或请先用炮。弘范曰："火起则舟散，不如战也。"明日，四分其军，军其东南北三面，弘范自将一军相去里余，下令曰："宋舟潮至必东道，急攻之，勿令得去，闻吾乐作乃战，违令者斩！"先麾北面一军乘潮而战，不克，李恒等顺潮而退。乐作，宋将以为且宴，少懈，弘范舟师犯其前，众继之。豫构战楼于舟尾，以布幕障之，命将士负盾而伏，令之曰："闻金声起战，先金而妄动者死！"飞矢集如猬，伏盾者不动。舟将接，鸣金撤障，弓弩火石交作，顷刻并破七舟，宋师大溃。宋臣抱其主昺赴水死。获其符玺印章。世杰先遁，李恒追至大洋不及。世杰走交趾，风坏舟，死海陵港。其余将吏皆降。岭海悉平，磨崖山之阳，勒石纪功而还。

十月，入朝，赐宴内殿，慰劳甚厚。未几，瘴疠疾作，帝命尚医诊视，遣近臣临议用药，敕卫士监门，止杂人毋扰其病。病甚，沐浴易衣冠，扶掖至中庭，面阙再拜。退坐，命酒作乐，与亲故言别。出所赐剑甲，命付嗣子珪曰："汝父以是立功，汝佩服勿忘也。"语竟，端坐而卒。年四十三。赠银青荣禄大夫、平章政事，谥武烈。至大四年，加赠推忠效节翊运功臣、太师、开府仪同三司、上柱国、齐国公，改谥忠武。延祐六年，加保大功臣，加封淮阳王，谥献武。子珪，自有传。

——《元史》

《紫山大全集》·二十六卷（永乐大典本）

元胡祇遹撰。祇遹，磁州武安人。《元史》本传载其字曰绍开。然今民将在祇遹乃文考绍闻衣德言，实周书康诰之文。核其名义，疑"绍开"当作"绍闻"，《元史》乃传刻之讹也。中统初，张文谦宣抚大名，辟祇遹为员外郎，后官至江南浙西道提刑按察使。延祐五年，追赠礼部尚书，谥文靖。是集为其子太常博士持所编。前有其门人翰林学士承旨刘赓《序》，称原本六十七卷，岁久散佚。今据《永乐大典》所载，裒合成编，厘为赋、诗、诗余七卷，文十二卷，杂著四卷，语录三卷。其间杂著一卷，祗遹一生所学具见于斯。然体例最为冗琐，有似随笔劄记者，有似短章小品者，有似莅官条约者，有似公移案牍者，层见错出，殆不可名以一格。考贾谊《新书》，皆以所作治安策及言事诸疏割裂颠倒，各自为章，别标篇目，说者以为平时纪录之稿，其后联缀成篇而上之。祗遹是集，或亦是例欤。史称其官右司员外郎时，以论事忤奸相阿哈玛案（阿哈玛原作阿合马，今改正），外迁太原路治中，提举铁冶，欲以岁赋不办责之。及其莅职，乃以最闻。官荆湖北道宣慰副使时，辨诬告不轨之狱。官济宁路总管时，擘画军政八事，并修《明学校之法》。又称其所至皆抑豪右，扶寡弱，敦教化，厉士风。盖以吏治名一时，而无一语及其文章。今观其集，大抵学问出于宋儒，以笃实为宗，而务求明体达用，不屑为空虚之谈。诗文自抒胸臆，无所依仿，亦无所雕饰，惟以理明词达为主。元代词人，往往以风华相尚，得兹布帛菽粟之文，亦未始非中流一柱矣。惟编录之时，意取繁富，遂多收应俗之作，颇为冗杂。甚至如《黄氏诗卷序》《优伶赵文益诗序》《赠宋氏序》诸篇，以阐明道学之人，作媟狎倡优之语。其为白璧之瑕，有不止萧统之讥陶潜者。陶宗仪《辍耕录》载其钟爱歌儿珠帘秀，赠以《沉醉东风》小曲，殆非诬词矣。以原本所有，姑仍其旧录之，而附纠其缪于此，亦足为操觚之炯戒也。

按：胡祗遹，字绍闻，磁州武安人。少孤，既长读书，见知于名流。中统初，张文谦宣抚大名，辟员外郎。明年，入为中书详定官。至元元年，授应奉翰林文字，寻兼太常博士，调户部员外郎，转右司员外郎，寻兼左司。时阿合马当国，进用群下，官冗事烦，祗遹建言："省官莫如省吏，省吏莫如省事。"以是忤权奸，出为太原路治中，兼提举本路铁冶，将以岁赋不办责之。及其莅职，乃以最闻。改河东山西道提刑按察副使。宋平，为荆湖北道宣慰副使。有佃民诉其田主谋为不轨者，祗遹察其冤，坐告者。十九年，为济宁路总管，上八事于枢府言军政：曰役重，曰逃户，曰贫难，曰正身入役，曰伪署文牒，曰官吏保结，曰有名无实，曰合并偏颇。枢府是之，以其言著为定法。济宁移治巨野县，自国初经兵戈，其废已久，民居未集，风俗朴野。祗遹选郡子弟，择师教之，亲为讲论，期变其俗，久之，治效以最称。升山东东西道提刑按察使，所至抑豪右，扶寡弱，以敦教化，以厉士风。民有父子兄弟相讼者，必恳切谕以天伦之重，不获已，则绳以法。召拜翰林学士，不赴，改江南浙西道提刑按察使，未几，以疾归。二十九年，朝廷徵耆德者十人，祗遹为之首，以疾辞。三十年，卒，年六十七。延祐年，赠礼部尚书，谥文靖。子持，太常博士。

——《元史》

《东庵集》·四卷（永乐大典本）

　　元滕安上撰。安上字仲礼，定州人。以荐除中山府教授。历禹城主簿，徵为国子博士，转太常丞，拜监察御史。以地震上疏不得达，遂引疾去。寻起为国子司业，卒于官。《元史》不为立传。其事实具见于姚燧所作《墓碣铭》，且称其"敏修笃行，学积其躬，道行其家，化及其乡"。而吴澄《文正集》亦谓安上为人，乃有学有行而有文者。盖亦束修自好之士也。燧又称所著有《东庵类稿》十五卷，江西廉访使赵秉政版之行世。又有《易解》《洗心管见》藏于家。而焦竑《国史经籍志》乃称安上《东庵稿》十六卷，与燧所纪卷数不合，当由未见原集而误。近时顾嗣立作《元诗选》，搜采至数百家，而安上之集阙焉，则其佚久矣。今从《永乐大典》中裒集编次，得诗二百余篇，分为四卷。其诗格以朴劲为主，不免稍失之粗犷，而笔力健举。七言古诗尤有开阖排宕之致，视元末秾艳纤媚之格全类诗余者。又不以彼易此矣。考苏天爵《文类》，载有安上《祭砚司业先生文》一篇。而姚燧亦谓其文一本理义，辞旨畅达，不为险谲，非有裨世教者不言。是原集当兼载诗文，惜《永乐大典》仅存其诗，其文已无可考也。

　　按：滕安上，字仲礼，中山安喜人。少孤，自力于学。以荐授定州教授，

215

累迁国子博士，擢监丞，迁太常寺丞。

世祖崩，南郊请谥及升祔太庙诸典礼，皆安上所拟，朝廷采而用之。元贞元年，拜监察御史。京师地震，上疏曰："君失其道，责见于天。其咎在内廷干外政，小人厕于君子之列，刑赏僭差，名实混淆。宜侧身修行，反昔所为，以尽弭灾之道。"其言反覆深切，有司不以上闻。安上曰："吾不得于言，可去矣。"遂辞职归。寻起为国子司业，以疾卒，年五十四。赠昭文馆大学士，谥文穆。有《东庵类稿》十五卷。吴澄谓其文为有学行之言。

——《新元史》

《默庵集》·五卷（两淮马裕家藏本）

元安熙撰。熙字敬仲，藁城人。少慕刘因之名，欲从之游，因亦愿传所学于熙。会因卒，不果。然所学一以因为宗。其门人苏天爵作《熙行状》，称朱子《四书集注》初至北方，滹南王若虚起而辨之。陈天祥益阐其说。熙力与争，天祥遂焚其书。今天祥之书故在，焚之之说虽涉于夸饰，然熙之力崇朱学，固于是可见也。熙殁之后，天爵辑其诗文，而虞集为之序。诗颇有格调，虽时作理语，而不涉语录。惟《冬日斋居》五首及《寿李翁八十诗》，不入体裁。杂文皆笃实力学之言，而伤于平沓，盖本无意于求工耳。天爵行状称集十卷。《目录》后熙子垙附记，亦云《内集》五卷、《外集》五卷。此本仅存诗文五卷、《附录》一卷，或旧本散佚，后人重为编缀欤。

按：安熙，字敬仲，真定藁城人。祖滔、父松，皆有学行。熙既承家学，及闻保定刘因而向慕之。所居相距数百里，将造其门，而因已殁，乃从因门人乌冲录其遗书而还。建祠堂以奉四世，冠昏丧祭，一遵文公礼书。其教人，以敬为本，以经术为先。弟子去来，常至百人。出入闾巷，带规佩矩，望而知为安氏弟子。

家居教授垂数十年，四方来者多所成就。既殁，乡人立祠于藁城之西。其门人苏天爵辑其遗文为《默庵集》十卷，虞集序之曰："使熙得见刘氏，廓之以高明，厉之以奋发，则刘氏之学当益昌大于时"云。

——《新元史》

《西岩集》·二十卷（永乐大典本）

元张之翰撰。之翰字周卿，邯郸人。《元史》无传。惟《松江府志》载之翰至元末自翰林侍讲学士知松江府事，有古循吏风。时民苦荒，租额以十万计，之翰力除其弊，得以蠲除。至今犹祠于名宦祠。生平著述甚富。晚号西岩老人，故以"西岩"名集。其诗清新宕逸，有苏轼、黄庭坚之遗；文亦颇具唐、宋旧格。其集据《松江府志》所载，本三十卷。今于《永乐大典》中搜采缀辑，分体编次，厘为二十卷。虽当时旧本篇页多寡不可知，而约略大数，计已得什之六七矣。《永乐大典》所载，有标题《张西岩集》，而核其诗文实为张起岩作。起岩字梦臣，济南人，有《华峰漫稿》《类稿》《金陵集》尚行于世，与之翰截然两人。殆当世缮录之人，以《张西岩集》与《张起岩集》声音略近，故随读而讹，致相淆乱。今并厘正，各存其真焉。

按：张之翰字周卿，号西岩，邯郸人，中统初任洺磁路知事，至元十三年选置真定总管府知事，历拜行台监察御史，按临福建行省，振举纪纲，多所建明，如兴学养士、选举钞法之类，言之甚力。以疾谢事，侨居高邮，扁所居曰"归舟斋"，蓄书教授。台省交荐，起为户部郎中，升侍郎，累擢翰林侍讲学士。自请外补，除松江府知府兼劝农事。减汰虚数，租米十万石，又并西湖书院；起先圣燕居楼，复贡举堂。建松江小学，立上海县，学作三贤祠，修筑社稷坛，百废俱兴，绰有古循吏风。年五十四，卒于官号。西岩平生所著有《西岩集》三十卷。

——《（嘉靖）广平府志》

《艮斋诗集》·十四卷（浙江鲍士恭家藏本）

元侯克中撰。克中字正卿，真定人。幼丧明，聆群儿诵书，不终日，能悉记其所授。稍长，习词章，自谓不学可造诣。既而悔之，以为刊华食实，莫首于理。原《易》以求，乃为得之。于是精意读《易》，著书名《大易通义》。年至九十余而卒。今《通义》已不传，而袁桷所作《序》尚见《清容居士集》中，可略见克中本末。此乃所作诗集，犹元时旧刻。卷首有毛晋私印，盖汲古阁所藏。中间律体最多，而七言律为尤夥。卷一、卷二皆咏经史之作。卷八为谐音格，乃每首全以音通字异者相叶。如一东叶同、峒、桐、铜、童；二冬叶镛、庸、容、墉、蓉之类。凡七言三十一首，五言二十一首。亦克中自创之格，为古所未有。其诗颇近击壤一派，多涉理路。而抒情赋景之作，亦时有足资讽咏者。昔唐汝询幼而失明，长而能诗，《姑蔑》一集，明人诧为古所未有，而不知克中已在前，是亦足为是集希传之证。又汝询能注唐诗解，而克中乃至能诂经，是所学又在汝询上矣。

按：侯克中，元真定人，字正卿，号艮斋。幼失明，听群儿诵书，不终日能悉记其所授。稍长，习词章，自谓不学可成，既而悔之。于是精意读《易》。又工曲。卒年九十余。有《大易通义》《艮斋诗集》及《燕子楼》杂剧。

——《中国历代人名大辞典》

《王文忠集》·六卷（永乐大典本）

元王结撰。结字仪伯，定兴人。仁宗在潜邸时，以荐充宿卫。及即位，迁集贤直学士。元统中，官至中书左丞。文忠其谥也。事迹具《元史》本传。史称结有集十五卷。王圻《续文献通考》所载亦同。今久散佚。惟散见《永乐大典》者，采掇排比，尚得诗一百三十四首、诗余十三首，编为三卷。又杂文九首为一卷。《问答》五首为一卷。《善俗要义》三十三条为一卷。共成六卷。结为元代名臣，张珪称其非圣贤之书不读，非仁义之言不谈。今观是集，殆非虚语。诗多古体，大抵舂容和平，无钩棘之态。文亦明白畅达，不涉雕华。其中《上宰相论八事书》，乃结年二十余游京师时所作。平生识力，已具见于是。《问答》五条，皆与吴澄往复之语，或阐儒理，或明经义，可略见其学问之根柢。《善俗要义》乃结为顺德路总管时所作，以化导闾里。凡教养之法，纤悉必备。虽琐事常谈，而委曲剀切。谋画周密，如慈父兄之训子弟。循吏仁爱之意，蔼然具见于言表，尤足以见其政事之大凡。统观所作，所谓词必轨于正理，学必切于实用者也，固不与文章之士争词采之工拙矣。

按：王结，字仪伯，易州定兴人。祖逊勤，以质子军从太祖西征，娶阿鲁浑氏，自西域徙戍秦陇，又徙中山，家焉。结生而聪颖，读书数行俱下，终身不忘。尝从太史董朴受经，深于性命道德之蕴，故其措之事业，见之文章，皆悉有所本。宪使王仁见之，曰"公辅器也"。年二十余，游京师，上执政书，陈时政八事，曰：立经筵以养君德，行仁政以结民心，育英材以备贡举，择守令以正铨衡，敬贤士以厉名节，革冗官以正职制，辨章程以定民志，务农桑以厚民生。其言剀切纯正，皆治国之大经大法，宰相不能尽用之。时仁宗在潜邸，或荐结充宿卫，乃集历代君臣行事善恶可为鉴戒者，日陈于前，仁宗嘉纳焉。武宗即位，以仁宗为皇太子。大德十一年，命置东宫官属，以结为典牧太监，阶太中大夫。近侍以俳优进，结言："昔唐庄宗好此，卒致祸败，殿下方育德春宫，视听宜谨。"仁宗优纳之。

仁宗即位，迁集贤直学士。出为顺德路总管，教民务农兴学、孝亲弟长、戢奸禁暴，悉登于书，俾朝夕阅习之。属邑巨鹿沙河有唐魏征、宋璟墓，乃祠二公于学，表其言论风旨，以厉多士。迁扬州，又迁宁国，以从弟绅佥江东廉访司事，辞不赴。改东昌路，境有黄河故道，而会通堤过其下流，夏月潦水，坏民麦禾。结疏为斗门以泄之，民获耕治之利。

至治二年，参议中书省事。时拜住为丞相，结言："为相之道，当正己以正君，正君以正天下；除恶不可犹豫，犹豫恐生它变；服用不可奢僭，奢僭则害及于身。"丞相是其言。未几，除吏部尚书，荐名士宋本、韩镛等十余人。泰定元年春，廷试进士，以结充读卷官。迁集贤侍读学士、中奉大夫。会有月食、地震、烈风之异，结昌言于朝曰："今朝廷君子小人混淆，刑政不明，官赏太滥，故阴阳错谬。咎征荐臻，宜修政事，以弭天变。"是岁，诏结知经筵，扈从上都。结援引古训，证时政之失，冀帝有所感悟。中宫闻之，亦召结等进讲，结以故事辞。明年，除浙西廉访使，中途以疾还。岁余，拜辽阳行省参知政事。辽东大水，谷价翔踊，结请于朝，发粟数万石，以赈饥民。召拜刑部尚书。

天历元年，文宗即位，拜陕西行省参知政事，改同知储庆司事。二年，拜中书参知政事，入谢光天殿，以亲老辞，帝曰："忠孝能两全乎？"是时迎立明宗于朔方，明宗命文宗居皇太子位，于是遣大臣奉宝北迎。近侍有求除拜赏赉者，结曰："俟天子至议之。"初，上都之变，失皇太子宝，更铸新宝，近侍请视旧制宜加大，结曰："此宝当传储嗣，不敢逾旧制也。"或致人于死，而籍其妻孥赀产者，结复论之。近侍益怒，谮诟日甚，遂罢政。又命为集贤侍读学士，丁内艰，不起。

元统元年，复除浙西廉访使，未行，召拜翰林学士、资善大夫、知制诰同修国史，与张起岩、欧阳玄修泰定、天历两朝实录。拜中书左丞。中宫命僧尼于慈福殿作佛事，已而殿灾，结言僧尼亵渎，当坐罪。左丞相疾革，家人请释重囚禳之，结极陈其不可。先时，有罪者，北人则徙广海，南人则徙辽东，去家万里，往往道死。结请更其法，移乡者止千里外，改过听还其乡，因著为令。职官坐罪者，多从重科，结曰："古者刑不上大夫，今贪墨虽多，然士之廉耻，不可以不养也。"闻者谓其得体。至元元年，诏复入翰林，养疾不能应诏。二年正月二十八日卒，年六十有二。

结立言制行，皆法古人，故相张珪曰："王结非圣贤之书不读，非仁义之言不谈。"识者以为名言。晚邃于《易》，著《易说》一卷，临川吴澄读而善之。及卒，公卿唁于朝，士大夫吊于家，曰："正人亡矣。"四年五月，诏赠资政大夫、河南江北等处行中书省右丞、护军，追封太原郡公，谥文忠。有诗文十五卷行于世。

——《元史》

《伊滨集》·二十四卷（永乐大典本）

元王沂撰。沂字思鲁，先世云中人，徙于真定。父元父，官至承事郎，监黄池税务。马祖常《石田集》有所作《元父墓碣铭》，叙其家世甚详，而沂始末不概见。今以集中所自述与他书参考之，尚可得其大略。据马祖常《碣铭》，称与沂同榜，则当为延祐初进士。据集中《送李县令序》，则尝为临淮县尹。据《义应侯庙记》，称延祐四年佐郡伊阳，考《地理志》，伊阳在嵩州，则尝为嵩州同知。又诗中有"纶巾羽服卧伊滨"之句，则集名《伊滨》，亦即起于此时。据《祀南镇》《北岳》诸记，则至顺三年尝为国史院编修官。据《送瞿生序》及《胡节母诗序》诸篇，则元统三年尝在国子学为博士。据《送余阙序》称元统初佐考试，见阙对策云云，则尝入试院同考，而余阙实为所得士。据《祀西镇记》《御书跋》诸篇，则至元六年尝为翰林待制，并尝待诏宣文阁。又宋、辽、金三史成于至正五年，而书前列修史诸臣，有"总裁官中大夫礼部尚书王沂"之名，则是时已位至列卿。其后迁转，遂不可考，疑即致仕以去。然集中《壬寅纪异诗》，有"壬寅仲春天雨雹，南平城中昼惊愕。自从兵革十年来，澒洞风尘亘沙漠"之句。又《邻寇逼境仓皇南渡诗》，有"邻邑举烽燧，长驱寇南平。中宵始闻警，挈家速远行"之句。又有《寓吉安林塘避桃林兵警诗》。壬寅为至正二十二年，正中原盗起之时。距沂登第已五十载，尚转侧兵戈间，计其年亦当过七十矣。沂历跻馆阁，多居文字之职。庙堂著作，多出其手。与傅若金、许有壬、周伯琦、陈旅等俱相唱和。故所作诗文，春容和雅，犹有先正轨度。惜其名不甚著，集亦绝鲜流传，选录元诗者并不能举其名氏。今从《永乐大典》中裒掇编次，厘为二十四卷。庶梗概尚具，不致遂就湮没焉。

按：元真定人，字师鲁（按：一作思鲁）。仁宗延祐二年进士。历官翰林编修，国子博士，翰林御制。顺帝至正初为礼部尚书，尝参与宋、辽、金三史编撰。至正中卒。有《伊滨集》。

——《中国历代人名大辞典》

《滋溪文稿》·三十卷（两淮马裕家藏本）

元苏天爵撰。天爵有《名臣事略》，已著录。所作有《诗稿》七卷、《文稿》三十卷。其《诗稿》《元百家诗》尚录之，今未见其本。此为其《文稿》三十卷，乃天爵官浙江行省参政时，属掾高明、葛元哲所编。元哲字廷哲，临川人，以乡贡第一人举进士。赵方《东山存稿》中有《别元哲序》一篇，载其行履甚详。高明字则诚，永嘉人，登进士第，调官括苍郡录事。又有《送高则诚归永嘉序》，即其人也。天爵少从学于安熙。然熙诗文粗野不入格，天爵乃词华淹雅，根柢深厚，蔚然称元代作者。其波澜意度，往往出入于欧、苏，突过其师远甚。至其序事之作，详明典核，尤有法度。集中碑版几至百有余篇，于元代制度人物，史传阙略者多可藉以考见。《元史》本传称其"身任一代文献之寄"，亦非溢美。虞集《赋苏伯修滋溪书堂诗》有曰："积学抱沉默，时至有攸行。抽简鲁史存，采诗商颂并。"盖其文章原本，由沉潜典籍，研究掌故而来，不尽受之于熙也。

《熊峰集》·十卷（直隶总督采进本）

明石珤撰。珤字邦彦，藁城人，成化丁未进士，官至文渊阁大学士，谥文隐，改谥文介，事迹具《明史》本传。珤出李东阳之门，东阳每称后进可托以柄斯文者，惟珤一人。皇甫汸尝删定其集为四卷，岁久版佚。国朝康熙丁未，余姚孙光炀为藁城知县，得《别集》遗稿于其家，为合而重刊之。嗣闻真定梁清标家有其全集，乃购得续刊，共为十卷，即此本也。自一卷至四卷为诗，五卷、六卷为文，七卷至九卷又为诗，十卷又为文。盖刊版已定，不能依类续入，故其体例丛脞如是也。珤诗文皆平正通达，具有茶陵之体，故东阳特许之。当北地、信阳骎骎代兴之日，而珤独坚守师说。屡典文衡，皆力斥浮夸，使粹然一出于正。虽才学皆逊东阳，而湜湜持正，不趋时好，亦可谓坚立之士矣。

　　按：石珤，字邦彦，藁城人。父玉，山东按察使。珤与兄玠同举成化末年进士，改庶吉士，授检讨，数谢病居家。孝宗末，始进修撰。正德改元，擢南京侍读学士。历两京祭酒，迁南京吏部右侍郎。召改礼部，进左侍郎。武宗始游宣府，珤上疏力谏，不报。改掌翰林院事。廷臣谏南巡，祸将不测，珤疏救之。十六年拜礼部尚书，掌詹事府。

　　世宗立，代王琼为吏部尚书。自群小窃柄，铨政混浊。珤刚方，谢请托，诸犯清议者多见黜，时望大孚，而内阁杨廷和有所不悦。甫二月，复改掌詹事府，典诰敕。嘉靖元年遣祀阙里及东岳。事竣还家，屡乞致仕。言官以珤望重，交章请留，乃起赴官。

　　三年五月，诏以吏部尚书兼文渊阁大学士入参机务。帝欲以奉先殿侧别建一室祀献帝，珤抗疏言其非礼。及廷臣伏阙泣争，珤与毛纪助之。无何，"大礼"议定，纪去位。珤复谏曰："大礼一事已奉宸断，无可言矣。但臣反复思之，终有不安于心者。心所不安而不以言，言恐触忤而不敢尽，则陛下将焉用臣，臣亦何以仰报君父哉？夫孝宗皇帝与昭圣皇太后，乃陛下骨肉至亲也。今使疏贱谗佞小人辄行离间，但知希合取宠，不复为陛下体察。兹孟冬时享在迩，陛下登献对越，如亲见之，宁不少动于中乎？夫事亡如事存。陛下承列圣之统，以总百神，临万方，焉得不加慎重，顾听细人之说，干不易之典哉？"帝得奏不悦，戒勿复言。

　　明年建世庙于太庙东。帝欲从何渊言，毁神宫监，伐林木，以通辇道。给事中韩楷，御史杨秦、叶忠等交谏，忤旨夺俸。给事中卫道继言之，贬秩调外。珤复抗章，极言不可，弗听。及世庙成，帝欲奉章圣皇太后谒见，张璁、桂萼力主之。礼官刘龙等争不得，诸辅臣以为言，帝不报，趣具仪。珤乃上疏曰："陛下欲奉皇太后谒见世庙，臣窃以为从令固孝，而孝有大于从令者。臣诚不敢阿谀以误君上。窃惟祖宗家法，后妃已入宫，未有无故复出者。且太庙尊严，非时享祫祭，虽天子亦不轻入，况后妃乎？璁辈所引庙见之礼，今奉先殿是也。圣祖神宗行之百五十年，已为定制，中间纳后纳妃不知凡几，未有敢议及者，何至今日忽倡此议？彼容悦佞臣岂有忠爱之实，而陛下乃欲听之乎？且阴阳有定位，不可侵越。陛下为天地百神之主，致母后无故出入太庙街门，是坤行乾事，阴侵阳位，不可之大者也。臣岂不知君命当承，第恐上累圣德，是以不敢顺旨曲从，以成君父之过，负覆载之德也。"奏入，帝大愠。

璁为人清介端亮，孜孜奉国。数以力行王道，清心省事，辨忠邪，敦宽大，毋急近效为帝言。帝见为迂阔，弗善也。议"大礼"时，帝欲援以自助，而璁据礼争，持论坚确，失帝意，璁、萼辈亦不悦。璁、萼朝夕谋辅政，攻击费宏无虚日，以璁行高，不能有所加。至明年春，奸人王邦奇讦杨廷和，诬璁及宏为奸党，两人遂乞归。帝许宏驰驿，而责璁归怨朝廷，失大臣谊，一切恩典皆不予。归，装褴被车一辆而已。都人叹异，谓自来宰臣去国，无若璁者。自璁及杨廷和、蒋冕、毛纪以强谏罢政，迄嘉靖季，密勿大臣无进逆耳之言者矣。

璁加官，自太子太保至少保。七年冬卒，谥文隐。隆庆初，改谥文介。

——《明史》

《杨忠愍集》·三卷、《附录》·一卷（直隶总督采进本）

明杨继盛撰。继盛字仲芳，号椒山，容城人。嘉靖丁未进士。官至兵部武选司员外郎。以疏劾严嵩，为所构陷弃市。后追赠太常寺卿，谥忠愍。事迹具《明史》本传。继盛本以经济气节自许，不屑屑于文字。后人重其人品，掇拾成编，仰蒙世祖章皇帝御制序文，表其忠荩。一经褒予，旷世犹生。故虽朽蠹陈编，弥深宝惜。此本乃康熙间萧山章钰所校。凡奏疏一卷、杂文一卷、诗一卷，行状碑记别为一卷附焉。其《论马市》《劾严嵩》二疏，史传限于体裁，仅存大略，集本乃其全文。披肝沥胆，忼直之气如生。自作《年谱》一篇，学问人品，具见本末，尤史传所不能详。《遗嘱》一篇，作于临命前一夕，墨迹至今世守。仓卒之际，数千言无一字涂乙，尤足见其所养。词虽质朴，而忠孝之意油然，尤足以感动百世。惟《年谱》中自记从韩邦奇学乐律，夜梦虞舜一事，颇涉怪异。然继盛非妄语者，盖覃思之极，缘心构象。《世说》载卫玠以梦问乐广，广云是想。《管子》曰："思之思之，鬼神通之。"固亦理之所有。昔吴与弼作日录，自称梦见孔子，人疑其伪。继盛此语，颇与相类，明以来无疑之者。此则系乎其人，有不待口古争者矣。

按：杨继盛，字仲芳，容城人。七岁失母。庶母妒，使牧牛。继盛经里塾，睹里中儿读书，心好之。因语兄，请得从塾师学。兄曰："若幼，何学？"继盛曰："幼者任牧牛，乃不任学耶？"兄言于父，听之学，然牧不废也。年十三岁，始得从师学。家贫，益自刻厉。举乡试，卒业国子监，徐阶丞赏之。嘉靖二十六年登进士。授南京吏部主事。从尚书韩邦奇游，覃思律吕之学，手制十二律，吹之声毕和。邦奇大喜，尽以所学授之，继盛名益著。召改兵部员外郎。

俺答躏京师，咸宁侯仇鸾以勤王故有宠。帝命鸾为大将军，倚以办寇。鸾中情怯，畏寇甚。方请开互市市马，冀与俺答媾，幸无战斗，固恩宠。继盛以为雠耻未雪，遽议和示弱，大辱国，乃奏言十不可、五谬。大略谓：

互市者，和亲别名也。俺答蹂躏我陵寝，虔刘我赤子。天下大雠也，而先之和。不可一。往下诏北伐，天下晓然知圣意，日夜征缮助兵食。忽更之曰和，失信于天下。不可二。以堂堂中国，与之互市，冠履倒置。不可三。海内豪杰争磨砺待试，一旦委置无用。异时欲号召，谁复兴起？不可四。使边镇将帅以和议故，美衣媮食，驰懈兵事。不可五。往时边卒私通境外，吏率裁禁，今乃导之使与通。不可六。盗贼伏莽，徒慑国威不敢肆耳，今知朝廷畏怯，晡晚之渐必开。不可七。俺答往岁深入，乘我无备故也。备之一岁，以互市终。彼谓国有人乎？不可八。或俺答负约不至；至矣，或阴谋伏兵突入；或今日市，明日复寇；或以下马索上直。不可九。岁帛数十万，得马数万匹。十年以后，帛将不继。不可十。

议者曰："吾外为市以羁縻之，而内修我甲。"此一谬也。夫寇欲无厌，其以衅终明甚。苟内修武备，安事羁縻？曰："吾阴市，以益我马。"此二谬也。夫和则不战，马将焉用？且彼宁肯予我良马哉？曰："市不已，彼且入贡。"此三谬也。夫贡之赏不赀，是名美而实大损也。曰："俺答利我市，必无失信。"此四谬也。吾之市，能尽给其众乎？能信不给者之无入掠乎？曰："佳兵不祥。"此五谬也。故加己而应之，何佳也？人身四肢皆痛疽，毒日内攻，而惮用药石可乎？

夫此十不可、五谬，明显易见。盖有为陛下主其事者，故公卿大夫知而莫为一言。陛下宜奋独断，悉按诸言互市者，发明诏选将练兵。不出十年，臣请为陛下竿俺答之首于藁街，以示天下万世。

疏入，帝颇心动，下鸾及成国公朱希忠，大学士严嵩、徐阶、吕本，兵部尚书赵锦，侍郎聂豹、张时彻议。鸾攘臂詈曰："竖子目不睹寇，宜其易之。"诸大臣遂言遣官已行，势难中止。帝尚犹豫，鸾复进密疏。乃下继盛诏狱，贬狄道典史。其地杂番，俗罕知诗书。继盛简子弟秀者百余人，聘三经师教之。鬻所乘马，出妇服装，市田资诸生。县有煤山，为番人所据，民仰薪二百里外。继盛召番人谕之，咸服曰："杨公即须我曹穿帐亦舍之，况煤山耶？"番民信爱之，呼曰"杨父"。

已而俺答数败约入寇，鸾奸大露，疽发背死，戮其尸。帝乃思继盛言，稍迁诸城知县。月余调南京户部主事，三日迁刑部员外郎。当是时，严嵩最用事。恨鸾凌己，心善继盛首攻鸾，欲骤贵之，复改兵部武选司。而继盛恶嵩甚于鸾。且念起谪籍，一岁四迁官，思所以报国。抵任甫一月，草奏劾嵩，斋三日乃上奏曰：

臣孤直罪臣，蒙天地恩，超擢不次。夙夜祗惧，思图报称，盖未有急于请诛贼臣者也。方今外贼惟俺答，内贼惟严嵩，未有内贼不去，而可除外贼者。去年春雷久不声，占曰："大臣专政。"冬日下有赤色，占曰："下有叛臣。"又四方地震，日月交食。臣以为灾皆嵩致，请以嵩十大罪为陛下陈之。

高皇帝罢丞相，设立殿阁之臣，备顾问视制草而已，嵩乃俨然以丞相自居。凡府部题覆，先面白而后草奏。百官请命，奔走直房如市。无丞相名，而有丞相权。天下知有嵩，不知有陛下。是坏祖宗之成法。大罪一也。

陛下用一人，嵩曰"我荐也"；斥一人，曰"此非我所亲，故罢之"。陛下宥一人，嵩曰"我救也"；罚一人，曰"此得罪于我，故报之"。伺陛下喜怒以恣威福。群臣感嵩甚于感陛下，畏嵩甚于畏陛下。是窃君上之大权。大罪二也。

陛下有善政，嵩必令世蕃告人曰："主上不及此，我议而成之。"又以所进揭帖刊刻行世，名曰《嘉靖疏议》，欲天下以陛下之善尽归于嵩。是掩君上之治功。大罪三也。

陛下令嵩司票拟，盖其职也。嵩何取而令子世蕃代拟？又何取而约诸义子赵文华辈群聚而代拟？题疏方上，天语已传。如沈炼劾嵩疏，陛下以命吕本，本即潜送世蕃所，令其拟上。是嵩以臣而窃君之权，世蕃复以子而盗父之柄，故京师有"大丞相、小丞相"之谣。是纵奸子之僭窃。大罪四也。

严效忠、严鹄，乳臭子耳，未尝一涉行伍。嵩先令效忠冒两广功，授锦衣所镇抚矣。效忠以病告，鹄袭兄职。又冒琼州功，擢千户。以故总督欧阳必进蹑掌工部，总兵陈圭几统后府，巡按黄如桂亦骤亚太仆。既藉私党以官其子孙，又因子孙以拔其私党。是冒朝廷之军功。大罪五也。

逆鸾先已下狱论罪，贿世蕃三千金，荐为大将。鸾冒擒哈舟丹儿功，世蕃亦得增秩。嵩父子自夸能荐鸾矣，及知陛下有疑鸾心，复互相排诋，以泯前迹。鸾勾贼，而嵩、世蕃复勾鸾。是引背逆之奸臣。大罪六也。

前俺答深入，击其惰归，此一大机也。兵部尚书丁汝夔问计于嵩，嵩戒无战。及汝夔逮治，嵩复以论救绐之。汝夔临死大呼曰：嵩误我。是误国家之军机。大罪七也。

郎中徐学诗劾嵩革任矣，复欲斥其兄中书舍人应丰。给事厉汝进劾嵩谪典史矣，复以考察令吏部削其籍。内外之臣，被中伤者何可胜计？是专黜陟之大柄。大罪八也。

凡文武迁擢，不论可否，但衡金之多寡而畀之。将弁惟赂嵩，不得不胺削士卒；有司惟贿嵩，不得不掊克百姓。士卒失所，百姓流离，毒遍海内。臣恐今日之患不在境外而在域中。是失天下之人心。大罪九也。

自嵩用事，风俗大变。贿赂者荐及盗跖，疏拙者黜逮夷、齐。守法度者为迂疏，巧弥缝者为才能。励节介者为矫激，善奔者为练事。自古风俗之坏，未有甚于今日者。盖嵩好利，天下皆尚贪。嵩好谀，天下皆尚谄。源之弗洁，流何以澄？是敝天下之风俗。大罪十也。

嵩有是十罪，而又济之以五奸。知左右侍从之能察意旨也，厚贿结纳。凡陛下言动举措，莫不报嵩。是陛下之左右皆贼嵩之间谍也。以通政司之主出纳也，用赵文华为使。凡有疏至，先送嵩阅竟，然后入御。王宗茂劾嵩之章停五日乃上，故嵩得展转遮饰。是陛下之喉舌乃贼嵩之鹰犬也。畏厂卫之缉访也，令子世蕃结为婚姻。陛下试诘嵩诸孙之妇，皆谁氏乎？是陛下之爪牙皆贼嵩之瓜葛也。畏科道之多言也，进士非其私属，不得预中书、行人选。推官、知县非通贿，不得预给事、御史选。既选之后，入则杯酒结欢，出则馈饯相属。所有爱憎，授之论刺。历俸五六年，无所建白，即擢京卿。诸臣忍负国家，不敢忤权臣。是陛下之耳目皆贼嵩之奴隶也。科道虽入笼络，而部寺中或有如徐学诗之辈亦可惧也，令子世蕃择其有才望者，罗置门下。凡有事欲行者，先令报嵩，预为布置，连络蟠结，深根固蒂，各部堂司大半皆其羽翼。是陛下之臣工皆贼嵩之心膂也。陛下奈何爱一贼臣，而忍百万苍生陷于涂炭哉？

至如大学士徐阶蒙陛下特擢，乃亦每事依违，不敢持正，不可不谓之负国也。愿陛下听臣之言，察嵩之奸。或召问裕、景二王，或询诸阁臣。重则置宪，轻则勒致仕。内贼既去，外贼自除。虽俺答亦必畏陛下圣断，不战而丧胆矣。

疏入，帝已怒。嵩见召问二王语，喜谓可指此为罪，密构于帝。帝益大怒，下继盛诏狱，诘何故引二王。继盛曰："非二王谁不惕嵩者！"狱上，乃杖之百，令刑部定罪。侍郎王学益，嵩党也。受嵩属，欲坐诈传亲王令旨律绞，郎中史朝宾持之。嵩怒，谪之外。于是尚书何鳌不敢违，竟如嵩指成狱，然帝犹未欲杀之也。系三载，有为营救于嵩者。其党胡植、鄢懋卿怵之曰：

"公不睹养虎者耶，将自贻患。"嵩颔之。会都御史张经、李天宠坐大辟。嵩揣帝意必杀二人，比秋审，因附继盛名并奏，得报。其妻张氏伏阙上书，言："臣夫继盛误闻市井之言，尚狙书生之见，遂发狂论。圣明不即加戮，俾从吏议。两经奏谳，俱荷宽恩。今忽阑入张经疏尾，奉旨处决。臣仰惟圣德，昆虫草木皆欲得所，岂惜一回宸顾，下垂覆盆？倘以罪重，必不可赦，愿即斩臣妾首，以代夫诛。夫虽远御魑魅，必能为疆场效死，以报君父。"嵩屏不奏，遂以三十四年十月朔弃西市，年四十。临刑赋诗曰："浩气还太虚，丹心照千古。生平未报恩，留作忠魂补。"天下相与涕泣传颂之。

初，继盛之将杖也，或遗之蚺蛇胆。却之曰："椒山自有胆，何蚺蛇为！"椒山，继盛别号也。及入狱，创甚。夜半而苏，碎磁碗，手割腐肉。肉尽，筋挂膜，复手截去。狱卒执灯颤欲坠，继盛意气自如。朝审时，观者塞衢，皆叹息，有泣下者。后七年，嵩败。穆宗立，恤直谏诸臣，以继盛为首。赠太常少卿，谥忠愍，予祭葬，任一子官。已，又从御史郝杰言，建祠保定，名旌忠。

后继盛论马市得罪者，何光裕、龚恺。光裕，字思问，梓潼人。嘉靖二十年进士。改庶吉士，除刑科给事中。偕同官杨上林、齐誉请召遗佚。帝可之，已而报罢。巡视京营，劾罢尚书路迎。与给事中谢登之、御史曾佩建议节财，冗费大省。边事迫，命清理诸陵守卫军，条上祛弊七事，多报可。

屡迁兵科都给事中。都指挥吕元赉缘得锦衣，总旗王松冒功袭千户，光裕皆举奏之。兵部尚书赵锦疏辩，帝斥元，下松都察院狱，而夺锦等俸。

仇鸾之开马市也，命尚书史道主之。徇俺答请，以粟豆易牛羊。光裕与御史龚恺等劾道："委靡迁就。马市既开，复请封号。今其表意在请乞，而道以为谢恩。况表文非出贼手。道不去，则彼有无厌之求，我无必战之志，误国事不小。"时帝方响鸾，责光裕等借道论鸾，以探朝廷。杖光裕、恺八十，余夺俸。光裕不胜杖，卒。隆庆初，赠太常不卿。

恺既杖，官如故。寻列靖江王骄恣状，疏止大征粤寇。终湖广副使。恺，字次元，松江华亭人。嘉靖二十六年进士。

——《明史》

《宋布衣集》·三卷（直隶总督采进本）

　　明宋登春撰。登春字应元，新河人。少能诗善画。年二十余，即弃家远游，足迹几遍天下。晚乃依其兄子居江陵之天鹅池，因自号鹅池生。徐学谟为荆州守，深敬礼之。后学谟以尚书致政归，登春访之吴中。买舟浮钱塘，径跃入江水以死。邢侗《来禽馆集》有《吊宋叟诗序》，称"登春尝语侗，君视宋登春岂杉柏四周中人"。其生平立志如此，盖亦狂诞之士也。其诗本名《鹅池集》，文名《燕石集》，学谟尝刻之荆州。此编为康熙乙丑王培益所刊，始并诗文为一集。登春文章简质，可匹卢楠《蠛蠓集》，而奇古之趣胜之。其论诗先性情而后文词，故所作平易自然，而颇乏深意。然五言颇淡远可诵。朱彝尊《静志居诗话》以贾岛、李洞为比，亦庶几拟于其伦矣。

　　按：宋登春字应元，号鹅池山人。山人性敏识卓，貌眣气豪，少不事家人业，好侠嗜酒，慷慨悲歌，有睥睨一世之志，非六经秦汉不文，非左国班马不读。诗祖少陵，画宗吴伟，年三十余，阃室尽丧。因涉易水，蹢太行，至晋魏寓居山中，闭关读书者十年，已而出函谷，经巴蜀，过闽粤，游建康，遡三江，道九疑，驻楚郢，下江陵，顺流而东也。登太山，观渤海，至邹峰，又潜修者数年，其文愈高，其诗愈豪，前无古人，眼空今代矣。万历五年，自峥山还乡里。拜丘垄，邑侯结庐以处之，然而非其志也。尝谓族人曰："我死即效古人嬴葬我，不然，吾有蹈东海而死耳。"初以为枉语，年，辞族人亲友，复之云间，客于徐宗伯家居无何，一日谓宗伯曰："君为我具小船一只，载酒果送我蹈海。"宗伯如其言，果蹈海而去，不知所终云，山人所著。有《燕石文集》《布衣诗集》，清平唱和。诗禅项评，数卷行于世，徐宗伯为作《鹅池传》，邢少参为作《蹈海文》。并挽诗数首俱见《艺文志》。

——《宋布衣集》

《兼济堂文集》·二十卷（直隶总督采进本）

国朝魏裔介撰。裔介有《孝经注义》。已著录。是编奏疏三卷，序六卷，书牍二卷，传志二卷，祭文、论二卷，杂著二卷，乐府、古今体诗三卷，附《年谱》一卷。其平生著述，刻于江南者，有《兼济堂集》十四卷；刻于荆南者，有《兼济堂集》二十四卷；刻于京师者，有《文选二集》上、下二编，《昆林小品》上、下二编，《昆林外集》一编，《奏疏尺牍存余》七卷。其刻于林下者，有《文选》十卷，《屿舫近草》五卷、《诗集》七卷、《樗林三笔》五卷。此集乃詹明章衷辑诸本，简汰繁冗，合刊为一编者也。裔介立朝，颇著风节。其所陈奏，多关国家大体。诗文醇雅，亦不失为儒者之言。虽不以词章名一世，而以介于国初作者之间，固无忝焉。

《读书堂杜诗注解》·二十卷（直隶总督采进本）

国朝张潜撰。潜字上若，磁州人，顺治壬辰（按：应为顺治己丑）进士，官翰林院庶吉士。是编乃其晚年家居所作。以《千家注》为本，而稍节其冗复。凡称原注者，皆《千家注》。每诗下评语及圈点，则潜所增入也。自称起己丑迄癸丑，阅二十四寒暑，五易稿而成。其用力甚勤，然多依傍旧文，尚未能独开生面。

按：张潜，磁州人，前大司马镜心之子，顺治己丑进士，授内弘文院庶吉，士手辑司马云《隐堂集》三十卷，撙节衣食之费，拮据六载，梓以行世。中年失偶，念妻刲股疗姑，一生尽孝，终身不再娶，人服其义，康熙三十三年祀乡贤。

——《（雍正）畿辅通志》

《鸥汀长古集》·二卷、《前集》·二卷、《别集》·二卷、《续集》·一卷、《渔啸集》·二卷、《顿诗》·一卷（直隶总督采进本）

明顿锐撰。锐字叔养，涿州人。正德辛未进士，官代府右长史。锐少负诗名，当时称涿郡有才一石，锐得八斗。晚年卜居于怀玉山，吟咏自适，其五言古诗，气韵清拔，颇为入格；七言古诗，跌荡自喜，而少剪裁；近体专尚音节，数篇以外，意境多同，盖变化之功，犹未至也。

按：顿锐字叔养，涿州人，幼聪慧，日诵数千言，正德辛未成进士，以诗名都下，选高淳知县，迁代王府长史，去官归筑室于城之西，怀玉山，自号怀玉山人，著书歌诗，徜徉自得，所著有《鸥汀集》《渔啸集》《涿鹿先贤传》行于世。

——《（雍正）畿辅通志》

《寒邨集》·四卷（浙江汪启淑家藏本）

明苏志皋撰。志皋字德明，别号寒邨，固安人。嘉靖壬辰进士，官至副都御史。此集凡诗二卷，杂文二卷，有汪来《后序》，称其尚有《巡抚奏议》十八卷、《译语》《画跋》《恒言》，各一卷，今并不传。

按：苏志皋，固安人，嘉靖二十六年知河州，虽由左迁，未尝怠事，时方饥馑，盗贼蜂起，破格赈济，多所全活，获盗则重法治之，地方赖以安谧，卒，祠名宦。

——《（道光）兰州府志》

《荩心堂集》·二卷（浙江范懋柱家天一阁藏本）

明王尚文撰。尚文字宝江，真定人。嘉靖壬辰武进士，累官福建总兵官，挂征蛮将军印，都督同知。明万历戊寅，广西桂林、柳州，苗獞煽乱，马平獞韦王朋率东瓯，大产诸蛮，攻掠邨落，尚文剿平之。是书所载，只当时奏疏、札启，附以赠言、寿序之类。故标题《荩心堂集》，而以《征蛮纪略》为子目。然韦王朋与堡兵争斗之由，及要挟东瓯大产诸蛮事实，书中多不一叙，又十寨先后分合开设事宜，亦未能备载，均不及《明史·土司传》，及《广西通志》之详实。非纪事之书，与纪略之名，殊不相应。今从其总名，仍题曰《荩心堂集》，存其目于《集部》，庶不失实焉。

按：明真定府真定人，字宝江。嘉靖武进士。累官淮安左卫指挥、福建总兵官、挂征蛮将军印。万历中镇压桂林、柳州、马平等地苗、壮各族起事。有《荩心堂集》。

——《中国历代人名大辞典》

《金斋集》·四卷（直隶总督采进本）

明宋诺撰。诺字子重，号金斋，故城人。嘉靖乙未进士，官至兖州府知府。是集，文三卷，诗一卷，而别以策对、书启之类附入诗后。其《历官条教》，又标《政绩》一目，体例颇为糅杂，集中大抵宦游应酬之作。

按：宋诺，字子金（按：一作子重），故城人，嘉靖进士，授户部主事，累迁兖州知府，兖直两京孔道，吏利民敝，征发驿骚，诺悉其利病。凡所兴除钩校，无不精核，胥吏奸法，辄绳以重典，不少贷。巡抚上其状，诏入觐，卒于都下。

——《（雍正）畿辅通志》

《鸡土集》·六卷（直隶总督采进本）

明刘乾撰。乾字仲坤，号易庵，保定人。嘉靖戊戌进士，官国子监丞。是集诗、词二卷，赋、记、杂文四卷。其以"鸡土"命名者，《自序》谓梦入太极宫见玉鸡，以为文章之兆，其说颇荒唐不经，诗文亦不入格。而《梦上天诗》《梦戚赋》《纪梦文》诸篇，乃屡屡见之集中，何其好说梦欤？

按：刘乾，字仲坤，唐县人，好读古书，为文有秦汉气，议论英发，喜谈兵事，登嘉靖进士，授知县，改教授。所著有《易庵初藁滩上集》。

——《（雍正）畿辅通志》

《卫阳集》·十四卷（直隶总督采进本）

明周世选撰。世选字文贤，故城人。嘉靖壬戌进士，官至南京兵部尚书。是集以卫阳为名，盖故城在卫河之阳，世选以自号，因以名集也。世选以风节著，文章非所留意，然集中章奏，如《谏穆宗驰马于禁掖》《神宗讲武于宫中》，皆不知明之积弱，由于朝廷之宴安，朝廷之宴安，由于诸帝之不知兵事，持论殊为迂阔。又姚希孟《序》谓：大学士高拱构祸华亭，将引世选效指臂，弗应，遂被逐去。复引其祭拱文中隐显参商语，以证之。然世选出拱之门，不受指嗾，具见特立之操。乃拱既卒，而必特彰其事于祭文，是又不如置之不辨之，为厚矣。

按：周世选，故城人，初以进士任常州推官，有明断之誉，为礼科给事，弹劾贪佞，直声著于朝，以与时宰忤罢归，家居十七年。始起为户科给事，上疏谏，止内操，并条革宿弊，十余事，尚宝卿，累官巡抚，在河南为民开荒田至十万顷，以业贫者，中州饥疫后，郡邑多大盗，世选悉讨平之，晋工部侍郎，历南户部尚书。卒，赠太子少保。

——《河间府志》

《繁露园集》·二十二卷（直隶总督采进本）

明董复亨撰。复亨字元仲，元城人。万历壬辰进士，官至吏部郎中。外转布政司参政，未上而卒。是集凡文十七卷，诗五卷。复亨没后，其同里张铨序而刻之。其文喜剽掇词藻，如《广武郡理胡怀南治最承恩序》曰："闲请所谓举业读之，其沈词佛悦，如游鱼衔钩，而出重渊之深；其浮藻联翩，若翰鸟婴缴，而坠层云之峻；其涵绵邈而吐滂沛，又若风飞焱竖，若芳馥而青条森也。"割裂文赋，以入散体，古今有是格律耶？诗尤非所擅长矣。

按：董复亨，北直元城人，进士万历二十一年，知章邱县。博学有重名，时江陵柄国召之，力辞不往。政暇手不释卷，尤加意作人，视若子弟，清操不渝，于利禄右将浼焉。辑县志三十四卷，行取礼科给事中，祀名宦。

——《（道光）济南府志》

《石伯成诗稿》·四卷（直隶总督采进本）

明石九奏撰。九奏字伯成，冀州人。万历壬辰进士，官至兵备副使，进右参政。其诗多学《才调集》，而风格未成。朱彝尊《明诗综》选入《春郊》一绝，阅其全稿，实无有过之者也。

按：明石九奏，明真定府冀州人，字伯成。万历二十年进士。历官兵备副使、右参政。有《石伯成诗稿》。

——《中国历代人名大辞典》

《隆德堂诗文稿》·二卷（直隶总督采进本）

明魏纯粹撰。纯粹字仲乾，柏乡人。万历甲辰进士，官至监察御史。是集诗文各一卷，多其官永城知县时作；末附为御史时，《请假省亲疏》一篇。

《文敏遗集》·三卷（直隶总督采进本）

明李国𣞈撰。国𣞈字元冶，号绩溪，高阳人。万历癸丑进士，官至中极殿大学士。事迹附见《明史·李标传》。国𣞈遗文，明季佚于兵燹。国朝顺治己亥，其子大学士霨掇拾残阙，缉为一编；康熙丁未，始获其刻本于同里张亦纯，删除重复，得文二十二篇、诗一百一十四首。辛酉纂修《明史》，复于书局得其奏疏十三篇，因重编为三卷，而以《志铭》《墓表》《碑》附焉，即此本也。其诗文多馆阁酬应之作，盖霨所得于亦纯者，本其官翰林时课稿，故所存止是云。

按：李国𣞈，字元冶，高阳人。万历四十一年进士。由庶吉士历官詹事。天启六年七月，超擢礼部尚书入阁。释褐十四年即登宰辅，魏忠贤以同乡故援之也。然国𣞈每持正论。刘志选劾张国纪以撼中宫，国𣞈言："子不宜佐父难母，而况无间之父母乎！"国纪乃得免罪。御史方震孺及高阳令唐绍尧系狱，皆力为保全。崇祯初，以登极恩进左柱国、少师兼太子太师、吏部尚书、中极殿大学士。国子监生胡焕猷劾国𣞈等褫衣冠，国𣞈荐复之，时人称为长厚。元年五月得请归里，荐韩爌、孙承宗自代。卒，赠太保，谥文敏。宗道、景辰事见《黄立极传》中。

——《明史》

《江皋吟》·一卷（浙江孙仰曾家藏本）

明刘师朱撰。师朱字仲文，号嵩潭，大名人，万历中由贡生官至庐州府同知。是集原序称作于庐州，故名曰：《江皋吟》。然集中有都门所作，有出塞所作，有超然台所作，则亦不尽庐州诗，特刻于庐州耳。诗多浅语，原序亦称其由兖州闲曹改庐江剧任，有顾盼自喜之意云。

按：刘师朱，明大名府大名人，字仲文，号嵩潭。万历中由贡生累官至庐州府同知。能诗，有《江皋吟》。

——《中国历代人名大辞典》

《花王阁剩稿》·一卷（兵部侍郎纪昀家藏本）

明纪坤撰。坤字厚斋，献县人，崇祯中诸生。是集后有其孙容舒"跋"，称坤少有经世志，久而不遇，乃息意逃禅，晚榜所居曰"花王阁"，盖自伤文章无用，如牡丹之华而不实也。崇祯己卯，尝自编其诗为六卷，殁后尽毁于兵燹，此本为其子钰所重编，盖于败篓中，得藉物残纸，录其可辨识者，仅得一百余首，非原帙矣。其诗大致学苏轼，而戛戛自造，不循蹊径，惟遭逢乱世，坎壈以终，多感时伤俗之言，故刻露之语为多，含蓄之致较少焉。

按：明纪坤，字厚斋，居景城，生明隆庆中，为诸生。与董天士交最笃，见四方多虞，慨然有经世之志。谈兵说剑，恒从诸豪侠游，然不欲以他途进。担簦负笈，老尚仆仆场屋间。既久而不遇，且知时事之不可为也。乃息意逃禅，隐处田间以没。晚榜其所居曰"花王阁"，盖自伤文章无用，如牡丹之华

237

而不实也。《花王阁賸稿》原委详《艺文》。

——《献县志》

《燕香斋文集》·四卷、《诗集》·六卷（直隶总督采进本）

国朝刘余祐撰。余祐字申徵，号玉吾，又号"燕香居士"，宛平人。其自称滨宛者，先世滨州人也。前明万历丙辰进士，官兵部左侍郎；入国朝，官至户部尚书。是集为其子芳喆所编。每篇之末，皆有评语，如坊刻时文之式。后附《余祐行略》，犹前人所有之例。至附以其妻之"行略"、其父母之"墓志"，则非古法矣。

按：刘余祐，字五儒（按：一作申徵），宛平人（《畿辅诗传七》），明万历四十四年进士，历知嘉兴、登封、河内三县行取，迁刑部郎中，出知平阳府，累迁河南布政使，应天府尹兵部侍郎福王时，以余祐曾降附流贼李自成，定入"从贼"案。本朝顺治元年睿亲王定京师，余祐投诚，授原官，六年加太子太保，七年初，设六部汉尚书，擢余祐兵部尚书，八年，闰二月擢刑部晋少保，十月调户部，先是余祐任刑部时，兴安镇总兵任珍，以疑擅杀妻妾，惧罪行贿，已而事觉。十年二月，法司勘问得实，余祐革职杖徒，永不叙用。寻死（《贰臣传》）。著有《燕香斋集》八卷（《四库全书总目》一百八十）。

——《（光绪）顺天府志》

《用六集》·十二卷（直隶总督采进本）

国朝刁包撰。包有《易酌》，已著录。是集包所手编，自谓有得于《易》，故取永贞之义，以"用六"为名，其中如《寄魏环极书》，称砥砺躬行，不欲以议论争胜；《希圣堂学规》，多留意于洒扫应对，语皆平易近人。又谓时文之

238

士，不知考究史事，昧于治乱之原。每举《春秋纲目书法》，风谕学者，在讲学家中，较空谈心性者，特为笃实，然持论每多苛刻，如裴度、韩愈皆悬度其事，力加诋毁，殊失《春秋》善善从长之意。又如《重修秦王庙疏》，多引委巷无稽之言，不知折衷于古，亦其所短也。

《橘洲诗集》·六卷（直隶总督采进本）

国朝范士楫撰。士楫字箕生，定兴人。前明崇祯丁丑进士，入国朝，官至吏部郎中。是集，皆其顺治乙酉以后之作，其诗尚染明季伪体。卷首《自序》一篇，故为奥涩，亦当时习气也。

按：范士楫，字箕生，定兴人。前明进士，顺治初起礼部郎，改吏部郎。博学能文，尤娴于诗，著有《范阳志略》《匪棘堂集》各若干卷行世。

——《（雍正）畿辅通志》

《古处堂集》·四卷（直隶总督采进本）

国朝高尔俨撰。尔俨字岱舆，静海人。前明崇祯庚辰进士，授编修；入国朝，官至大学士，谥文端。是集，大抵应酬之作，亦尚沿明季之余习。

按：高尔俨，直隶静海人。明崇祯十二年进士，官编修。顺治初，授秘书院侍讲学士。迁侍郎，历礼、吏二部，擢吏部尚书，加太子太保。九年，为御史吴达所论，乞罢。旋起补弘文院大学士。十二年，卒，赠少保，谥文端。

——《清史稿》

《青箱堂文集》·三十三卷、《诗集》·三十三卷（直隶总督采进本）

国朝王崇简撰。崇简有《冬夜笺记》，已著录。崇简练习掌故，为礼官，尝议移祀北岳于浑源州，今其疏具在集中。然其文类皆平近流易，徐乾学《序》，谓其厄词谰语，无非仁义道德，殆不免于微词。诗集以编年为次，始于天启丙寅，迄于国朝康熙戊午，盖莱阳宋琬所删定也。

《蕉林诗集》·无卷数（直隶总督采进本）

国朝梁清标撰。清标字玉立，清苑人。前明崇祯癸未进士，改庶吉士；入国朝，官至保和殿大学士。所著诗稿，各以古近体为分，不列卷次，其诗作于明季者，多感概讽刺之言，及入本朝以后，则沨沨乎春容之音矣。

按：梁清标，正定人，梦龙曾孙，明崇祯进士，选庶吉士，顺治初授编修，累迁兵部尚书。有武林斥生诬首逆案，株连甚众，清标讯得其情，置之法余，皆得全。康熙九年调户部，时议撤诸藩，清标奉命之广东，移尚可喜，家口兵众洶涌，民皆窜匿，清标镇静，以安人心，得无变。二十一年，大旱，圣祖仁皇帝问弭灾之方，清标以省刑为对。拜保和殿大学士，卒于官。

——《（嘉庆）大清一统志》

梁清标（1620—1691），字玉立、棠村，号蕉林、苍岩，真定（今正定）人。梁梦龙之重孙，梁维本之子，出继梁继基为嗣。明崇祯癸未进士，官翰林院庶吉士。清顺治元年仍任原官，不久授编修，累迁侍讲学士。顺治、康熙两朝历任兵部、礼部、刑部、户部尚书，后授保和殿大学士。他喜积书善收藏，积书多至数十万卷。藏品中尤以历代法书、名画最为珍贵。自晋、唐、五代至两宋、元、明的名家墨迹，他尽行搜罗，固有"收藏甲天下"之誉。在正定城内筑"蕉林书屋"，珍储丰富的藏品。他对历代书画作品鉴定能力很强，凡是经过他收藏钤盖了印章的书画，绝大多数都是真迹。由于他收藏丰富，学问渊博，所以蕉林书屋成了当时文人雅士麇集之所。

梁清标勤敏好学，每退食即帘阁静坐，啸咏自娱，所著诗、文，海内传诵已久。间为小词，必夺宋人之席。每一篇出，艺林竟相传写。一生著作盈箧，有《蕉林诗集》18卷，共收诗作2163首。有《蕉林近稿》一卷及《蕉林立稿》《棠村词》《棠村随笔》《棠村乐府》《棠村奏草》《悠然斋诗》《蕉林诗钞》《使奥集》等书行世。康熙二十七年（1688）奉敕监修《三朝国史》《政治》《典训》《平定三逆方略》《大清会典》《大清一统志》并任明史总裁官。

康熙三十年（1691）八月，去世于家乡，享年72岁。

——《河北省正定县志》

《紫峰集》·十四卷（直隶总督采进本）

国朝杜越撰。越字君异，号紫峰，容城人。前明诸生，康熙己未，荐举博学鸿词，以老疾，未及赴试而罢。是集，乃其门人杨湛等所编，凡诗四卷，诗余附焉，杂文共十卷。越受业于定兴鹿善继，平生惟以砥砺行谊，讲明道学为事，故乡里推为耆宿，而文章则非所长。湛等所编，既多录应酬代笔之作，又不甚谙体例，其杂录中有《龙王庙募缘》一篇，乃七言古诗，而编于文中，其所作祠联、壁联、书斋联，一一备载，尤为冗杂。《玉山雅集》载联额，别自有义，非此之谓也。

按：杜越，容城人，诸生，少师同郡鹿善继与孙奇逢，友善，学行醇邃，家贫，布衣蔬食，授徒自给。康熙十七年以博学宏词，征至都，引疾乞还。

——《（嘉庆）大清一统志》

《心远堂诗集》·十二卷（直隶总督采进本）

国朝李霨撰。霨字坦园，高阳人。顺治丙戌进士，官至大学士，谥文勤。是集为霨所自编，初刻于康熙辛亥，至于丁巳，又续广之。其论诗，谓王、李、钟、谭其词皆予，而所不予者，在其郊䫉学步之流，持论最为平允。故集中诸作，皆冲和雅正，不为叫嚣之音，亦不蹈纤仄之习。其门人陈廷敬《序》，称其写一时交泰之盛，盖遭际盛时，故其诗有雍容太平之象，古人所谓台阁文章者，盖若是矣。

按：李霨，字坦园，直隶高阳人，明大学士国缙子。少孤，劬学自厉。顺治三年，成进士，选庶吉士，授检讨，进编修。十年，世祖亲试习国书翰林，霨列上等，擢中允。累迁秘书院学士。时初设日讲官，霨与学士麻勒吉、胡兆龙，侍读学士折库纳，洗马王熙，中允方悬成、曹本荣等并入直。寻充经筵讲官。十五年，拜秘书院大学士。内三院改内阁，以霨为东阁大学士，兼工部尚书，加太子太保。以票拟疏误，镌四秩。未几，复官，任事如故。偕大学士巴哈纳等校定律例。

十八年，圣祖即位，复内三院，以霨为弘文院大学士。时四大臣辅政，决机务，或议事龃龉，霨辄默然，既乃出片言定是非，票拟或未当，不轻论执。每于谈笑间婉言曲喻，徐使更正。其间调和匡救，保护善类，霨有力焉。

康熙八年夏，旱，奉诏清刑狱，释系囚，多所平反。明年，复内阁，霨以保和殿大学士兼户部尚书。与修世祖实录，充总裁官。十一年，书成，赐银币、鞍马，晋太子太傅。未几，三藩叛，继以察哈尔部作乱。上命将出征，凡机密诏旨，每口授霨起草，退直尝至夜分，或留宿阁中。所治职务，出未尝告人，忠谨慎密，始终匪懈。二十一年，重修太宗实录成，进太子太师。

台湾初定，提督施琅请设官镇守，廷议未决。有谓宜迁其人、弃其地者，上问阁臣，霨言："台湾孤悬海外，屏蔽闽疆。弃其地，恐为外国所据；迁其人，虑有奸宄生事。应如琅议。"上题之。二十三年，卒，谥文勤。

霨弱冠登第，大拜时年裁三十有四，风度端重，内介外和。久居相位，尤娴掌故，眷遇甚厚。四十九年，上追念前劳，超擢其孙工部主事敏启为太常寺少卿。

——《清史稿》

《且亭诗集》·无卷数（直隶总督采进本）

国朝杨思圣撰。思圣字犹龙，钜鹿人。顺治丙戌进士，官至四川布政使。申涵光所作《小传》，称有《且亭诗》七集，然不著其卷数，此本乃思圣既殁，其子履吉所编，凡诗八百余首，其入蜀诸作，刻意摹杜，而刻画之痕未化也。

按：杨思圣，字犹龙，号雪樵，直隶钜鹿人。顺治丙戌进士，官四川布政使。

世祖先皇帝留心翰墨，召词臣能书者面给笔札，公与陈宫詹爌所书缣幅独称，旨赏赉有加（魏裔介《兼济堂集》）。

——《国朝书人辑略》

《昆林小品》·三卷、《昆林外集》·无卷数（直隶总督采进本）

国朝魏裔介撰。裔介有《孝经注义》，已著录。此其杂著诸篇，集外别行者也。《小品》分上、中、下卷，《外集》则剞劂未竟，尚不分卷。裔介学宗朱子，著有《约言录》《知统录》等书。而此集于二氏之学，亦若有取焉。岂晚耽禅悦耶？其文间有俚语，颇沿宋人语类余派，而时露古质，亦复可观；至骈体则非所擅长，虽无作可矣。

《四思堂文集》·八卷（直隶总督采进本）

国朝傅维鳞撰。维鳞有《明书》，已著录。是集奏疏一卷，记序杂著二卷，诗五卷。所载如《更役法》《严巡方》《考核诸疏》及《屯田苦民书》诸作，颇有侃直之风，至《土传民语诸谣曲》，尽明末兵荒流离之状，然统其全集观之，则颇伤粗率，盖天性耿直，直抒胸臆，不甚留意于文章云。

《燕川渔唱诗》·二卷、《植斋文集》·二卷（直隶总督采进本）

国朝傅维枟撰。维枟字培公，号霄影，灵寿人。明吏部尚书永淳之子，虽生于贵族，而恬退不求仕进，早岁即弃举子业，以诗文自娱，迹其品度，当属胜流。然是集所录，大抵应酬之作，罕逢高唱，岂并文章视为粗迹欤？

按：傅维枟字培公，世家子，性纯笃而质慧，年十二补弟子员，邑先达咸器之。枟淡于仕进，肆力于古诗，宗盛唐，与亲识笃实者恒数日聚，量晴课雨，言不及他，《陆清献公》为子行冠礼，延为大宾。康熙甲子，清献奉檄修邑乘，购其成稿曰："详略得宜，不凿不滥，因增减数十事加以论断，缮上之，即今之县志也。"康熙丁丑，举隐逸不赴，己亥邑令黄行宾筵礼敦致之，人以望见颜色为幸，与人处无疾言遽色。金宗其学而饱其德，自号卫滨居士，著有《植斋文集》《燕川渔唱诗集》。祀忠义。

——《同治灵寿县志》

《倚雉集》·十二卷（直隶总督采进本）

国朝窦遴奇撰。遴奇字松涛，大名人。顺治丁亥进士，官至金都御史。是编为其友贺应旌所编，凡文五卷，诗六卷，词一卷。"倚雉"者，其所居堂名也。

按：窦遴奇，字德迈，一字松涛，大名人。顺治三年进士，授户部主事，七年督饷上谷时设三省制府，驻大名而饷使设于易水，有欲以粮饷即本地交兑者，遴奇力争之，以申职掌八年，榷芜湖关，清白自守，严条约，禁赢羡，风驶难泊者宥之。关南陆路负担，沿行有司设栏巡察，遴奇概除之，商民称便。忧归，十四年补户部，山东司郎中，奉命督漕，知漕弊，由交兑后时尽革其弊，漕政一新，十五年出焉江南颍寿道金事，时霍邱贼倚为窟，蔓延不能制，遴奇驱骁骑，入深谷，直捣其穴，连战斩其魁，降八百人，海氛忧。江宁严为警备，江北恃以无恐，十八年补徽宁广德，道徽有豪姓恣为不道，廉得之置，诸法风纪肃然，生平和易坦直，洞倾底里无妄言，人服其真诚。宗族故人来告者，皆遇之厚，归数年卒，年五十四。子曰严，叙州府知府。

——《大名县志》

《王文靖集》·二十四卷、《附录》·一卷（直隶总督采进本）

国朝王熙撰。熙字子撰，一字胥廷，宛平人。顺治丁亥进士，官至大学士，谥文靖。是集，为其子克昌所编。凡奏疏二卷，颂赋一卷，诗六卷，文十五卷，以自作年谱及行状、志铭、碑传附录于末。前有其门人张玉书、吴震方二《序》。又有朱彝尊《序》，核其词意，皆熙在时所作，而标题亦称其谥，或刊版者追改也。

按：王熙，尚书崇简子。顺治丁亥进士，改庶吉士，授检讨。屡遣翰林院学士加礼部尚书，世祖章皇帝大渐，召草遗诏，与受顾命。康熙五年擢左都御史，请裁藩下糜饷，禁王公以下贸易之害，停官员捐助之例。吴三桂反，其子以尚主不即诛，熙请即正法，拜保和殿大学士，历二十年夙夜只勤，眷遇始终不替。加少傅，致仕。卒，谥文靖。

——《（嘉庆）大清一统志》

《潜沧集》·七卷（直隶总督采进本）

国朝余一元撰。一元字占一，号潜沧，山海卫人。顺治丁亥进士，官至礼部郎中。是集，卷一为《四书解》，卷二至卷六为《杂文》，卷七为《诗》。其《次韵答张筑夫诗》，有"良知自是姚江旨，躬秉几亭夫子传"句。附载张赠诗，有"姚江绝学重开辟，直续良知两字传"句。盖其学出于陈龙正，集中所谓"几亭师者"，龙正别号也。故其《四书解》中，以小学为格物，而深讥《朱子补传》为非。犹宗王守仁之说，而小变之者也。是集，其所自编，卷端有凡例六条，述所以编次之意甚详，然诗文皆不入格。观其自编而自发凡例，或自誉，或自恕，俨如删纂他人之集者。是于古来著述体裁，皆未及考，则所作可略见矣。

按：一元字占一，号潜沧，山海卫人。顺治丁亥进士，官至礼部郎中。

——《清文献通考》

《学源堂文集》·十八卷（直隶总督采进本）

国朝郭棻撰。棻字快圃，清苑人。顺治壬辰进士，官至翰林院侍读学士。

其文颇为华赡，惟酬应之作太多，未免失于删汰。棻曾修《畿辅志》及《保定府志》，今集内所载星野、沿革等说，皆《志》中之文，盖用《鄂州小集》载《新安志·序》之例也。

　　按：郭棻，字快圃，清苑人。顺治壬辰进士，改庶吉士，降按察佥事。累迁翰林院侍读。博学，工文词，华赡赡常。总修《畿辅通志》。著《皇畿大一统赋》，累数万言。士林传诵，同时分修《通志》者：进士，则安肃师若玮、容城李征瑞。举人，则新安魏一鳌、清苑郭奖、雄县马之骥。拔贡生，则安州房循礶。诸生，则清苑刘可书、王搗。高阳李瑄。亦俱有文名。

——《（雍正）畿辅通志》

　　郭棻，清宛人，顺治六年由举人任无极教论，壬辰成进士，官翰林院，春坊历职侍郎，才学过人，襟怀浩荡，足为多士楷模。在诸士望风兴起，所著有《学半草》行世。

——《正定府志》

《行素堂诗集》·一卷（直隶总督采进本）

　　国朝李如涝撰。如涝字仲渊，高阳人。其祖、父明末皆死于乱，如间关冒死，访遗骸于兵火之中，其行谊为乡党所称。入国朝，登顺治己亥进士，官酆都县知县。是集如涝所自编，前有李霈《序》。霈，如涝诸父行也。

　　按：李如涝，字仲渊，高阳人，少时遭乱，祖父皆死于难，如涝收遗骸于兵火之中，负衣成敛祭葬，尽礼，乡党咸称其孝。登顺治己亥进士，知四川酆都县，威惠并施，民怀吏畏，酆人勒石颂之。卒，祀乡贤。

——《（雍正）畿辅通志》

李如渼，字仲渊，号澹庵。少负隽才，豪迈，淹雅，以制义鸣里闬。顺治丙戌举人，己亥进士，初任万安令，清丈地亩，顽民无所容，其奸复立壩。蓄苏溪之水以溉田，民困，以苏再任零陵断明，永州民吴继寿诬告之，疑案俾李楚兰等父子夫妇，三年复得完聚，以忧归，起补鄞都令，拯残扶敝，毅然有为。会吴逆反蜀川，糜烂，渼不受伪职，贼收羁三年，备极危苦，志不少变，乘间脱，归。经历荒箐，行杂蛇虎，冒死抵荆州，叩军门述贼可灭状，且尽策制府以闻朝廷，嘉之，复其官。寻以助饷，需次京职，病卒。性孝友，弱冠值戊寅之变，寻父遗骸于兵火，负土成敛，抚幼弟友，爱甚，弟病忧之，至不能食。著有《行素堂诗集》，刊以问世，崇祀县乡贤。

————《高阳县志》

《积书岩诗选》·无卷数（直隶总督采进本）

国朝刘逢源撰。逢源字津逮，广平人。与同里申涵光相倡和。是编分初集、二集，后附《前后漫兴诗》各五十首。逢源生当明季，崎岖转徙于江、汉、淮、海之间，故幽忧之语多，而和平之韵鲜焉。

按：刘逢源，字津逮，曲周人。贡生，通星数河洛之学，手抄二十一史，甚精谨，无伪托，有《积书岩集》及《漫兴稿》，其咏锅匠云："高隐昔传磨镜客，奇踪今见补锅人。若将姓字留天地，纵使巢由亦外臣。"行云："寂历空山鹿豕踪，石梁苔滑杖孤筇。岸花零落随流去，秋到溪南第几峰。"赠路安卿云："恋名吴市同梅福，飞矢聊城忆鲁连。"与同里赵湛齐名。

————《国朝耆献类征初编》

《葭里集》·六卷、《葭里二集》·六卷、《葭里三集》·五卷（直隶总督采进本）

国朝周镳撰。镳字若柯，南和人，顺治中诸生。屡试不售，弃举业，专力为诗。与广平申涵光游，故所作不失矩度，然才地颇弱，仅涉唐人之藩篱，魏裔介《序》是集，称其诗温润清脱，在唐人中项斯、马戴可以伯仲，盖举其近似耳。

> 按：镳字若柯，南和人，诸生，有《葭里集》六卷、二集六卷、三集五卷。
>
> ——《国朝畿辅诗传》

《怀舫集》·三十六卷（直隶总督采进本）

国朝魏荔彤撰。荔彤有《大易通解》，已著录。是集凡诗十二卷，又续集诗九卷，别集诗六卷，《偶遂草》两卷，《纪恩诗》一卷，《外杂著》三卷，《怀舫词》一卷，《杂曲》一卷，《弹词》一卷，末附《自述》一篇，盖仿扬雄之体。然所云手注《九古经》，望道窥一贯，发微言，明大义，不落前儒窠臼云云。自负亦颇不浅矣。

《耐俗轩诗集》·三卷（直隶总督采进本）

国朝申颋撰。颋字敬立，广平人，副榜贡生。明太仆寺丞佳允之孙，涵光之侄也。涵光所著《聪山集》，以杜甫为宗，颋诗则惟作古体，无近体，古体又皆五言，无七言，大抵源出阮籍《咏怀》，陈子昂、张九龄《感遇》，多托意寓言之作，而其运思取径，又出入于黄庭坚、苏轼之间，颇为拔俗。然其间或有纵笔一往，伤于快纵者；或有故以波峭取姿，掩抑示意，伤于纤佻者；或有太涉理语，伤于实相者。瑕瑜互见，尚未能一一超诣也。

按：申颋字敬立，涵煜子。副贡生，博学能诗，疏宕有奇气，兼工书画，郡事利弊知之最悉，守令多咨以行，喜奖励后进，与人谈忠孝节烈事，竟日不倦，晚授唐县教谕，不就。著有《耐俗轩诗集》《课儿文讯》。

——《永年县志》

《孜堂文集》·二卷（内府藏本）

国朝张烈撰。烈有《读易日钞》，已著录。烈笃守朱子之说，故集中多讲学之文，然如《朱陆异同论》《王学质疑》，皆未免有锻炼周内之意，不及其《贾董同异论》之持平。盖汉学但有传经之支派，各守师说而已；宋学既争门户，则不得不百计以求胜，亦势之不得不然者欤。

《宝啬堂诗稿》·四卷（直隶总督采进本）

国朝张榕端撰。榕端，有《海岱日记》，已著录。是集为榕端官内阁学士时所刊，皆其康熙己未至己卯之诗。前有任邱庞垲《序》：称其诗和而不迫，秀而不纤，逸而不肆，宛转缠绵，一写其胸中之趣，而未尝借以宣其喜怒不平之气。颇近其实。然婉约有余，遂乏雄浑之气、深湛之思。盖其长在是，其短亦在是矣。

《河上草》·二卷（直隶总督采进本）

国朝张榕端撰。康熙庚辰，榕端以内阁学士预治河之役，至癸未，始召还。此编皆其四年之中，在工次所作。前有宋荦《序》，称其泥涂辇橇，楗石枕薪，卒以塞决。乃殊不见其有歌咏勤苦之劳，而往往道其达天适性之乐。今观其诗虽酝酿不深，而和平恬静，荦言盖不诬云。

《兰樵归田稿》·一卷（直隶总督采进本）

国朝张榕端撰。皆康熙甲申以后，致仕归里之作，其诗直抒胸臆，多入香山一派。盖老境优游，颓然自放，不复以文字为意矣。

《丛碧山房集》·五十七卷、附《诗义固说》·二卷（内府藏本）

国朝庞垲撰。垲字霁公，号雪崖，任邱人。康熙己未召试博学鸿词，授翰林院检讨，降中书舍人，终于建宁府知府。是集，凡文八卷，杂著三卷，《翰苑稿》十四卷，《舍人稿》六卷，《工部稿》十一卷，《户部稿》十卷，《建州稿》五卷，皆其所手自编定也。垲为诗主于平正冲澹，不求文饰。当王士祯名极盛时，能文之士，率奔走门墙，假借声誉，垲独落落不相亲附，故士祯亦不甚称之。惟记其《病足诗》："切防美人笑躄者，春来不过平原门"一绝而已。然垲早岁所作，颇得深婉清微之致，晚年菁华既竭，流于枯淡，其《舍人稿》不及《翰苑》，《工部稿》不及《舍人》，《户部稿》不及《工部》，至《建州稿》以后，颓唐益甚，田雯为作《户部稿序》，以白居易、陆游比之，垲意颇愠，然实箴规之言也。末附《诗义固说》二卷，论亦切实，惟推衍严羽之说，以禅谈诗，转至于支离曼衍，是其好高之过矣。

按：庞垲，字霁公，任丘人。生有至性。七岁时，父缘事被逮，母每夕祷天。垲即随母泣拜，无或间也。稍长，工为文。康熙十四年举人，试鸿博，授检讨，分修明史。明都御史某谄附魏忠贤，其裔孙私馈金，匄阁党传讳其事勿书，力拒之。大考降补中书，洊擢户部郎中，出知建宁府。浦城民以令严苛激变，夜焚册局，杀吏胥，罢市，令惧而逃。垲闻变即驰至浦城，集士民明伦堂，晓喻祸福，戮一人而事定。民感其德，立书院祀之。九仙山多盗，至掠人索赎。掩捕数十人，境内帖然。未几，告归。

垲嗜吟咏，与同里边汝元以诗学相劘切。其所作醇雅，以自然为宗。有《丛碧山房集》。

——《清史稿》

《恕谷后集》·十卷、《续刻》·三卷（直隶总督采进本）

国朝李塨撰。塨有《周易传注》，已著录。是集所作古文也，前有其门人阎镐《序》，称恕谷者，自名其里也。后集者，自康熙癸未以前俱置之，而惟存其后焉者也。集首第一篇为《送黄宗夏序》，后有题曰：此王昆绳改本也。恕谷初学八大家，昆绳言当宗秦、汉，章法订此。恕谷后谓唐、宋，不如秦、汉；秦、汉不如"六经"，于文法一宗圣经，题曰《后集》云云。昆绳者，大兴王源字也，尝撰《文章练要》，分六宗百家，谈古文之法，后与塨同师颜元，塨遂从学古文，尽弃其少作。后集之名，盖别其前之所弃也。今观其文，根柢仍出八家，但开合断续，不主故常，异乎明以来学欧、曾者，惟以纤余曼衍为长耳。遽曰秦、汉，曰"六经"，溢其量矣。塨天分本高，其学自成一家，以经世致用为主，亦具有根柢；然负气求胜，其文或失之粗豪，少古人淳穆之气；其持论又自命太高，自信太果，几于唐、宋、元、明诸儒，无一人能当其意，亦未免伤于褊激。盖前明自万历以后，心学盛行，儒、禅淆杂，其曲谨者，又阔于事情，沿及国初，犹存商俗，故颜元及塨独力以务实相争，存其说以补诸儒之枵腹高谈，未为无益。然不可独以立训，尽废诸家，譬诸礜石、大黄，当其对证，实有解结涤滞之功；若专服久服，则又生他疾耳。

《元文类》·七十卷、《目录》·三卷（左副都御史黄登贤家藏本）

元苏天爵编。天爵有《名臣事略》，已著录。是编刊于元统二年，监察御史王理、国子助教陈旅各为之《序》。所录诸作，自元初迄于延祐，正元文极盛之时，凡分四十有三类。而理《序》仿《史记·自序》《汉书·叙传》之例，区为十有五类，盖目录标其详，《序》则撮其网也。天爵三居史职，预修《武宗、文宗实录》，所著自《名臣事略》外，尚有《松厅章奏》《春风亭笔记》诸书，于当代掌故，最为娴习。而所作《滋溪文集》，词章典雅，亦足追迹前修。故是编去取精严，具有体要，自元兴以逮中叶，英华采撷，略备于斯。论者谓与姚铉《唐文粹》、吕祖谦《宋文鉴》鼎立而三。然铉选唐文，因宋白《文苑英华》；祖谦选北宋文，因江钿《文海》，稍稍以诸集附益之耳。天爵是编，无所凭藉，而蔚然媲美，其用力可云勤挚。旅《序》篇末，称天爵此书所以纂辑之意，庶几同志之士，相与博采而嗣录之，而终元之世，未有人续其书者，可以见其难能矣。叶盛《水东日记》曰：苏天爵《元文类》，元统中监察御史南郑王理《序》之，有元名人文集，如王百一、阎高唐、姚牧庵、元清河、马祖常、元好问之卓卓者，今皆无传（案：祖常《石田集》，好问《遗山集》，今皆有传本，盖明代不甚行于世，盛偶未见，故其说云然）。则所以考胜国文章之盛，独赖是编而已。尝见至正初，浙省元刻大字本，有陈旅《序》，此本则有书坊自增《考亭书院记》，建阳县江源《复一堂记》，并高昌《偰氏家传》云云。今此本无此三篇，而有陈旅《序》，盖犹从至正元刻翻雕也。

《词致录》·十六卷（两江总督采进本）

明李天麟编。天麟，大兴人。万历庚辰进士，官至监察御史、巡按浙江。是集皆载词命之文，分制词、进奏、启劄、祈告、杂著五门，中又各分子目。所采上自汉、晋，下迄于宋，颇胜明末之猥滥。然意主于剽剟词藻，仍恒饤之学耳。

按：李天麟，字仲仁，顺天人。发明理学，言简而醇。尝曰："孔门宗旨只是求仁。惟颜曾得其宗，若舍求仁之外别立宗旨，恐非授受之真诠。"万历中官知府，卒。

——《（雍正）畿辅通志》

李天麟，字仲仁，顺天人。万历三十年为关南守。发明理学，言简而醇，尝曰："孔门宗旨只是求仁。惟颜曾得其宗，若舍求仁之外别立宗旨，恐非授受之真诠。"《张子西铭》一篇形容仁者，天地万物一体，可谓曲尽，朱晦庵以仁为学，以敬为存之道，都是孔门家法。孙徵君钟元曰："吾乡理学一脉寥寥其人，若仲仁，名虽不善，而北方之学者，莫之或先，殆实胜而不求闻达者乎。"

——《（光绪）顺天府志》

《湛园杂咏》·一卷（两淮马裕家藏本）

明米万钟撰。万钟号友石，字仲诏，陕西安化人，后迁居宛平县。万历乙未进士，官至太仆寺少卿。《明史·文苑传》附见《董其昌传》中。尝构漫园、勺园，又构湛园、标园中佳胜为十八题。因裒集一时赋咏，类为此编。

按：米万钟，号友石。万历二十三年进士。历官江西按察使。天启五年，魏忠贤党倪文焕劾之，遂削籍。崇祯初，起太仆少卿，卒官。

——《明史》

《斯文正统》·十二卷（直隶总督采进本）

国朝刁包编。包有《易酌》，已著录。是编所录历代理学诸儒之文凡二百一十有六篇。其凡例称专以品行为主，若言是人非，虽绝技无取。盖本真德秀《文章正宗》之例，持论可云严正。然三代以前，文皆载道。三代以后，流派渐分。犹之衣资布帛，不能废五采之华；食主菽粟，不能废八珍之味。必欲一扫而空之，于理甚正，而于事必不能行。即如《文章正宗》，行世已久，究不能尽废诸集，其势然也。至苏轼《大悲阁四大菩萨》诸记，因题制文，原非讲学。言各有当，义岂一端？而包于欧阳修本论评语中极词诋斥，然则真德秀《西山集》中为二氏而作者不知凡几，包既讲学，不应不见是集，何以置之不言。岂非以苏氏为程子之敌，真氏则朱子之徒乎？恐未足服轼之心也。

《文心雕龙辑注》·十卷（江苏巡抚采进本）

国朝黄叔琳撰。叔琳有《研北易钞》（按：应为《砚北易钞》），已著录。考《宋史·艺文志》有辛处信《文心雕龙注》十卷，其书不传。明梅庆生注，粗具梗概，多所未备。叔琳因其旧本，重为删补，以成此编。其讹脱字句，皆据诸家校本改正。惟《宗经篇》末附注，极论梅本之舛误，谓宜从王维俭本。而篇中所载，乃仍用梅本，非用王本。殊自相矛盾。所注如《宗经篇》中《书实纪言》，而训诂茫昧，通乎《尔雅》，则"文义晓然"句，谓《尔雅》本以释诗，无关书之训诂。案《尔雅》开卷第二字，郭注即引《尚书》"哉生魄"为证，其他释书者不一而足，安得谓与书无关？《诠赋篇》中"拓宇于楚词"句，拓宇字出颜延年《宋郊祀歌》，而改为《括宇》，引《西京杂记》所载司马相如"赋家之心，包括宇宙"语为证。割裂牵合，亦为未协。《史传篇》中"徵贿鬻笔之愆，公理辨之究矣"句，公理为仲长统字，此必所著《昌言》中有辨班固徵贿之事。今原书已佚，遂无可考。观刘知几《史通》亦载班固受金事，与此书同。盖《昌言》唐时尚存，故知几见之也。乃不引《史通》互证，而引"陈寿索米事"为注，与《前汉书》何预乎。又《时序篇》中论齐无太祖、中宗，《序志篇》中论李充不字宏范，皆不附和本书。而《指瑕篇》中《西京赋》称"中黄贲获之畴"，薛综缪注，谓之阉尹句，今《文选》薛综注中实无此语，乃独不纠弹。小小舛误，亦所不免。至于《徵圣篇》中"四象精义以曲隐"句，注引易有四象，所以示也。又引《朱子本义》曰："四象谓阴阳老少。"案系辞易有四象，孔疏引庄氏曰："四象谓六十四卦之中有实象，有假象，有义象。有用象，为四象也。"又引何氏说："以天生神物八句为四象，其解两仪生四象，则谓金木水火秉天地而有。"是自唐以前均无阴阳老少之说，刘勰梁人，岂知后有邵子易乎？又"秉文之金科"句，引扬雄《剧秦美新》。"金科玉条"又引注曰："谓法令也。言金玉，佞词也。"案李善注曰："金科玉条谓法令。言金玉，贵之也。"此云佞词，不知所据何本。且在《剧秦美新》，犹可谓之佞词。此引注《徵圣篇》而用此注，不与本意刺谬乎？其他如注《宗经篇》三坟、五典、八索、九邱，不引《左传》，而引伪孔安国书序。注《谐隐篇》荀卿《蚕赋》，不引荀子《赋篇》，而引明人《赋苑》。尤多不得其根柢。然较之梅注，则详备多矣。

《天籁集》·二卷（编修汪如藻家藏本）

金白朴撰。朴字仁甫，一字太素，号兰谷，真定人。父寓斋，失其名，仕金为枢密院判官。会世乱，父子相失。尝鞠于元好问家，得其指授。金亡后，被荐不出，徙居金陵。放浪诗酒，尤精度曲。是本乃所作词集，世久失传。康熙中，六安杨希洛始得于白氏之裔，凡二百篇。前有王博文序，后有孙作序，及曹安赞。希洛以示朱彝尊，彝尊分为二卷，序而传之。朴词清隽婉逸，意惬韵谐，可与张炎《玉田词》相匹。惟以制曲掩其词名，故沈晦者越数百年。词家选本，遂均不载其姓字。朱彝尊辑《词综》时，亦尚未见其本，书成之后乃得之。书虽晚出，而倚声家未有疑其伪者。盖其词采气韵，皆非后人之所能，固一望而知为宋、元人语矣。

　　按：白朴，字仁甫，一字太素，号兰谷，真定人，父某为金枢密院判。兵乱相失，寄居元遗山家，得其指授。金亡后，被荐不出，徙居金陵。放浪诗酒，尤精度曲。有《天籁集》二卷。

——《词综补遗》

《情田词》·三卷（给事中邵庾曾家藏本）

　　国朝邵瑸撰。瑸初名宏魁，字柯亭，大兴人。康熙己卯举人。官新河县教谕，迁昌邑知县。其填词之学出于朱彝尊。此集乃乾隆癸酉其子履嘉所刊也。

　　按：邵瑸，字柯亭，直隶大兴人，康熙己卯举人，官昌邑知县。

——《清诗别裁集》

《沙溪集》·二十三卷（直隶总督采进本）

　　明孙绪撰。绪字诚甫，沙溪其自号也，故城人。弘治己未进士。官至太仆寺卿。是集文八卷、赋一卷、杂著一卷、《无用闲谈》六卷、诗七卷。其文沉著有健气。其《无用闲谈》有曰："文章与时高下，人之才力亦各不同。今人不能为秦、汉、战国，犹秦、汉、战国不能为六经也。世之文士，尺寸步骤，影响摹拟，晦涩险深，破碎难读"云云。其意盖为李梦阳发，可以见其趋向矣。至于《古今仕学辨》之类，参以排偶，不古不今，则编次者失于删汰，转为作者累耳。其《无用闲谈》多深切著明之语。《论文》《论诗》，亦各有确见。王士禛《池北偶谈》尝摘其误以五代王祚事为彭时事，其说良是。他如论扬雄事亦失当，然要不害其大旨。诗格颇近李东阳，而深以何孟春等注《东阳乐府》称其过于李、杜为非。盖讥誉者之溢量，非排击东阳也。此集旧与马中锡《东田集》合刊，然学问笔力皆胜中锡，故今摘录《绪集》，而《中锡集》则存其目焉。

按：公讳绪，字诚甫，沙溪其别号也。世为东海人，曾大父元季避地来故城，季子讳五者因占籍焉遂为故城人。五生振，富而尚义，乡邻赖之。举火尝以岁荒焚券，里中父老为相率立祠焉。后以公贵封吏部主事，赠文选员外郎。母苏氏，累封太宜人，成化甲午（成化十年，1474）八月二日生公。于前一日寝后忽产，异花奇香袭人，凡七日乃已。

公生而警敏异常，五岁未能言尝手书一贵字。文选公见之喜，屡试弗爽。八岁出就外傅，能赋诗。十七入邑庠，声称卓然。弘治戊午试中乡试第二，明年登己未进士廷试二甲第一。授户曹主事。辛酉，火筛入寇，遣朝臣往御。公被简改本兵为参谋以行，画策售奇，酌以权变，总戎以下咸改容礼之。是时许襄毅公为户侍，每见公辄咨诣叹赏。事竣，调稽勋主事，钧阳马太宰深器重之。

癸亥丁外艰，先是文选公病亟，公欲终养，再具疏弗获请，乃微行归省于私第。数日还京将乞休，而讣音至矣。既免丧，复除原官。未几，转员外郎考功文选郎中。时逆瑾尝械系某御史于市，士夫莫敢申理者。公过而恻然，因诣瑾曲救得破诚出。浙江有褚知府者，自知当免以在势者为之地，而怀金谒公，公峻却之。卒不以其事白诸人。及转太仆少卿，迎苏太宜人官邸。岁暮大雪，日晏而养具未备，因婉辞以悦母心。太宜人喜曰：惟愿终始不渝耳。乙亥晋正卿时，大司马王德华交结钱宁，势颇张，移文太仆语涉不逊。公作书数之王引咎。浙人胡逢者隶知印，公见其少年雅秀教之读书，后举乙酉乡荐。胡感知遇至以父事之。旧例太仆供边骡以千计，岁久无用。公上疏罢其役。先是淮安凤阳诸郡饥馑，马俱小弱，公察其故，咸与交兑省费至于万缗。民赖之不破产者千余家，至过公之里有酿金设醮为祈福者。

南陵丞韩思义贪残目着公庭杖之，而按以法思义席，权宦张雄凡与思义素者皆为之言，雄亦托亲信寇锦衣来致意，皆不之答会。思义以病死，雄欲以故勘诬公，而丁凤刘恺于外助之，乃系御史台阅月。幸庵彭公力主避逅律还职，雄乃矫报褫为民。今上龙飞诏复太仆卿。致仕家居，足不及官府，朝夕侍母愉愉如也。母性严急，或怒公长跪，暑月挥汗如雨。遇初度愀然块坐，终日蔬食曰：吾念母氏劬劳也。母没后，筑汉阴亭、剪韭轩于陂东柳曲，自署陂东居士。迹入城市者岁不二三。间招朋旧看云度壑，赏花赋诗，投壶对奕，累日夜不倦，挥斥万累。若将终身当道，多所论荐。

公生而美，丰神硕身，玉立须鬓，望之如画。重交游，慎然诺。与人语必倒衷曲。至于疾邪恶佞，则又毫发莫之。假借虽古之豪贤何以加焉？然性慈惠，虽草木雏兔鱼虫之细，罔不注意欲其生。喜音乐，生平不饮，乃劝人饮则又弗之厌也。为文响振汉魏，雄视屈宋，诗则冲淡含蓄，浸浸乎逼大雅矣。博及群书，天文地理老佛医卜莫不洞究，若乃国家仪文典礼，则又无俟论也。所著有《沙溪稿》四十卷，《无用闲谈》十二卷，《蒙求族谱》《大学中庸放言》《易经奇语》《陂东新论》《四书小说》《语孟毛诗》《尚书杂义》各若千卷，藏于家邃庵。公至评其作为近代宗匠允哉。嘉靖丁未（嘉靖二十六年，1547）十月十八日卒。是夕有巨星陨于巽隅，其光如炬，空中有声如雷。其异如此。年七十有四。

——《国朝献征录》

《广陵集》·三十卷、《拾遗》·一卷（两淮盐政采进本）

宋王令撰。令，元城人。幼随其叔祖乙居广陵，遂为广陵人。初字钦美，后王萃字之曰逢原。少不检。既而折节力学，王安石以妻吴氏之妹妻之。年二十八，卒。遗腹一女，适吴师礼。生子曰说。其集即说所编。凡诗赋十八卷、文十二卷。又拾遗一卷，墓志、事状及交游、投赠、追思之作皆附焉。令才思奇轶，所为诗磅礴奥衍，大率以韩愈为宗，而出入于卢仝、李贺、孟郊之间。虽得年不永，未能锻炼以老其材，或不免纵横太过。而视局促剽窃者流，则固偲偲乎远矣。刘克庄《后村诗话》尝称其《暑旱苦热》诗，骨力老苍，识度高远。又称其《富公并门入相》《答孙莘老》《闻雁》诸篇。明冯惟讷编《古诗纪》，以其《于忽操》三章误收入古逸诗中，以为庞德公作。岂非其气格遒上，几与古人相乱，故惟讷不能辨欤！古文如《性说》等篇，亦自成一家之言。王安石于人少许可，而最重令。同时胜流如刘敞等，并推服之。固非阿私所好矣。其集久无刊本。传写讹脱，几不可读，今于有可考校者，悉为厘正。其必不可通者。则姑仍旧本，庶不失阙疑之意焉。

　　按：王令，字逢原，祖居魏之元城，叔祖父乙居广陵。令幼育于乙，遂为广陵人，年十数岁，书从群儿嬉，夜读诵书，往往达旦不眠，未尝从师为辞章，即雄伟老成。稍长，倜傥不羁束，周乡里之急为不义者，面加毁折，无所避，人皆畏而服之，里人满执中谨厚人也。一日责令所为非是，令因自悔更闭门读书，久之，所得益闳深，乃作《竹赋》以自况其姊，寡居贫无以自存，乃聚徒天长，教其孤儿如已子，已而积薪之中得芝一叶，著《藏芝赋》，王安石赴召道，由淮南令赴《南山之田》诗，安石见之，期下湿苦足疾，后居常州而终。姊吴归，令一年而寡，归广陵，治田桑，布素以待，尽其趋操，议论说者谓宜为令姊也。著有《王令集》二十卷、《广陵文集》六卷、《论语注》十卷、《孟子讲义》五卷。

——《宋史翼》

《五公山人集》·十四卷（直隶总督采进本）

　　国朝王余祐撰。余祐本姓宓，先世为王氏，后因不复改，字申之，一字介祺，直隶新城人。明末避乱易州五公山，因号"五公山人"。后流寓献县，子孙遂为献县人。余祐在前明为诸生，受知于桐城左光斗，故喜谈气节。其学则出自容城孙奇逢、定兴杜越，以砥砺品行，讲求经济为主，故立身孤介刻苦，有古独行之风；然恒以谈兵说剑为事，又精于技击，喜通任侠，不甚循儒者绳墨。其诗文亦皆不入格，考证尤疏。如谓西洋呼"月"为"老瓦"，杜诗"莫笑田家老瓦盆"，即月盆也；如月琴、月台之类取其形似，按欧逻巴人，至明万历间利玛窦，始入中国，杜甫何自识其译语？又谓古诗"为乐当及时，焉能待来滋"。"滋"为草名，又名"繁缕"，易于滋长，即藤也。按古诗本作"来兹"，字本《吕氏春秋》，"今兹""来兹"，犹"今年""明年"，高诱注甚明。余祐殆见误本古诗，"兹"字加水，因生曲说。又题《瀄水亭印薮》，称本《说文正谲》《玉篇》诸书，周伯琦《六书正讹》，论虽偏僻，犹是篆体，顾野王、孙强之《玉篇》则全是隶书，何与摹印之事，亦太不详检矣。

按：王余祐，字介祺，号五公山人，直隶新城人。幼伟岸有大志，初从定兴鹿太常，善继游，既而受业于容城。孙征君奇逢学兵法究当世之务，习射击刺，无弗。工其为文，数千言立，就书法遒逸，而感慨激烈之致一发于诗（王源《居业堂集》）。

——《国朝书人辑略》

清王余祐字申之，一字介祺，初为保定新城人。父延善县诸生，尚义好施，余祐其仲子也。初隐易州五公山，因号五公山人，晚年乃家于献。少为诸生，从容城孙徵君奇逢学念，天下多故，究孙吴兵书，善技，系甲申之变，方试于易，闻之投笔走，归过徵君，谋讨贼，延善率三子及从子余厚、余慎与雄县马于建义旗，纠众千人，攻复雄、新、容三县，禽伪官郝丕，绩斩之，开仓库犒师，声言北系逆贼，清兵入，遁归西山已，为怨家诬陷，执延善赴燕市，三子将行，兄余恪以余祐后世父不可死，偕弟余俨至琉璃河，闻人唱《伍员出关曲》，余恪怃然曰："吾二人俱死，谁复仇者？"挥之去，遂独身赴难。余俨归，率壮士入仇家歼焉，捕令益急，会保定知府朱甲、易州道副使黄国安力为解，乃免。余祐遂奉所后，父建善入五公山双峰，躬耕养亲，不求闻达，常往来苏门，与奇逢究心经史。过定兴复从杜越讲学，以明体达用为宗，闲邪存诚为要，于是汇古人经世事为《居诸编》十卷，又集历代兵略为《乾坤大略》十卷。康熙壬子河间知府王奂与结布衣交，为置宅于献，主讲献陵书院，副牌孔毅买田二百亩馈之，时野巾牛车往来，保河高蠡间，所至儿童聚迎曰："王先生来矣。"甲子正月卒，年六十九。门人私谥曰庄誉先生，或又曰文节，则传闻异词也。山人身不满五尺，至论忠孝大节，谈兵述往事，目炯炯若电，声如洪钟，或持兵指画须戟张，蹲身一跃丈许，驰马弯弓，矢无虚发，观者莫不震慄色动，啧啧曰："王先生命世才也。"所著书见《艺文》中。按：山人一生，乃心明室而实终于清，生长保定而实终于献。其系之清，则史例类然，共系之献，而不得谓为侨寓者，则以坟墓田庐子孙皆久于献，固不得独摈山人于保定也。

——《献县志》

《冰川诗式》·十卷（两淮盐政采进本）

明梁桥撰。桥字公济，号冰川子，真定人。由选贡生授四川布政司经历。是书成于嘉靖己巳。分定体、练句、贞韵、审声、研几、综赜六门。杂录旧说，不著所出。又参以臆见，横生名目，兼增以杜撰之体。盖于诗之源流正变，皆未有所解也。

按：梁桥，正定人，以贡选入太学，从翰林学士吴惠讲性理之学，授四川布政司经历。多惠政，负性不能下人，每从吟咏间刺时事，有《名山多虎》诗曰："借问循良何处是，人今贫死虎纵横。"《眉州多雨》诗曰："凭谁为挽千寻帚，一扫浮云仰日还。"见者恶之，高归真定，茹淡安贫，平生嗜古好学，凡诸子百家、佛经道书、人相地里、稗家小说、数学医问，无不通贯，喜谈诗，所著《皇明政事策要》《冰川诗式》《礼记蔓说》《冰川文章》藏于家。

——《正定府志》

《随园诗集》·十卷、《附录》·一卷（御史戈源家藏本）

　　国朝边连宝撰。连宝字赵珍，今刊本作"肇畛"，乃戏以同音书之。如申涵光本字符孟，而每书"凫盟"，非其本字也。任邱人，雍正乙卯拔贡生，乾隆丙辰荐举博学鸿词，辛未又荐举经学。是集前有乾隆丁丑戈涛《序》，而第四卷以下题曰《病余草》者，乃皆戊寅以后诗，盖续编而仍冠以原序也。附录一卷，曰《禅家公案颂》，则其晚耽禅悦，读《指月录》所作云。

　　按：汝元子连宝，字赵珍。世其家学。以诸生贡成均，廷试第一。应乾隆元年博学鸿词科，不中选。十四年，复荐经学，辞不赴。或劝之行，曰："吾自审不能如汉伏胜、董仲舒，安敢幸取哉？"著有《随园集》。

——《清史稿》

《李遐叔文集》·四卷（浙江吴玉墀家藏本）

　　唐李华撰。华字遐叔，赵州赞皇人。累中进士宏辞科。天宝中迁监察御史，徙右补阙。安禄山反，华为贼所得，伪署凤阁舍人。贼平，贬杭州司户参军。李岘表置幕府，擢吏部员外郎。以风痹去官，卒。新、旧《唐书》俱载入《文苑传》中。《旧唐书》称华有文集十卷。独孤及序则称自监察以前十卷号为前集，其后二十卷为中集，卷数颇不合。马端临《经籍考》不列其目，则南宋时原本已亡。此本不知何人所编，盖取《唐文粹》《文苑英华》所载，裒集类次，而仍以及序冠之。有篇次而无卷目。今厘为四卷，著之于录。华遭逢危乱，污辱贼庭，晚而自伤，每托之文章以见意。如《权皋铭》云："渎而不滓，瑜而不瑕。"《元德秀铭》云："贞玉白华，不缁不磷。"《四皓铭》云："道不可屈，南山采芝。竦慕玄风，徘徊古祠。"其悔志可以想见。然大节一亏，万事瓦裂，天下不独与之论心也。至其文词绵丽，精彩焕发，实可追配古之作者。萧颖士见所著《含元殿赋》，以为在景福之上，灵光之下。虽友朋推挹之词，亦庶几乎近之矣。集中原有卢坦之、杨烈妇二传，检勘其文，皆见于李翱集中。当由误采，今并从刊削焉。

按：李华字遐叔，赵郡人。开元二十三年进士擢第。天宝中，登朝为监察御史。累转侍御史，礼部、吏部二员外郎。华善属文，与兰陵萧颖士友善。华进士时，著《含元殿赋》万余言，颖士见而赏之，曰："《景福》之上，《灵光》之下。"华文体温丽，少宏杰之气；颖士词锋俊发。华自以所业过之，疑其诬词。乃为《祭古战场文》，熏污之，如故物，置于佛书之阁。华与颖士因阅佛书得之。华谓之曰："此文何如？"颖士曰："可矣。"华曰："当代秉笔者，谁及于此？"颖士曰："君稍精思，便可及此。"华愕然。华著论言龟卜可废，通人当其言。

禄山陷京师，玄宗出幸，华扈从不及，陷贼，伪署为凤阁舍人。收城后，三司类例减等，从轻贬官，遂废于家，卒。华尝为《鲁山令元德秀墓碑》，颜真卿书，李阳冰篆额，后人争模写之，号为"四绝碑"。有文集十卷，行于时。

——《旧唐书》

《聪山集》·十四卷（直隶总督采进本）

国朝申涵光撰。涵光字孚孟，亦作符孟，又曰孟和，复自号曰凫盟，取与"符孟"字音近也。永年人，明太仆寺丞佳允之子，顺治中恩贡生。是编，首列年谱、传志一卷，次文三卷，诗八卷，附《荆园小语》一卷，《荆园进语》一卷，皆所作语录也。

按：申涵光，字孚孟，号凫盟，永年人，明太仆寺丞佳胤子。年十五，补诸生。文名藉藉，顾不屑为举子业。日与诸同志论文立社，载酒豪游为乐。万历六年乱起，议城守，出家赀四百金、钱二十万犒士。甲申，奉母避乱西山，诛茅广羊绝顶。与钜鹿杨思圣，鸡泽殷岳、殷渊，定患难交。京师破，佳胤殉国难，涵光痛绝复苏。因渡江而南，谒陈子龙、夏允彝、徐石麟诸名宿，为父志、传。归里，事亲课弟，足迹绝城市。日与殷岳及同里张盖相往来酬和，人号为"广平三君"。

清初，诏访明死难诸臣。柏乡魏裔介上襄忠疏，列佳胤名，格于部议。涵光徒跣赴京师，踔泥水中，几濒于死。麻衣经带，号哭东华道上，观者皆饮泣。裔介再疏争之，卒与祀恤如例。一时士大夫高其行，皆倾心纳交，宴游赠答无虚日。

涵光为诗，吞吐众流，纳之炉冶。一以少陵为宗，而出入于高、岑、王、孟诸家。尝谓："诗以道性情，性情之真者，可以格帝天，泣神鬼。若专事附会，寸寸而效之，则啼笑皆伪，不能动一人矣。"尚书王士禛称涵光开河朔诗派。学士熊伯龙谓今世诗人吾甘为之下者，凫盟一人而已。

尝谒孙奇逢，执弟子礼。奇逢恨得之晚，以圣贤相敦勉。自是始闻天人性命之旨，究心理学，不复为诗。顺治十七年，诏郡县举孝行，有司以涵光应，力辞之。再举隐逸之士，坚辞不就。尝自悔为名累，谢绝交游。晚年取诸儒语录昕夕研究。作性习图、义利说及荆园小语、进语诸书。尝曰："主静不如主敬，敬，自静也。朱、陆同适于道，朱由大路，虽迟而稳；陆由便径，似捷而危：在人自择耳。"奇逢谓其苦心积虑，阅历深而动忍熟。裔介则赞之曰："年少文坛，老来理路，圣贤之所谓博文而约礼也。"其推重如此。康熙十六年，卒，年五十九。

涵光又解琴理。书法颜鲁公，尤工汉隶。间作山水木石，落落有雅致。著有聪山诗集八卷，文集四卷，说杜一卷。

——《清史稿》

《夏峰先生集》·十四卷（续修四库）

明孙奇逢撰，奇逢字启泰，号钟元，晚年自署岁寒子，保定容城人。年十四入邑庠，十七登万历庚子年京兆榜，自少砥砺名行，为同党可推，与定兴鹿善继交，"以圣贤相期勉"。先后丁内外艰，丧葬一准古礼，天启乙丙间，逆阉煽虐，毒害忠良，左、魏与周相继被逮，奇逢奔走醵金为完赎，事虽未济，而义举薄宇内矣。入清隐居夏峰，屡征不起，具学以慎独为宗，体认天理为要，以日用伦常为实际，尝言视听言动无非礼，于臣弟友能尽分，戒欺求慊，此是圣学真境界也。卒于康熙乙卯，年九十有二，著述甚富，而阅于国事者，有《甲申大难录》云，是书为文十卷、诗二卷、语录二卷，前有明治十二年乙未张镜心、康熙元年壬寅魏裔介两序，并有张元枢、戴明说语录序，及汤斌、常大忠、李忠灿、赵御众等四序，仲孙泉一跋，据具仲孙泉跋所云，先大父征君公，旧有《岁寒集》三十卷，盖六十岁以前所著，《答问》诗文皆载焉。嗣岁有续集若干卷，专载六十载以后之文，而未备答问，兴时则门人与子孙各有钞本，之衙后几三十年，则有《日谱》，一言一动，一笔一墨，莫不详载，然长篇单类，或又分载别册，戊年壬子伯生过夏峰，率予见弟子倕倾筒抄录而去，与赵子宽夫选择删正，名曰《传信录》，自是始有全集矣，独是宽夫性癖，秘不示人，虽泉等亦不肯令一寓目，泉恳之再三止出示具序文，展读再过，则取而函之，泉因录之案头问其归，已另易其稿矣。今宽夫已作古人，而书仍不可得，或言生时曾已副本，付耿逸庵先生，及访而求之，舛驳晚落绝不似经意，选订者且无序例亦未审是其真本否也。因于戊寅春键户涤虑逐一细阅至仲冬订为十四卷，二十四万余言，计其全数才十之三三耳，冠曰《夏峰先生集》，宽夫名御众，为夏峰弟子攘其师稿，诚为可鄙，顾夏峰海涵地负，高绝侪辈，以英雄精进之力，而优入圣贤之域者，绝不同终于空言腐说，御众攘窃之事，实不足以损其毫末，观其《送徐恒山转山海理鉤序》，有云，慨自辽沈陷没，举国张皇，议守议战，几无遗策矣，夫不守广宁京师未易守也。不复河东，广宁不可守也，此理之易见，而计之臿决者，然审机观变，其妙用在经抚之血脉，而军士之咽喉，具所载肩，又何如耶？此岂经生之见所能到，夏峰对于忠义节烈，总以淋漓足色为主，于贺公景瞻传赞云，使节殉义之臣，总具一知中之愚仁中之遇，方得淋漓足色，彼仁柔者，悠忽不断，知巧者规避多端，一瞬夫之，终身莫赎，位未生此咎者，正自不少，公策死之道，可谓仁至义尽矣，又麟书钞序云，明三百年，祖德深厚，空之以忠死者多矣，最烈者得二人，方正学之死靖难也，黄石齐之死鼎革也，一始之，一终之，绝忠大义，百折不回，前后有同揆焉，舆魏莲陆书六，今日要真实为紫阳明，非求之紫阳阳明也，各位具自性上，打起全付精神，随人之时势身分，做得满足无遗憾，方无愧紫与阳明，无愧二子又何惭于天地，何惭于孔孟乎？与杜君异书又云，仆尝谓世界之坏，人心焉之也，试观今日之世界，不必问今日之人心，观今日之人心固应有今日之世界耳。目击心伤，真可痛苦，此则仁人之言，忠道之语也，尚有《孙徵君集谱》焉节本，不如是书之完善也。

《静修集》·三十卷（两江总督采进本）

元刘因撰。因有《四书集义精要》，已著录。其早岁诗文，才情驰骋。既乃自订《丁亥诗集》五卷，尽取他文焚之。卒后门人故友裒其佚稿，得《樵庵词集》一卷、《遗文》六卷、《拾遗》七卷。最后杨俊民又得《续集》二卷。捃拾残膡，一字不遗，其中当必有因所自焚者。一例编辑，未必因本意也。后房山贾彝复增入《附录》二卷，合成三十卷。至正中，官为刊行，即今所传之本。其文遒健排奡，迥在许衡之上，而醇正乃不减于衡。张纶《林泉随笔》曰"刘梦吉之诗，古选不减陶、柳。其歌行律诗，直溯盛唐，无一字作今人语。其为文章，动循法度，春容有余味。如《田孝子碑》《桐川图记》等作，皆正大光明，较文士之笔气象不侔。今考其论诗有曰：魏、晋而降，诗学日盛，曹、刘、陶、谢其至者也。隋、唐而降，诗学日变，变而得正，李、杜、韩其至者也。周、宋而降，诗学日弱，弱而复强，欧、苏、黄其至者也"云云。所见深悉源流。故其诗风格高迈，而比兴深微，闯然升作者之堂，讲学诸儒未有能及之者。王士禛作《古诗选》，于诗家流别，品录颇严，而七言诗中，独录其歌行为一家，可云豪杰之士，非门户所能限制者矣。

《滹南遗老集》·四十五卷（两淮盐政采进本）

金王若虚撰。若虚字从之，自号慵夫，藁城人，登承安二年经义进士，历官左司谏，转延州刺史，入为翰林直学士。金亡后，微服归里，自称滹南遗老。越十年，与刘祁东游，卒于泰山。事迹具《金史·文艺传》。史称若虚有《慵夫集》《滹南遗老集》，均曰若干卷，不详其数。黄虞稷《千顷堂书目》载《滹南遗老集》四十五卷，与《王鹗序》合。《慵夫集》虞稷虽著录，而卷数则阙。考大德三年《王复翁序》，称以《中州集》所载诗二十首附卷末，则《慵夫集》元时已佚，惟此集存耳。此本凡《五经辨惑》二卷、《论语辨惑》五卷、《孟子辨惑》一卷、《史记辨惑》十一卷、《诸史辨惑》二卷、《新唐书辨》三卷、《君事实辨》二卷、《臣事实辨》三卷、《议论辨惑》一卷、《著述辨惑》一卷、《杂辨》一卷、《谬误杂辨》一卷、《文辨》四卷、《诗话》三卷、杂文及诗五卷，与四十五卷之数合。然第三卷惟《论语辨惑序》一篇、《总论》一篇仅三页有奇，与他卷多寡悬殊。疑传写佚此一卷，后人割第四卷首三页改其标题，以足原数也。苏天爵作安熙行状，云："国初有传朱氏《四书集注》至北方者，滹南王公雅以辨博自负，为说非之。"今考《论语孟子辨惑》乃杂引先儒异同之说，断以己意，其间疑朱子者有之，而从朱子者亦不少，实非专为辨驳朱子而作，天爵所云，不知何据。观其称陈天祥宗若虚之说，撰《四书辨疑》，因熙斥之，遂焚其稿。今天祥之书具存，无焚稿事，则天爵是说，特欲虚张其师表章朱子之功耳，均非实录也。其《五经辨惑》颇诘难郑学，于《周礼》《礼记》及《春秋三传》亦时有所疑。然所攻者皆汉儒附会之词，亦颇树伟观。其自称不深于《易》，即于《易》不置一词。所论实止四经，则亦非强所不知者矣。《史记辨惑》《诸史辨惑》《新唐书辨》皆考证史文，掊击司马迁、宋祁似未免过甚，或乃毛举细故，亦失之烦琐。然所摘迁之自相抵牾与祁之过于雕斫，中其病者亦十之七八。《杂辨》《君事实辨》《臣事实辨》皆所作史评。《议论辨惑》《著述辨惑》皆品题先儒之是非。其间多持平之论，颇足破宋人之拘挛。《杂辨》二卷于训诂亦多订正。《文辨》宗苏轼而于韩愈间有指摘。《诗话》尊杜甫而于黄庭坚多所訾议。盖若虚诗文不尚劖削锻炼之格，故其论如是也。统观全集，偏驳之处诚有，然金、元之间学有根柢者，实无人出若虚右。吴澄称其博学卓识，见之所到，不苟同于众，亦可谓不虚美矣。

按：王若虚，字从之，藁城人也。幼颖悟，若夙昔在文字间者。擢承安二年经义进士。调鄜州录事，历管城、门山二县令，皆有惠政，秩满，老幼攀送，数日乃得行。用荐入为国史院编修官，迁应奉翰林文字。奉使夏国，还授同知泗州军州事，留为著作佐郎。正大初，《宣宗实录》成，迁平凉府判官。未几，召为左司谏，后转延州刺史，入为直学士。

元兴元年，哀宗走归德。明年春，崔立变。群小附和，请为立建功德碑，翟奕以尚书省命召若虚为文。时奕辈恃势作威，人或少忤，则谗构立见屠灭。若虚自分必死，私谓左右司员外郎元好问曰："今召我作碑，不从则死。作之则名节扫地，不若死之为愈。虽然，我姑以理谕之。"乃谓奕辈曰："丞相功德碑当指何事为言？"奕辈怒曰："丞相以京城降，活生灵百万，非功德乎？"曰："学士代王言，功德碑谓之代王言可乎？且丞相既以城降，则朝官皆出其门，自古岂有门下人为主帅诵功德而可信乎后世哉？"奕辈不能夺，乃召太学生刘祁、麻革辈赴省，好问、张信之喻以立碑事，曰："众议属二君，且已白郑王矣，二君其无让。"祁等固辞而别。数日，促迫不已，祁即为草定，以付好问，好问意未惬，乃自为之。既成，以示若虚，乃共删定数字，然止直叙其事而已。后兵入城，不果立也。

金亡，微服北归镇阳，与浑源刘郁东游泰山，至黄岘峰，憩萃美亭，顾谓同游曰："汩没尘土中一生，不意晚年乃造仙府，诚得终老此山，志愿毕矣。"乃令子忠先归，遣子恕前行视夷险，因垂足坐大石上，良久瞑目而逝，年七十。所著文章号《慵夫集》若干卷、《溽南遗老》若干卷、传于世。

——《金史》

《淡然轩集》·八卷（浙江孙仰曾家藏本）

　　明余继登撰。继登有《典故纪闻》，已著录。是集分奏疏二卷、序记三卷、志铭及杂文二卷、诗一卷。继登卒后，其友人冯琦序而刻之。继登当神宗朝，以灾异屡见，上疏极称一切诛求开采之害民者。又请神宗躬郊庙，册元子，停矿税，撤中使。时将讨播州杨应龙，因请罢四川矿税以佐兵食。复上言"近者天地人皆不和，怨毒凝结，臣子不能感动君父，故天以非常之变警悟陛下，不可恬不为意"云云。语皆切中时弊，其疏具载此集中。诗文则应酬之作，未免失于刊削。然大抵平正淳实，无万历中佻薄之习，亦尚不失典型。《明史·冯琦传》称"时士大夫多崇释氏教，士子作文，每窃其绪言，鄙弃传注。前尚书余继登奏请禁约"。则所学之根柢可知也。

《逍遥园集》·二十卷（江苏周厚堉家藏本）

　　明穆文熙撰。文熙有《七雄策纂》，已著录。是集为南师仲所编。凡诗十卷，文十卷。《明史·艺文志》作《逍遥园集》十卷，疑刊本误脱"二"字也。

《颜鲁公集》·十五卷、《补遗》·一卷、《年谱》·一卷、《附录》·一卷（左副都御史黄登贤家藏本）

　　唐颜真卿撰。真卿事迹具《唐书》本传。其集见于《艺文志》者有《吴兴集》十卷，又《庐州集》十卷、《临川集》十卷。至北宋皆亡。有吴兴沈氏者，采掇遗佚，编为十五卷。刘敞为之序，但称沈侯而不著名字。嘉祐中，又有宋敏求编本，亦十五卷，见《馆阁书目》。江休复《嘉祐杂志》极称其采录之博。至南宋时，又多漫漶不完。嘉定间，留元刚守永嘉，得敏求残本十二卷，失其三卷。乃以所见真卿文别为补遗，并撰次年谱附之，自为后序。后人复即元刚之本分为十五卷，以符沈、宋二本之原数。沿及明代，留本亦不甚传。今世所行乃万历中真卿裔孙允祚所刊，脱漏舛错，尽失其旧。独此本为锡山安国所刻。虽已分十五卷，然犹元刚原本也。真卿大节，炳著史册。而文章典博庄重，亦称其为人。集中《庙享议》等篇，说礼尤为精审。特收拾于散佚之余，即元刚所编亦不免阙略。今考其遗文之见于石刻者，往往为元刚所未收。谨详加搜辑，得《殷府君夫人颜氏碑铭》一首，《尉迟迥庙碑铭》一首，《太尉宋文贞公神道碑侧记》一首，《赠秘书少监颜君庙碑碑侧记》《碑额阴记》各一首，《竹山连句》诗一首，《奉使蔡州》诗一首，皆有碑帖现存。又《政和公主碑》残文、《颜元孙墓志》残文二篇，见《江氏笔录》。《陶公栗里》诗见《困学纪闻》。今俱采出，增入《补遗》卷内。至留元刚所录《禘祫议》，其文既与《庙享议》复见，而篇末"时议者举然"云云，乃《新唐书·陈京传》叙事之辞，亦非真卿本文。又《干禄字书·序》乃颜元孙作，真卿特书之刻石，元刚遂以为真卿文，亦为舛误。今并从刊削焉。后附《年谱》一卷，旧亦题元刚作。而谱中所列诗文诸目，多集中所无，疑亦元刚因旧本增辑也。元刚字茂潜，丞相留正之子。官终起居舍人。

按：颜真卿，字清臣，琅邪临沂人也。五代祖之推，北齐黄门侍郎。真卿少勤学业，有词藻，尤工书。开元中，举进士，登甲科。事亲以孝闻。四命为监察御史，充河西陇右军试覆屯交兵使。五原有冤狱，久不决，真卿至，立辩之。天方旱，狱决乃雨，郡人呼之为"御史雨"。又充河东朔方试覆屯交兵使。有郑延祚者，母卒二十九年，殡僧舍垣地，真卿劾奏之，兄弟三十年不齿，天下耸动。迁殿中侍御史、东都畿采访判官，转侍御史、武部员外郎。杨国忠怒其不附己，出为平原太守。

安禄山逆节颇著，真卿以霖雨为托，修城浚池，阴料丁壮，储廪实，乃阳会文士，泛舟外池，饮酒赋诗。或谮于禄山，禄山亦密侦之，以为书生不足虞也。无几，禄山果反，河朔尽陷，独平原城守具备，乃使司兵参军李平驰奏之。玄宗初闻禄山之变，叹曰："河北二十四郡，岂无一忠臣乎！"得平来，大喜，顾左右曰："朕不识颜真卿形状何如，所为得如此！"禄山初尚移牒真卿，令以平原、博平军屯七千人防河津，以博平太守张献直为副。真卿乃募勇士，旬日得万人，遣录事参军李择交统之简阅，以刁万岁、和琳、徐浩、马相如、高抗朗等为将。禄山既陷洛阳，杀留守李憕、御史中丞卢奕、判官蒋清，以三首遣段子光来徇河北。真卿恐摇人心，乃诈谓诸将曰："我识此三人，首皆非也。"遂腰斩子光，密藏三首。异日，乃取三首冠饰，草续支体，棺敛祭殡，为位恸哭，人心益附。禄山遣其将李钦凑、高邈、何千年等守土门。真卿从父兄常山太守杲卿与长史袁履谦谋杀凑、邈，擒千年送京师。土门既开，十七郡同日归顺，共推真卿为帅，得兵二十余万，横绝燕、赵。诏加真卿户部侍郎，依前平原太守。

清河客李萼，年二十余，与郡人来乞师，谓真卿曰："闻公义烈，首唱大顺，河朔诸郡恃公为长城。今清河，实公之西邻也，仆幸寓家，得其虚实，知可为长者用。今计其蓄积，足以三平原之富，士卒可以二平原之强。公因而抚之，腹心辅车之郡，其他小城，运之如臂使指耳。唯公所意，谁敢不从。"真卿借兵千人。萼将去，真卿谓之曰："兵出也，吾子何以教我？"萼曰："今闻朝廷使程千里统众十万自太行东下，将出崞口，为贼所扼，兵不得前。今若先伐魏郡，斩袁知泰，太守司马垂使为西南主；分兵开崞口之路，出千里之兵使讨邺、幽陵；平原、清河合同志十万之众徇洛阳，分兵而制其冲。计王师亦不下十万，公当坚壁，无与挑战，不数十日，贼必溃而相图矣。"真卿然之，乃移牒清河等郡，遣其大将李择交、副将平原县令范东馥、裨将和琳、徐浩等进兵，与清河四千人合势，而博平以千人来，三郡之师屯于博平，去堂邑县西南十里。袁知泰遣其将白嗣深、乙舒蒙等以二万人来拒战，贼大败，斩首万余级。肃宗幸灵武，授工部尚书、兼御史大夫、河北采访招讨使。禄山乘虚遣史思明、尹子奇急攻河北诸郡，饶阳、河间、景城、东安相次陷没，独平原、博平、清河三郡城守，然人心危荡，不可复振。

至德元年十月，弃郡渡河，历江淮、荆襄。二年四月，朝于凤翔，授宪部尚书，寻加御史大夫。中书舍人兼吏部侍郎崔漪带酒容入朝，谏议大夫李何忌在班不肃，真卿劾之；贬漪为右庶子，何忌西平郡司马。元帅广平王领朔方蕃汉兵号二十万来收长安，出辞之日，百僚致谒于朝堂。百僚拜，答拜，辞亦如之。王当阙不乘马，步出木马门而后乘。管崇嗣为王都虞候，先王上马，真卿进状弹之。肃宗曰："朕儿子每出，谆谆教诫之，故不敢失礼。崇嗣老将，有足疾，姑欲优容之，卿勿复言。"乃以奏状还真卿。虽天子蒙尘，典法不废。洎銮舆将复宫阙，遣左司郎中李巽先行，陈告宗庙之礼，有司署祝文，称"嗣皇帝"。真卿谓礼仪使崔器曰："上皇在蜀，可乎？"器遽奏改之。中旨宣劳，以为名儒深达礼体。时太庙为贼所毁，真卿奏曰："春秋时，新宫灾，鲁成公三日哭。今太庙既为盗毁，请筑坛于野，皇帝东向哭，然后遣使。"竟不能从。军国之事，知无不言。为宰相所忌，出为同州刺史，转蒲州刺史。为御史唐旻所构，贬饶州刺史。旋拜升州刺史、浙江西道节度使，征为刑部尚书。李辅国矫诏迁玄宗居西宫，真卿乃首率百僚上表请问起居，辅国恶之，奏贬蓬州长史。

代宗嗣位，拜利州刺史，迁户部侍郎，除荆南节度使，未行而罢，除尚书左丞。车驾自陕将还，真卿请皇帝先谒五陵、九庙而后还宫。宰相元载谓真卿曰："公所见虽美，其如不合事宜何？"真卿怒，前曰："用舍在相公耳，言者何罪？然朝廷之事，岂堪相公再破除耶！"载深衔之。旋改检校刑部尚书知省事，累进封鲁郡公。时元载引用私党，惧朝臣论奏其短，乃请：百官凡欲论事，皆先白长官，长官白宰相，然后上闻。真卿上疏曰：

> 御史中丞李进等传宰相语，称奉进止："缘诸司官奏事颇多，朕不惮省览，但所奏多挟谗毁；自今论事者，诸司官皆须先白长官，长官白宰相，宰相定可否，然后奏闻者。"臣自闻此语已来，朝野嚣然，人心亦多衰退。何则？诸司长官皆达官也，言皆专达于天子也。郎官、御史者，陛下腹心耳目之臣也。故其出使天下，事无巨细得失，皆令访察，回日奏闻，所以明四目、达四聪也。今陛下欲自屏耳目，使不聪明，则天下何述焉。《诗》云："营营青蝇，止于棘。谗言罔极，交乱四国。"以其能变白为黑，变黑为白也。诗人深恶之，故曰："取彼谗人，投畀豺虎。豺虎不

食，投畀有北。"则夏之伯明、楚之无极、汉之江充，皆谗人也，孰不恶之？陛下恶之，深得君人之体矣。陛下何不深回听察，其言虚诬者，则谗人也，因诛殛之；其言不虚者，则正人也，因奖励之。陛下舍此不为，使众人皆谓陛下不能明察，倦于听览，以此为辞，拒其谏诤，臣窃为陛下痛惜之。

臣闻太宗勤于听览，庶政以理，故著《司门式》云："其有无门籍人，有急奏者，皆令监门司与仗家引奏，不许关碍。"所以防壅蔽也。并置立仗马二匹，须有乘骑便往，所以平治天下，正用此道也。天宝已后，李林甫威权日盛，群臣不先谘宰相辄奏事者，仍托以他故中伤，犹不敢明约百司，令先白宰相。又阉官袁思艺日宣诏至中书，玄宗动静，必告林甫，先意奏请，玄宗惊喜若神。以此权柄恩宠日甚，道路以目。上意不下宣，下情不上达，所以渐致潼关之祸，皆权臣误主，不遵太宗之法故也。陵夷至于今日，天下之蔽，尽萃于圣躬，岂陛下招致之乎？盖其所从来者渐矣。自艰难之初，百姓尚未凋纮，太平之理，立可便致。属李辅国用权，宰相专政，递相姑息，莫肯直言。大开三司，不安反侧，逆贼散落，将士北走党项，合集士贼，至今为患。伪将更相惊恐，因思明危惧，扇动却反。又今相州败散，东都陷没，先帝由此忧勤，至于损寿，臣每思之，痛切心骨。

今天下兵戈未戢，疮痏未平，陛下岂得不日闻谠言以广视听，而欲顿隔忠说之路乎！臣窃闻陛下在陕州时，奏事者不限贵贱，务广闻见，乃尧、舜之事也。凡百臣庶以为太宗之理，可翘足而待也。臣又闻君子难进易退，由此言之，朝廷开不讳之路，犹恐不言，况怀厌怠，令宰相宣进止，使御史台作条目，不令直进。从此人人不敢奏事，则陛下闻见，只在三数人耳。天下之士，方钳口结舌，陛下后见无人奏事，必谓朝廷无事可论，岂知惧不敢进，即林甫、国忠复起矣。凡百臣庶，以为危殆之期，又翘足而至也。如今日之事，旷古未有，虽李林甫、杨国忠犹不敢公然如此。今陛下不早觉悟，渐成孤立，后纵悔之无及矣！臣实知忤大臣者，罪在不测，不忍孤负陛下，无任恳迫之至。

其激切如此。于是中人争写内本布于外。

后摄祭太庙，以祭器不修言于朝，载坐以诽谤，贬硖州别驾、抚州湖州刺史。元载伏诛，拜刑部尚书。代宗崩，为礼仪使。又以高祖已下七圣谥号繁多，乃上议请取初谥为定。袁修以诮言排之，遂罢。杨炎为相，恶之，改太子少傅，礼仪使如旧，外示崇宠，实去其权也。

卢杞专权，忌之，改太子太师，罢礼仪使，谕于真卿曰："方面之任，何处为便？"真卿候杞于中书曰："真卿以褊性为小人所憎，窜逐非一。今已羸老，幸相公庇之。相公先中丞传首至平原，面上血真卿不敢衣拭，以舌舐之，相公忍不相容乎？"杞矍然下拜，而含怒心。会李希烈陷汝州，杞乃奏曰："颜真卿四方所信，使谕之，可不劳师旅。"上从之，朝廷失色，李勉闻之，以为失一元老，贻朝廷羞，乃密表请留。又遣逆于路，不及。

初见希烈，欲宣诏旨，希烈养子千余人露刃争前迫真卿，将食其肉。诸将丛绕慢骂，举刃以拟之，真卿不动。希烈遽以身蔽之，而麾其众，众退，乃揖真卿就馆舍。因逼为章表，令雪己，愿罢兵马。累遣真卿兄子岘与从吏凡数辈继来京师。上皆不报。每于诸子书，令严奉家庙，恤诸孤而已。希烈大宴逆党，召真卿坐，使观倡优斥黩朝政为戏，真卿怒曰："相公，人臣也，奈何使此曹如是乎？"拂衣而起，希烈惭，亦呵止。时朱滔、王武俊、田悦、李纳使在坐，目真卿谓希烈曰："闻太师名德久矣，相公欲建大号，而太师至，非天命正位？欲求宰相，孰先太师乎？"真卿正色叱之曰："是何宰相耶！君等闻颜杲卿无？是吾兄也。禄山反，首举义兵，及被害，诟骂不绝于口。吾今生向八十，官至太师，守吾兄之节，死而后已，岂受汝辈诱胁耶！"诸贼不敢复出口。希烈乃拘真卿，令甲士十人守，掘方丈坎于庭，曰"坑颜"，真卿怡然不介意。后张伯仪败绩于安州，希烈令赍伯仪旌节首级夸示真卿，真卿恸哭投地。后其大将周曾等谋袭汝州，因回兵杀希烈，奉真卿为节度。事泄，希烈杀曾等，遂送真卿于龙兴寺。真卿度必死，乃作遗表，自为墓志、祭文，常指寝室西壁下云："吾殡所也。"希烈既陷汴州，僭伪号，使人问仪于真卿，真卿曰："老夫耄矣，曾掌国礼，所记者诸侯朝觐礼耳。"

兴元元年，王师复振，逆贼虑变起蔡州，乃遣其将辛景臻、安华至真卿所，积柴庭中，沃之以油，且传逆词曰："不能屈节，当自烧。"真卿乃投身赴火，景臻等遽止之，复告希烈。德宗复宫阙，希烈弟希倩在朱泚党中，例伏诛。希烈闻之怒。兴元元年八月三日，乃使阉奴与景臻等杀真卿。先曰："有敕"。真卿拜，奴曰："宜赐卿死。"真卿曰："老臣无状，罪当死，然不知使人何日从长安来？"奴曰："从大梁来。"真卿骂曰："乃逆贼耳，何敕耶！"遂缢杀之，年七十七。

及淮、泗平，贞元元年，陈仙奇使护送真卿丧归京师。德宗痛悼异常。废朝五日，谥曰文忠。复下诏曰："君臣之义，生录其功，殁厚其礼，况才优匡国，忠至灭身。朕自兴叹，劳于寤寐。故光禄大夫、守太子太师、上柱国、鲁郡公颜真卿，器质天资，公忠杰出，出入四朝，坚贞一志。属贼臣扰乱，委以存谕，拘肋累岁，死而不挠，稽其盛节，实谓犹生。朕致贻斯祸，惭悼靡及，式崇嘉命，兼延尔嗣。可赠司徒，仍赐布帛五百端。男颎、硕等丧制终，所司奏超授官秩。"贞元六年十一月南郊，赦书节文授真卿一子五品正员官，故颎得录用。文宗诏曰："朕每览国史，见忠烈之臣，未尝不嗟叹久之，思有以报。如闻从览、弘式，实杲卿、真卿之孙。永惟九原，既不可作，雄其嗣续，谅协典彝。考绩已深于宦途者，命列于中台；官次未齿于搢绅者，俾佐于左辅。庶使天下再新义风。"以真卿曾孙弘式为同州参军。

——《旧唐书》

《日知堂文集》·六卷（直隶总督采进本）

国朝郑端撰。端有《政学录》，已著录。是集，凡奏疏二卷，文告一卷，记序、书启、传志三卷。其奏章、公牍，大抵曲畅事理，而不以雕镂字句为工；第三卷中状式七页，乃吕坤《实政录》中全文。端为江苏巡抚时，刊版以示所属，载其事于《志状》则可；以前人之作，刻于文集之中，则非体例矣。

《姑溪词》·一卷（安徽巡抚采进本）

宋李之仪撰。之仪有《姑溪集》，已著录。《书录解题》载《姑溪词》一卷。此本为毛晋刊，凡四十调，共八十有八阕。之仪以尺牍擅名，而其词亦工，小令尤清婉峭蒨，殆不减秦观。晋跋谓"《花庵词选》未经采入，有遗珠之叹"。其说良是。疑当时流传未广，黄昇偶未见之，未必有心于删汰。至所称"鸳衾半拥空床，月步懒，恰寻床。卧看游丝到地长。时时浸手心头润，受尽无人知处凉"诸句，亦不足尽之仪所长。则之仪之佳处，晋亦未能深知之也。其和陈瓘、贺铸、黄庭坚诸词，皆列原作于前，而己词居后。唱和并载，盖即《谢朓集》中附载王融诗例。使赠答之情，彼此相应，足以见措词运意之故，较他集体例为善。所载庭坚《好事近》后阕"负十分蕉叶"句，今本《山谷词》"蕉叶"误作"金叶"，亦足以互资考证也。

《西山集》九卷（清）张能鳞撰《四库存目》集部第 216 册

《游仙窟》五卷（唐）张鷟撰《续修四库》集部第 1783 册

《溯洄集》十卷《诗论》一卷《诗话》一卷（清）魏裔介辑评《四库存目》集部第 386 册

《九代乐章》二十三卷（明）刘濂辑《四库存目》集部第 300 册

《居业堂文集》二十卷《首》一卷（清）王源撰《续修四库》集部第 1418 册

《崇雅堂稿》八卷（清）王植撰《四库存目》集部第 272 册

《青箱堂诗集》三十三卷《文集》十二卷《遗稿续刻》一卷《年谱》一卷（清）王崇简撰《四库存目》集部第 203 册

《花外集》一卷（宋）王沂孙撰《续修四库》集部第 1723 册

《赵忠毅公诗文集》二十四卷（明）赵南星撰《四库禁毁》集部第 68 册

《王文靖公集》二十四卷《年谱》一卷《附录》一卷（清）王熙撰《四库

存目》集部第 214 册

《鹿忠节公集》二十一卷（明）鹿善继撰《续修四库》集部第 1373 册

《卫阳先生集》十四卷（明）周世选撰《四库存目》集部第 136 册

《清河集》七卷《附录》一卷（元）元明善撰《续修四库》集部第 1323 册

《且亭诗》六卷（清）杨思圣撰《四库存目》集部第 213 册

《学源堂文集》十九卷《诗集》十卷（清）郭棻撰《四库存目》集部第 221 册

《念西堂诗集》八卷（清）王令撰《四库存目》集部第 283 册

《古雪堂文集》十九卷（清）王令撰《四库存目》集部第 283 册

《聪山集》十二卷《荆园小语》一卷《荆园进语》一卷《申凫盟先生年谱略》一卷《崇祀乡贤录》一卷（清）申涵光撰（清）申涵煜撰年谱（清）申涵盼撰年谱《四库存目》集部第 207 册

《怀舫诗集》十二卷《续集》九卷《别集》六卷《怀舫词》二卷《别集》一卷《怀舫杂著》三卷《恭纪圣恩诗》二卷《怀舫集》二卷《续弹词》二卷《怀舫自述》一卷《杂曲》一卷（清）魏荔彤撰《四库存目补编》第 4 册

四库存目丛书补编第 4 册怀舫词二卷（怀舫诗集附）（清）魏荔彤撰清康熙雍正间刻本

四库存目丛书补编第 4 册怀舫杂著三卷（怀舫诗集附）（清）魏荔彤撰清康熙雍正间刻本

四库存目丛书补编第 4 册恭纪圣恩诗二卷（怀舫诗集附）（清）魏荔彤撰清康熙雍正间刻本

四库存目丛书补编第 4 册怀舫集二卷续（怀舫诗集附）（清）魏荔彤撰清康熙雍正间刻本

四库存目丛书补编第 4 册怀舫自述一卷（怀舫诗集附）（清）魏荔彤撰清康熙雍正间刻本

《昆林小品集》二卷（清）魏裔介撰《四库存目补编》第 78 册

《丛碧山房诗初集》十四卷《二集》六卷《三集》十一卷《四集》十卷《五集》五卷《文集》八卷《杂著》三卷（清）庞垲撰《四库存目补编》第

52 册

《宋金斋文集》四卷（明）宋诺撰《四库存目补编》第 97 册

《元明诗家》四十一卷（清）戴明说范士楫辑《四库禁毁补编》第 54 册

《袚园集文》四卷《诗》四卷《词》一卷（清）梁清远撰《四库存目补编》

第 1 册

《熊峰先生文集》四卷（明）石珤撰《四库存目补编》第 78 册

《韵学原委》三卷（清）王植撰《四库未收》10—395 册

《陈学士文集》十八卷（清）陈仪撰《四库未收》第 9 辑第 17—131 册

《营田四局摘要》一卷附《图说》一卷《四库未收》第 4 辑第 23—359 册

附录一：冷衷《四库著录河北先哲遗书辑目》

经　部

《易酌》十四卷（易类六）

　　清〔祁州〕刁包〔蒙吉〕撰（原按：祁州改称安国县）

《读易大旨》五卷（易类六）

　　清〔容城〕孙奇逢〔字启泰号夏峰〕撰

《读易日钞》六卷（易类六）

　　清〔大兴〕张烈〔武承〕撰

《易原就正》十二卷（易类六）

　　清〔邢台〕包仪〔羽修〕撰

《大易通解》十五卷《附录》一卷（易类六）

　　清〔柏乡〕魏荔彤〔念庭〕撰

《周易传注》七卷、附《周易筮考》一卷（易类六）

　　清〔蠡县〕李塨〔刚主〕撰

《易象解》四卷（易类存目一）

　　明〔南宫〕刘濂〔濬伯〕撰

《周易铁笛子》一卷（易类存目二）

　　明〔献县〕耿橘〔庭怀〕撰

《易经增注》十卷（易类存目二）

　　明〔磁州〕张镜心〔用晦〕撰

《说易》十二卷（易类存目二）

　　明〔内邱〕乔中和〔还一〕撰

《丽奇轩易经讲义》无卷数（易类存目三）

　　清〔文安〕纪克扬〔武维〕撰

《砚北易钞》十二卷（易类存目三）

清〔大兴〕黄叔琳〔昆圃〕撰

《大易阐微录》十二卷（易类存目四）

清〔枣强〕刘琯〔献白〕撰

《易观》四卷（易类存目四）

清〔庆云〕胡淳〔厚庵〕撰

《尚书解意》六卷（书类存目二）

明〔任邱〕李桢宸〔华麓〕撰

《尚书集解》二十卷（书类存目二）

清〔大兴〕孙承泽〔退谷〕撰

《尚书近指》六卷（书类存目二）

清〔容城〕孙奇逢〔字启泰号夏峰〕撰

《尚书口义》六卷（书类存目二）

清〔武强〕刘怀志〔贞儒〕撰

《九州山水考》三卷（书类存目二）

清〔大兴〕孙承泽〔退谷〕撰

《诗经朱传翼》三十卷（诗类存目二）

清〔大兴〕孙承泽〔退谷〕撰

《诗说简正录》十卷（诗类存目二）

清〔河间〕提桥〔字景如号澹如居士〕撰

《诗经传说取裁》十二卷（诗类存目二）

清〔顺天〕张能鳞〔山西〕撰

《诗统说》三十二卷（诗类存目二）

清〔大兴〕黄叔琳〔昆圃〕撰

《毛诗广义》无卷数（诗类存目二）

清〔献县〕纪昭〔懋园〕撰

《周礼节训》六卷（礼类存目一）

清〔大兴〕黄叔琳〔昆圃〕撰

《夏小正注》一卷（礼类存目三）

清〔大兴〕黄叔琳〔昆圃〕撰

《郊社考辨》一卷（礼类存目三）

清〔蠡县〕李塨〔刚主〕撰

《四礼辑》一卷（礼类存目三）

明〔灵寿〕马从聘〔起莘〕撰

《春秋诸国统纪》六卷《目录》一卷（春秋类三）

元〔大名〕齐履谦〔伯恒〕撰

《春秋程传补》二十卷（春秋类存目二）

清〔大兴〕孙承泽〔退谷〕撰

《春秋辑传辨疑》无卷数（春秋类存目二）

清〔山海卫〕李集凤〔翙升〕撰（原按：山海卫今改临榆县）

《宋元春秋解提要》无卷数（春秋存目二）

清〔大兴〕黄叔琳〔昆圃〕撰

《或庵评春秋三传》无卷数（春秋类存目三）

清〔大兴〕王源〔字昆绳号或庵〕撰

《孝经注义》一卷（孝经类存目）

清〔柏乡〕魏裔介〔字石生号贞庵〕撰

《经书音释》二卷（五经总义类存目）

明〔深州〕冯保〔字永亭号双林〕撰

《勉庵说经》十卷（五经总义类存目）

清〔广平〕齐望祖（字望子号勉庵）撰

《四书集义精要》二十八卷（四书类二）

元〔容城〕刘因〔字梦吉号静修〕撰

《学庸正说》三卷（四书类二）

明〔高邑〕赵南星〔字梦白号侪鹤〕撰

《四书近旨》二十卷（四书类二）（按：应为《四书近指》）

清〔容城〕孙奇逢〔字启泰号夏峰〕撰

《大学管窥》一卷（四书类存目）

　　　明〔东光〕廖纪〔字时陈号龙庵〕撰

《中庸管窥》一卷（四书类存目）

　　　同上

《四书说约》（四书类存目）

　　　明〔定兴〕鹿善继〔伯顺〕撰

《四书集说》二十八卷（四书类存目）

　　　明〔唐山〕徐养元〔长善〕赵渔同〔问源〕撰（原按：唐山今改称尧山县）

《四书大全纂要》无卷数（四书类存目）

　　　清〔柏乡〕魏裔介〔字石生号贞庵〕撰

《四书钞》十八卷（四书类存目）

　　　清〔故城〕秘丕笈〔仲贞〕撰

《论语传注》二卷《大学传注》一卷《中庸传注》一卷《传注问》一卷（书类存目）

　　　清〔蠡县〕李塨〔刚主〕撰

《四书参注》（四书类存目）

　　　清〔深泽〕王植〔槐三〕撰

《四书说注卮词》十卷（四书类存目）

　　　清〔永年〕胡在用撰

《四书顺义解》十九卷（四书类存目）

　　　清〔任丘〕刘琴〔松雪〕撰

《李氏学乐录》二卷（乐类）

　　　清〔蠡县〕李塨〔刚主〕撰

《乐经元义》八卷（乐类存目）

　　　明〔南宫〕刘濂〔澮伯〕撰

《群灵音律》七卷（小学类一）（按：当为《群经音辨》）

　　　宋〔获鹿〕贾昌朝〔子明〕撰

《五音集韵》十五卷（小学类三）

金〔真定〕韩道昭〔伯晖〕撰（原按：真定为今正定县）

《广韵考》五卷（小学类三）（按：应为《唐韵考》）

清〔献县〕纪容舒〔字迟叟号竹厓〕撰

《四声篇海》十五卷（小学类存目一）

金〔真定〕韩孝彦〔允中〕撰

《元韵谱》五十四卷（小学类存目二）

明〔内邱〕乔仲和〔还一〕撰

《韵学臆说》一卷（小学类存目二）

清〔深泽〕王植〔槐三〕撰

《韵学》五卷（小学类存目二）

清〔深泽〕王植〔槐三〕撰

《音韵清浊鉴》三卷（小学类存目二）

清〔大兴〕王祚祯〔楚珍〕撰

史　部

《明史纪事本末》八十卷（纪事本末类）

明〔丰润〕谷应泰〔赓虞〕撰

《明书》三百七十一卷（别史类存目）（按：应为一百七十一卷）

清〔灵寿〕傅维鳞〔初名维桢〕撰

《汝南遗事》四卷（杂史类）

元〔东明〕王鹗〔伯翼〕撰（原按：东明今属大名）

《七雄策纂》八卷（杂史类存目一）

元〔东明〕穆文熙〔敬止〕编（按：穆文熙为明代人）

《焚椒录》一卷（杂史类存目一）

辽〔涿州〕王升〔虚中〕撰

《南城召对录》一卷（杂史类存目一）

明〔任邱〕李时〔字宗易号松溪〕撰

《典故纪闻》十八卷（杂史类存目三）

　　　　明〔交河〕余继登（字世用号云衢）撰

《唐大诏令集》一百三十卷（诏令奏议卷）

　　　　宋〔赵州〕宋敏求〔次道〕撰

《尽言集》十三卷（诏令奏议集）

　　　　宋〔大名〕刘安世〔器之〕撰

《石峰奏疏》四卷（诏令奏议类存目）

　　　　明〔安州〕邵锡〔字天佑号石峰〕撰（原按：安州今改称安新县）

《郝恭定集》五卷（诏令奏议类存目）

　　　　清〔霸州〕郝惟讷〔敏公〕撰

《元朝名臣事略》十五卷（传记类二）

　　　　元〔真定〕苏天爵〔伯修〕撰

《中州人物考》八卷（传记类二）

　　　　清〔容城〕孙奇逢〔字启泰号夏峰〕撰

《西使记》一卷（传记类二）

　　　　元〔真定〕刘郁撰

《孔子年谱》五卷（传记类存目一）

　　　　清〔磁州〕杨方晃〔字东阳号鹤巢〕撰

《刘文靖公遗事》一卷（传记类存目二）

　　　　元〔真定〕苏天爵〔伯修〕撰

《守令懿范》四卷（传记类存目三）

　　　　明〔永年〕蔡国熙撰

《友于小传》二卷（传记类存目三）

　　　　明〔献县〕纪廷相〔柱石〕撰

《大臣谱》十六卷（传记类存目四）

　　　　明〔吴桥〕范景文〔字梦章一字质公号思仁〕撰

《畿辅人物志》二十卷（传记类存目五）

　　　　清〔大兴〕孙承泽〔退谷〕撰

《国朝人物略》六卷（传记类存目五）

　　　　清〔大兴〕孙承泽〔退谷〕撰

《益智录》二十卷（传记类存目五）

　　　　清〔大兴〕孙承泽〔退谷〕撰

《圣学知统录》二卷（传记类存目五）

　　　　清〔柏乡〕魏裔介〔字石生号贞庵〕撰

《圣学知统翼录》二卷（传记类存目五）

　　　　同上

《道学渊源录》一卷（传记类存目五）

　　　　清〔深泽〕王植〔槐三〕撰

《太学典祀汇考》十四卷（传记类存目五）

　　　　清〔宛平〕张璇〔玉衡〕撰

《海岱日记》一卷（传记类存目六）

　　　　清〔磁州〕张榕端〔朴园〕撰

《南征纪程》一卷（传记类存目六）

　　　　清〔大兴〕黄叔璥〔玉圃〕撰

《史要编》十卷（史抄类存目）

　　　　明〔真定〕梁梦龙〔乾吉〕编

《元和郡县志》四十卷（地理类一）

　　　　唐〔赵州〕李吉甫〔宏宪〕撰

《直隶河渠志》一卷（地理类二）

　　　　清〔文安〕陈仪〔字子翔号一吾〕撰

《台海使槎录》八卷（地理类三）

　　　　清〔大兴〕黄叔璥〔玉圃〕撰

《嘉靖河间府志》二十八卷（地理类存目三）

　　　　明〔河间〕樊深〔西田〕撰

《北地纪》四卷（地理类存目三）

　　　　明〔天津卫〕汪来〔君复〕撰

《西宁志》七卷（地理类存目三）

　　　清〔交河〕苏铣撰

《河纪》二卷（地理类存目四）

　　　清〔大兴〕孙承泽〔退谷〕撰

《龙虎山志》三卷（地理类存目五）

　　　元〔清河〕元明善〔复初〕撰（原按：清河今属大名）

《嵩书》二十二卷（地理类存目五）

　　　明〔邢台〕傅梅〔元鼎〕撰

《麻姑山丹霞洞天志》十七卷（地理类存目五）

　　　清〔大兴〕罗森〔约斋〕撰

《石鼓书院志》二卷（地理类存目二）

　　　明〔迁安〕李安仁〔裕居〕撰

《天府广记》四十四卷（地理类存目六）

　　　清〔大兴〕孙承泽〔退谷〕撰

《蜀都碎事》六卷（地理类存目六）

　　　清〔顺天〕陈祥裔〔本姓乔号藕渔〕撰

《续宋宰辅编年录》二十六卷（职官类存目）

　　　明〔顺天〕吕邦耀〔元韬〕撰

《南台旧闻》十六卷（职官类存目）

　　　清〔大兴〕黄叔璥〔玉圃〕撰

《政学录》五卷（职官类存目）

　　　清〔枣强〕郑端〔司直〕撰

《元朝典故编年考》十卷（政书类一）

　　　清〔大兴〕孙承泽〔退谷〕撰

《学典》三十卷（政书类存目一）

　　　清〔大兴〕孙承泽〔退谷〕撰

《开荒十二政》一卷（政书类存目二）

　　　明〔柏乡〕魏纯粹撰

《造砖图说》一卷（政书类存目二）

　　明〔庆云〕张问之撰

《闲者轩帖考》一卷（目录类存目）

　　清〔大兴〕孙承泽〔退谷〕撰

《中州金石考》八卷（目录类存目）

　　清〔大兴〕黄叔璥〔玉圃〕撰

《史通训故补》二十卷（史评类存目一）

　　清〔大兴〕黄叔琳〔昆圃〕撰

《涉世雄谈》八卷（史评类存目二）（按：应为《涉世雄谭》）

　　明〔南和〕朱正色〔应明〕撰

《鉴语经世编》二十七卷（史评类存目二）

　　清〔柏乡〕魏裔介〔字石生号贞庵〕撰

《读史辨惑》无卷数（史评类存目二）

　　清〔威县〕王建衡〔月萝〕撰

子　部

《正蒙初义》十七卷（儒家类二）

　　清〔深泽〕王植〔槐三〕撰

《治世龟鉴》一卷（儒家类三）

　　元〔真定〕苏天爵〔伯修〕撰

《濂关三书》无卷数（儒家类存目）

　　清〔深泽〕王植〔槐三〕撰

《洨滨语录》二十卷（儒家类存目二）

　　明〔宁晋〕蔡靉（字天章号洨滨）撰

《藤阴札记》无卷数（儒家类存目三）

　　清〔大兴〕孙承泽〔退谷〕撰

《学约续编》十四卷（儒家类存目三）

清〔大兴〕孙承泽〔退谷〕撰

《考正晚年定论》二卷（儒家类存目三）

清〔大兴〕孙承泽〔退谷〕撰

《明辨录》二卷（儒家类存目三）

清〔大兴〕孙承泽〔退谷〕撰

《理学传心纂要》八卷（儒家类存目三）

清〔容城〕孙奇峰〔字启泰号夏峰〕撰（**按：应为孙奇逢**）

《岁寒居答问》二卷《附录》一卷（儒家类存目三）

清〔容城〕孙奇峰〔字启泰号夏峰〕撰（**按：应为孙奇逢**）

《潜室札记》二卷（儒家类存目三）

清〔祁州〕刁包〔蒙吉〕撰

《存性编》二卷（儒家类存目三）

清〔博野〕颜元〔字浑然号习斋〕撰

《存学编》四卷（儒家类存目三）

同上

《存治编》一卷（儒家类存目三）

同上

《存人编》四卷（儒家类存目三）

同上

《教民恒言》一卷（儒家类存目三）

清〔柏乡〕魏裔介〔字石生号贞庵〕撰

《致知格物解》二卷（儒家类存目三）

清〔柏乡〕魏裔介〔字石生号贞庵〕撰

《周程张朱正脉》无卷数（儒家类存目三）

同上

《论性书》二卷（儒家类存目三）

同上

《约言录》二卷（儒家类存目三）

同上

《大学辨业》四卷《圣经学规纂》二卷《论学》二卷（儒家类存目）

清〔蠡县〕李塨〔刚主〕撰

《小学稽业》五卷（儒家类存目四）

同上

《性理辨义》二十卷（儒家类存目）

清〔威县〕王建衡〔月萝〕撰

《广字义》一卷（儒家类存目四）（按：应为三卷）

清〔大兴〕黄叔璥〔玉圃〕撰

《孙子汇征》四卷（兵家类存目）

清〔枣强〕郑端〔司直〕撰

《百将传》一百卷（兵家类存目）

宋〔东光〕张预〔公立〕撰

《刑法叙略》一卷（法家类存目）

宋〔大名〕刘筠〔子仪〕撰

《巡城条约》一卷（法家类存目）

清〔柏乡〕魏裔介〔字石生号贞庵〕撰

《风宪禁约》一卷（法家类存目）

同上

《素问元机原病式》一卷（医家类二）

金〔河间〕刘完素〔守真〕撰

《宣明论方》十五卷（医家类二）

金〔河间〕刘完素〔守真〕撰

《伤寒直格方》二卷《伤寒标本心法类萃》二卷（医家类二）（按：《伤寒直格方》三卷）

金〔河间〕刘完素〔守真〕撰

《病机气宜保命集》三卷（医家类二）

金〔易州〕张元素〔洁古〕撰

《内外伤辨惑论》三卷（医家类二）

　　　金〔真定〕李杲〔字明之号东垣老人〕撰

《脾胃论》三卷（医家类二）

　　　金〔真定〕李杲〔字明之号东垣老人〕撰

《兰室秘藏》三卷（医家类二）

　　　同上

《医垒元戎》十二卷（医家类二）

　　　元〔赵州〕王好古〔进之〕撰

《此事难知》二卷（医家类二）

　　　同上

《汤液本草》三卷（医家类二）

　　　同上

《珍珠囊指掌补遗药性赋》四卷（医家类存目）

　　　旧本题金李杲撰（《提要》云："庸医至陋之本，而托名于李杲。"）

《古今律历考》七十二卷（天文算法类一）

　　　明〔安肃〕邢云路〔士登〕撰

《测图海镜》十二卷（天文算法类二）（按：应为《测圆海镜》）

　　　元〔栾城〕李治〔镜斋〕撰（按：应为李冶）

《益古演段》三卷（天文算法类存目）

　　　元〔栾城〕李冶〔镜斋〕撰

《太阳失太通轨》（天文算法类存目）（按：应为《太阳太阴通轨》）

　　　明〔宛平〕戈永龄撰

《戊申立春考证》一卷（天文算法类存目）

　　　明〔安肃〕邢路〔士登〕撰（按：作者应为邢云路）

《折衷历法》十三卷（天文算法类存目）

　　　明〔灵寿〕朱仲福撰

《皇极经世书解》十六卷（术数类一）（按：应为十四卷）

　　　清〔深泽〕王植〔槐三〕撰

《说畴》一卷（术数类存目一）

　　明〔内邱〕乔仲和〔还一〕撰（按：应为乔中和）

《大易通变》一卷（术数类存目二）（按：应为六卷）

　　明〔内邱〕乔仲和〔还一〕撰（按：应为乔中和）

《庚子销夏记》八卷（艺术类二）

　　清〔大兴〕孙承泽〔退谷〕撰

《研山斋墨迹集览》一卷《法书集览》三卷（艺术类存目）

　　清〔大兴〕孙承泽〔退谷〕撰

《人物志》三卷（杂家类一）

　　魏〔邯郸〕刘邵〔孔方〕撰（按：刘邵字孔才）

《近世会元》五卷（杂家类二）（按：应为《近事会元》）

　　宋〔赞皇〕李上交撰

《樵香小记》二卷（杂家类三）

　　清〔宛平〕何琇〔字君琢号励庵〕撰

《春明退朝录》三卷（杂家类四）

　　宋〔赵州〕宋敏求〔次道〕撰

《敬斋古今黈》八卷（杂家类六）

　　元〔栾城〕李冶〔镜斋〕撰

《春明梦余录》七十一卷（杂家类六）（按：应为七十卷）

　　清〔大兴〕孙承泽〔退谷〕撰

《研山斋杂记》四卷（杂家类六）

　　不著撰人名氏（孙承泽或孙炯作）（按：《提要》云："不著撰人名氏。"惟研山为孙氏斋名，或疑为孙氏所作，或疑为其孙炯所编。）

《柏乡魏氏传家录》二卷附《家约》一卷（杂家类存目二）

　　清〔柏乡〕魏裔介〔字石生号贞庵〕撰

《劝世恒言》一卷（杂家类存目二）

　　题曰：时人近本昆林删定（原按：昆林，魏裔介之别署）

《冬夜笺记》一卷（杂家类存目五）

清〔宛平〕王崇简〔敬哉〕撰

《樗林三笔》五卷（杂家类存目五）

清〔柏乡〕魏裔介〔字石生号贞庵〕撰

《雕邱杂录》十八卷（杂家类存目五）

清〔真定〕梁清远〔字迩之号葵石〕撰

《研山斋珍玩集览》无卷数（杂家类存目七）

清〔大兴〕孙炯〔掔庵〕撰

《多识集》十二卷（杂家类存目十）

清〔柏乡〕魏裔介编

《雅说集》十九集（杂家类存目十）

同上

《佳言玉屑》一卷（杂家类存目十）

同上

《牛戒续钞》三卷（杂家类存目十）

同上

《希贤录》十卷（杂家类存目十）

同上

《资麈新闻》七卷（杂家类存目十）

旧本题魏裔介编

《伦史》五十卷（杂家类存目十）

清〔大名〕成克巩〔清坛〕撰

《庸行编》八卷（杂家类存目十）

清〔天津卫〕牟允中〔叔庸〕撰

《砚北杂录》无卷数（杂家类存目十）

清〔大兴〕黄叔琳〔昆圃〕撰

《权衡一书》四十一卷（杂家类存目十）

清〔深泽〕王植〔槐三〕撰

《龙筋凤髓判》四卷（类书类一）

唐〔深州〕张鷟〔字文成号浮休子〕撰

《正音捃言》四卷（类书类存目二）

明〔高阳〕王荔〔子岩〕撰

《典制纪略》（类书类存目三）

清〔大兴〕孙承泽〔退谷〕撰

《唐句分韵初集》四卷《二集》四卷《续集》二卷《四集》五卷（类书类存目三）

清〔顺天〕马瀚〔炎洲〕编

《朝野佥载》六卷（小说家类一）

旧本题：唐〔深州〕张鷟〔字文成号浮休子〕撰

《玉剑尊闻》十卷（小说类存目一）

清〔真定〕梁维枢〔慎可〕撰

《砚北丛录》无卷数（小说家类存目一）

清〔大兴〕黄叔琳〔昆圃〕撰

《史异纂》十六卷（小说家类二）

清〔灵寿〕傅燮詷〔去异〕撰

《有明异丛》十卷（小说家类二）

同上

集　部

《刘随州集》十一卷（别集类三）

唐〔河间〕刘长清〔文房〕撰（按：应为刘长卿）

《李遐叔文集》四卷（别集类三）

唐〔赞皇〕李华〔遐叔〕撰

《李元宾文编》三卷《外编》二卷（别集类五）

唐〔赞皇〕李观〔元宾〕撰

《河东集》十五卷《附录》一卷（别集类五）

　　　　宋〔大名〕柳开〔仲涂〕撰

《逍遥集》一卷（别集类五）

　　　　宋〔大名〕潘阆撰

《忠肃集》二十卷（别集类六）

　　　　宋〔东光〕刘挚〔莘老〕撰

《姑溪居士前集》五十卷《后集》二十卷（别集类八）

　　　　宋〔沧州〕李之仪〔端叔〕撰

《学易集》八卷（别集类八）

　　　　宋〔东光〕刘跂〔斯立〕撰

《拙轩集》六卷（别集类十九）

　　　　金〔玉田〕王寂〔元老〕撰

《淮南遗集》四十五卷（别集类十九）

　　　　金〔藁城〕王若虚〔字从之自号慵夫〕撰

《淮阳集》一卷《附录诗余》一卷（别集类十九）

　　　　元〔定兴〕张宏范〔仲畴〕撰（**按：应为张弘范**）

《紫山大全集》二十六卷（别集类十九）

　　　　元〔磁州〕胡祗通撰

《东庵集》四卷（别集类十九）

　　　　元〔定州〕腾安上〔仲礼〕撰

《默庵集》五卷（别集类十九）

　　　　元〔藁城〕安熙〔敬仲〕撰

《西岩集》二十卷（别集类二十）

　　　　元〔邯郸〕张之翰〔周卿〕撰

《艮斋诗集》十四卷（别集类二十）

　　　　元〔真定〕侯克中〔正卿〕撰

《王文忠集》六卷（别集类二十）

　　　　元〔定兴〕王结〔仪伯〕撰

《伊滨集》二十四卷（别集类二十）

元王沂〔思鲁〕撰（原按：王沂流寓于真定）

《滋溪文稿》三十卷（别集类二十）

元〔真定〕苏天爵〔伯修〕撰

《熊峰集》十卷（别集类二十四）

明〔藁城〕石珤〔邦彦〕撰

《杨忠愍公集》三卷《附录》一卷（别集类二十五）

明〔容城〕杨继盛〔字仲芳号椒山〕撰

《宋布衣集》三卷（别集类二十五）

明〔新河〕宋登春〔应元〕撰

《兼济堂文集》二十卷（别集类二十六）

清〔柏乡〕魏裔介撰

《读书堂杜诗注解》二十卷（别集类存目一）

清〔磁州〕张潜〔上若〕撰（按：应为张潽，字上若）

《鹤汀长古集》二卷《前集》二卷《别集》二卷《续集》一卷《渔啸集》二卷《顿诗》一卷（别集类存目三）（按：应为《鸥汀长古集》）

明〔涿州〕顿锐〔叔养〕撰

《寒邨集》四卷（别集类存目四）

明〔固安〕苏志皋〔字德明号寒村〕撰

《苨心堂集》二卷（别集类存目四）

明〔真定〕王尚文〔宝江〕撰

《金斋集》四卷（别集类存目四）

明〔故城〕宋诺〔字子重号金斋〕撰

《鸡土集》六卷（别集类存目四）

明〔保定〕刘乾〔字仲坤号易庵〕撰

《卫阳集》十四卷（别集类存目五）

明〔故城〕周世选〔文贤〕撰

《繁露园集》二十二卷（别集类存目六）

明〔元城〕董复亨〔元仲〕撰（原按：元城今入大名）

《石伯成诗稿》四卷（别集类存目六）

　　　明〔冀州〕石九奏〔伯成〕撰

《隆德堂诗文稿》二卷（别集类存目二）

　　　明〔柏乡〕魏纯粹〔仲乾〕撰

《文敏遗集》三卷（别集类存目七）

　　　明〔高阳〕李国㮄〔字元冶号绩溪〕撰

《江皋吟》一卷（别集类存目七）

　　　明〔大名〕刘师朱〔字仲文号嵩潭〕撰

《花王阁賸稿》一卷（别集类存目七）

　　　明〔献县〕纪坤〔厚斋〕撰

《燕香斋文集》四卷《诗集》六卷（别集类存目八）

　　　清〔宛平〕刘余佑〔字申徵号玉吾又号燕香居士〕撰

《用六集》十二卷（别集类存目八）

　　　清〔祁州〕刁包〔蒙吉〕撰

《橘洲诗集》六卷（别集类存目八）

　　　清〔定兴〕范士楫〔箕生〕撰

《古处堂集》四卷（别集类存目八）

　　　清〔静海〕高尔俨〔岱舆〕撰

《青箱堂文集》三十三卷《诗集》三十三卷（别集类存目八）

　　　清〔宛平〕王崇简〔敬哉〕撰

《蕉林诗集》无卷数（别集类存目八）

　　　清〔清苑〕梁清标撰

《紫峰集》十四卷（别集类存目八）

　　　清〔容城〕杜越〔字君异号紫峰〕撰

《心远堂诗集》十二卷（别集类存目八）

　　　清〔高阳〕李霨〔坦园〕撰

《且亭诗集》无卷数（别集类存目八）

　　　清〔钜鹿〕杨思圣〔犹龙〕撰

《昆林小品》三卷《昆林外集》不分卷（别集类存目）

　　清〔柏乡〕魏裔介〔字石生号贞庵〕撰

《四思堂文集》八卷（别集类存目八）

　　清〔灵寿〕傅维鳞〔初名维桢〕撰

《燕川渔唱诗》二卷《植斋文集》二卷（别集类存目八）

　　清〔灵寿〕傅维樗〔字培公号宵影〕撰

《倚雉集》十二卷（别集类存目八）

　　清〔大名〕窦遴奇〔松涛〕撰

《王文靖集》二十四卷《附录》一卷（别集类存目八）

　　清〔宛平〕王熙〔字子撰号胥廷〕撰

《潜沧集》七卷（别集类存目八）

　　清〔山海卫〕余一元〔字占一号潜沧〕撰

《学源堂文集》十八卷（别集类存目九）

　　清〔清苑〕郭棻〔快圃〕撰

《行素堂诗集》二卷（别集类存目九）

　　清〔高阳〕李如涝〔仲渊〕撰

《积书岩诗选》无卷数（别集类存目九）

　　清〔广平〕刘逢源〔津逮〕撰

《葭里集》六卷《葭里二集》六卷《葭里三集》五卷（别集类存目九）

　　清〔南和〕周镳〔若柯〕撰

《怀舫集》三十六卷（别集类存目九）

　　清〔柏乡〕魏荔彤〔念庭〕撰

《耐俗轩诗集》三卷（别集类存目十）

　　清〔广平〕申颋〔敬立〕撰

《孜堂文集》二卷（别集类存目十）

　　清〔大兴〕张烈〔武承〕撰

《宝啬堂诗稿》四卷（别集类存目十）

　　清〔磁州〕张榕端〔朴园〕撰

《河上草》二卷（别集类存目十）

　　　　同上

《兰樵归田稿》一卷（别集类存目十）

　　　　清〔磁州〕张榕端〔武承〕撰（按：张榕端，字朴园）

《丛碧山房集》五十七卷附《诗义固说》二卷（别集类存目十）

　　　　清〔任邱〕庞垲〔字霁公号雪崖〕撰

《恕谷后集》十卷《续刻》三卷（别集类存目十一）

　　　　清〔蠡县〕李塨〔刚主〕撰

《元文类》七十卷《目录》三卷（总集类三）

　　　　元〔真定〕苏天爵〔伯修〕撰

《词致录》十六卷（总集类存目三）

　　　　明〔大兴〕李天麟撰

《湛园杂咏》一卷（总集类存目三）

　　　　明〔宛平〕米万钟〔号友石字仲诏〕撰

《斯文正统》十二卷（总集类存目四）

　　　　清〔祁州〕刁包〔蒙吉〕撰

《文心雕龙辑注》十卷（诗文评类一）

　　　　清〔大兴〕黄叔琳〔昆圃〕撰

《天籁集》二卷（词曲类二）

　　　　金〔真定〕白朴〔字仁甫一字太素号兰谷〕撰

《情田词》三卷（词曲类存目）

　　　　清〔大兴〕邵滨〔初名宏魁字柯亭〕撰（按：应为邵璸）

附录二：冷衷跋

右目之辑，原因有二：数载以还，河北设馆修志，将与以供《艺文志》之参考，一也；客岁长乡教馆时，与乡哲某君，话及四库中河北先贤之著述，因而辑成，以研讨计，二也。抄辑既竟，置于箧中经年。顷中央有影印《四库全书》之议，偶尔忆及，遂即刊布，以供同好。《存目》中之遗书待访者正多，皆有赖于各图多方购藏焉。

库本著录之书，本目均齐格；《存目》之书，均低二格，从丁氏《八千卷楼书目》例也。编者附识。